Michael Johann Friedrich Wiedeburg

Der sich selbst informierende Klavierspieler

Michael Johann Friedrich Wiedeburg

Der sich selbst informierende Klavierspieler

ISBN/EAN: 9783743630178

Hergestellt in Europa, USA, Kanada, Australien, Japan

Cover: Foto ©Thomas Meinert / pixelio.de

Weitere Bücher finden Sie auf **www.hansebooks.com**

Der
sich selbst informirende Clavierspieler,
oder
deutlicher und leichter Unterricht
zur Selbstinformation im
Clavierspielen,

allen denen

zum Nutzen und zu einer Selbstinformation aufgesetzet,

welchen es entweder an Geld, Zeit, Lust oder Gelegenheit fehlet, sich von
einem Meister informiren zu lassen, und doch gerne ein Lied oder leichte
Aria nach Noten begehren spielen zu lernen,

so deutlich und mit Fleiß weitläuftig

abgefasset,

daß die Liebhaber beyderley Geschlechts, sonderlich auch angehende
Landorganisten, ohne Beyhülfe eines Lehrmeisters, sich selbst so weit
bringen können, nach Noten ein Lied auf dem Clavier zu spielen,

nebst

dreyßig bekannten Liedermelodien und einer Aria,

wie auch

einer kurzen Anweisung

alle Lieder auch nach dem Generalbaß spielen zu lernen,

aufgesetzet

von

Michael Johann Friedrich Wiedeburg,

Organist an der großen luth. Kirche zu Norden in Ostfrießland.

Halle und Leipzig,
im Verlag der Buchhandlung des Waisenhauses, 1765.

Dem

Wohlgebohrnen Hochgelahrten Herrn,

HERRN

D. Hajo Lorenz

Damm,

Sr. Königlichen Majestät von Preußen
Fürsten von Ostfrießland 2c. 2c.
Hochbetrautem Amtsverwalter Norder Amts
in Ostfrießland.

Meinem Hochzuverehrendem Herrn

und vornehmen Gönner.

Wohlgebohrner,

Hochgelahrter Herr!

Die Dankbarkeit, als eine hochedle und holdselige Gesellinn aller gesitteten Menschen, wohnet zwar mit stillem Vergnügen in einem tugendliebenden Herzen, doch scheinet dieses Vergnügen fast erst empfindlich zu werden, wenn dieser holden Dankbarkeit Gelegenheit und Freyheit gegeben wird, sich durch ihre Offenbarung, ich weiß nicht welch eine zarte Lust zu verschaffen.

Eben diese Dankbarkeit, welche ich mir Lebenslang zu einer Gefährtinn wünsche, hat mich gereizet, ihr die Lust zu gönnen, sich meinem Wohlthäter zeigen zu dürfen.

Weil nun ein edles und erhabenes Gemüthe die Dankbarkeit bloß um ihr selbst willen liebet, so darf sie in lieblicher Freymüthigkeit ihrem Wohlthäter eben

* 3

eben sowohl ein geringes Buch, als ein anderes kost-
bares Geschenke überreichen.

Ew. Wohlgebohrnen erlauben demnach, daß
ich mir die Freyheit nehme, Ihnen aus aufrichti-
ger Dankbegierde für die vielen Wohlthaten, welche nun schon etliche zwanzig Jahre genossen, gegen-
wärtiges geringes musicalische Buch zu dediciren und
zu überreichen.

Ich schmeichle mir einer höchstgeneigten Aufnah-
me desselben, mit gehorsamster Bitte, den Willen
für die That zu nehmen, und mir fernerhin Dero
Gunst und hohe Gewogenheit beyzubehalten; der ich
mit tiefstem Respect verharre

Ew. Wohlgebohrnen

Meines Hochzuverehrenden Herrn

gehorsamster

M. J. F. Wiedeburg.

Vorrede.

Zu gegenwärtigem Werke bin veranlasset worden,
daß ich von verschiedenen Leuten beyderley Geschlechts manchmal gehöret habe, wie sie wünsch-
ten, auf dem Claviere nur so viel spielen zu lernen, daß sie
zu ihrer Ermunterung und Erbauung ein Lied drauf möchten spielen können. Ich dachte deswegen nach, ob nicht für
solche Leute ein hierzu dienliches Buch vorhanden wäre,
allein ich fand keines, welches ganz Unwissenden zur Selbstinformation könnte recommendiret werden.

Man hat zwar viele Bücher, welche eine Anleitung
zum Clavierspielen geben, und welche man auch in ihrem
Werthe läßt, allein sie sind fast alle also beschaffen, daß die
ersten Anfangsgründe desselben, entweder zu kurz, oder
wohl gar nicht darinnen abgehandelt sind. Man ist zu de-
licat gewesen, die ersten Anfangsbuchstaben der Musick,

auf

Vorrede.

auf eine weitläuftige und deutliche Art vorzustellen; man hat die Erkenntniß derselben schon als bekannt voraus festgesetzet; daher es denn gekommen, daß Leute, welche Lust hatten sich aus solchen gedruckten Anweisungen selber zu lehren, darinnen nicht gefunden, was ihnen nöthig war, um einen deutlichen Begriff von den Anfangsgründen des Clavierspielens zu erlangen.

Wer nicht mehr verlanget auf dem Claviere zu wissen, als einen Choral oder leichte Aria darauf nach Noten spielen zu können, der hat hierzu fast weiter nichts, als die Erkenntniß der allerersten Anfangsgründe der Musick nöthig, nämlich eine Erkenntniß der Claviere, der Noten, der Fingersetzung und etwas weniges vom Tacte. Je weniger Kunst nun hierzu gehöret und erfodert wird, um so viel weitläuftiger kann man sich aus Liebe zu solcher Art Liebhaber in der Abhandlung dieser Anfangsgründe ausbreiten, um oben bemeldete vier Stücke einem hierinnen noch ganz Unwissenden, deutlich und begreiflich vorzustellen, damit einem, der sich selbst informiren will, die Lust zum Clavierspielen durch Undeutlichkeit, oder durch gar zu kurz abgefaßte Sätze nicht bald vergehe; und er nicht nöthig habe, vieles und tiefes Nachsinnen zu gebrauchen, als wozu mancher von solchen Liebhabern, oft weder Lust noch Geschicklichkeit hat.

Ich

Vorrede.

Ich habe also hierdurch einen Versuch machen wollen, ob man solchen Liebhabern der Music und der geistlichen Lieder, nicht einen Unterricht in die Hände geben könnte, daraus sie durch eigenen Fleiß ohne Information eines Meisters so viel erlernen könnten, als sie suchen zu wissen. Weil ich nun willens war, auch dem Frauenzimmer und sonst unstudirten Personen zu dienen, so ist in diesem Unterrichte manches mit Fleiß mehr als einmal vorgekommen, und alles sehr weitläuftig und der Deutlichkeit halben, einfältig, ohne sich einer gekünstelten Schreibart zu bedienen, vorgetragen worden. Ich habe mich also der Deutlichkeit, Einfalt und der zu meinem Zwecke nöthigen Weitläuftigkeit befliffen, mich auch nicht genau an einer vorgesetzten ordentlichen Abhandlung gebunden, sondern alles nur so, wie es mir bey einer Selbstinformation nöthig zu seyn vorkam, hingesetzt. Sonderlich habe ich mir bey der Verfertigung gewünschet, die Gabe zu haben, mich so ausdrücken zu können, daß ich obenbenannten Liebhabern dienlich und verständlich seyn möchte, und daß ich ihre Zweifel, die sie sich in ihrer Unwissenheit machen möchten, errathen und deutlich auflösen können.

Unter der Arbeit dachte, es könnte ein solcher einfältiger deutlicher Unterricht, sonderlich auch solchen Leuten sehr

** dienlich

Vorrede.

dienlich seyn, die Lust hätten ein Schulmeister in einem Flecken oder Dorfe zu werden, als bey welcher Bedienung auch oft eine Orgel zu spielen ist, deswegen habe mich noch etwas weiter ausgebreitet, und wie das letzte Capitel des vierten Abschnitts zeiget, meinen Unterricht bis zur Spielung eines Liedes mit dem Generalbaß fortgesetzet, obgleich solches nur kurz geschehen. Ich denke, ein junger Mensch, der rechnen gelernet hat, als welches von solchen Meistern ja immer erfordert wird, wird diesen meinen Unterricht leicht verstehen und gebrauchen können. Wenn ein solcher nachhero sich noch ein wenig von einem geschickten Meister, der die in diesem Unterrichte gegebene Art der Fingersetzung hat, informiren lässet, und sich einige leichte Fugen und Präludia anschaffet, so wird er gar bald zum Dorforganisten geschickt werden, und seinem Informator viele Mühe ersparen, die ihm sonst ein anfangender Clavierschüler in den ersten Monathen machet. Bey Information eines andern, kann dieser Unterricht auch zur Vorschrift dienen und gute Dienste thun.

Es ist dieses Buch also für Leute geschrieben, die Lust haben sich selbst zu informiren, weil verschiedene Umstände seyn können, die keine Information eines Lehrmeisters verstatten

Vorrede.

statten wollen; denn da kann oft ein Erwachsener, seines Amtes oder Standes wegen, keine gewisse feste Stunde, (wie doch bey solcher Information erfordert wird,) aussetzen, ob er gleich das Informationsgeld, woran es aber einem andern wohl fehlen möchte, gut bezahlen könnte; ein anderer wieder, hat wohl gar keine Gelegenheit einen geschickten Informator zu finden, weil er etwa in einem Dorfe oder Flecken wohnet; mancher ist blöde, ein anderer wieder hat seine Lust daran, wenn er sich von selbsten nach Anleitung eines hierzu dienlichen Buches etwas lehren kann, er mag gerne nachdenken und in der Einsamkeit seyn. Und mehrere dergleichen Umstände können einem abhalten, Information bey jemanden zu nehmen.

Ich zweifle also nicht, lehrbegierigen Liebhabern der Musik durch gegenwärtigen Unterricht einen angenehmen Dienst geleistet zu haben, indem man hierdurch zugleich eine Einleitung in andere musicalische Bücher erlanget, als welche nach fleißigem Gebrauche dieses Buchs deutlich und verständlich werden gemacht seyn.

Ich habe dreyßig Liedermelodien und eine kleine Aria beygefüget, damit einer mit diesem Buche anfänglich allein fertig werden kann, und nicht nöthig habe sich gleich nach einem Notenbuche umzusehen. Der Baß zu den Melodien

** 2   ist

Vorrede.

ift nach einem Claviere mit kurzer Octave eingerichtet, weil mancher dergleichen Claviere noch hat, ausgenommen ein paar Lieder, darinnen das große Fis und Gis Einmal vorkommt, welches dann eine Octave höher zu nehmen.

Die Einrichtung dieses Buchs ist aus dem Inhaltsregister zu ersehen. Und hiermit überlaffe es lehrbegierigen Leuten, denn denen Muficverständigen ist es nicht geschrieben. Große Kunst und Wiffenschaft fuchet man in keinem muficalischen a b c Buche: deswegen man denn auch die tadelfüchtigen Leute nach eigenem Gefallen wird tadeln laffen, als wozu sie hie oder da vielleicht auch Gelegenheit finden möchten, weil ich nicht willens gewesen, einen Muficgelehrten zu bilden. Vielleicht hat es Nutzen, und alsdenn habe meinen Zweck erreichet, wie ich denn meinem Lefer vielen Nutzen und Vergnügen daraus zu schöpfen wünsche, mit Bitte gewogen zu seyn

Norden,
den 18. April 1765.

Dem Autor.

Erster

Erster Abschnitt
Von Erkenntniß der Claviere.

CAPVT I.

Betrachtung des Claviers, und sonderlich dessen Tastatur, wie man sich dadurch die 49 Tasten, sowohl ganze als halbe Töne, ihrer Lage nach, imprimiren soll.

§. I.

Wer sich selber informiren will, der muß bey Lesung dieses Aufsatzes sich vor sein Clavier setzen; ehe er anfängt zu lesen, betrachte er vorher sein Clavier, hierdurch verstehe ich in diesem Aufsatze gemeiniglich das Griff-Bret oder die Tasten, darauf man mit den Fingern spielet; man stelle gleichsam eine kleine Betrachtung darüber an, damit man sich ein rechtes Bild vom Griff-Bret oder von der Lage der Claviere machen möge.

§. 2. Man fange von unten an, nemlich von der linken Hand zur rechten, und schlage ein jedes Clavier nieder, man lasse anitzo die kürzern Claviere, die hervor ragen nicht aus, sondern schlage eines nach dem andern an, und gehe so das ganze Clavier durch, und bemerke, wie sich der Ton immer ändere, und höher oder feiner werde.

§. 3. Man übersehe das Clavier und entdecke dessen Beschaffenheit, man zähle alle Claviere vom untersten bis zum obersten oder letzten, (die kurzen hervorragende Claviere aber lasse man bey dieser Zählung aus) um zu sehen, wie viel Töne darauf können hervorgebracht werden, da man denn finden wird, daß man 29 Tasten oder Claviere hat, wenn man nämlich die hervor ragende nicht mit zählet; nun zähle man auch mit Aufmerksamkeit die kurze hervor ragende Claviere, so wird man deren auf einem gewöhnlichen Clavichordio 20 finden; hat man also zusammen 49 Tasten oder Claviere.

§. 4. Wann man nun, wie gemeldet, sich mit seinem Claviere also beschäfftiget, so wird man vornehmlich zweyerley gewahr werden:

1) Wie die gröbsten Töne zur linken Hand, die feinesten oder höhesten aber zur rechten Hand liegen.

2) Wird man bey den kurzen hervorragenden eine Gleichheit in Ansehung der Lage durchs ganze Clavier finden, man siehet nämlich, wie erstlich 2, und dann 3 derselben zusammen liegen, und diese also geschieden sind, daß noch ein kurzer hervorragender darzwischen könnte angebracht oder gelegt werden.

§. 5. Auf diese kurze hervor ragende Claviere hat einer am meisten acht zu geben, so wird er finden, daß er auf seinem Claviere 2 solcher kurzen Claviere zusammen liegend 4 mal, und 3 derselben zusammen liegend auch 4 mal hat.

§. 6. Fänget er nun von dem untersten hervor ragenden an, und schläget die beyden ersten nach einander an, und hernach die 3 so darauf folgen, so siehet er, wenn er weiter gehet, daß er wieder 2, und hernach wieder 3 derselben bey einander liegen findet; gehet er weiter, so wird er immer finden, wie er erstlich 2, und dann 3 solcher hervorragenden kurzen Claviere antrifft. Diese Lage der kurzen Claviere nun ist es, was die bequeme Eintheilung des ganzen Claviers verursachet, und davon wir im folgenden Capitel reden.

CAPVT

C A P V T   II.
Von der Eintheilung des Claviers in 4 Octaven.

§. 1. Es wird alſo das ganze Griffbret oder Clavier erſtlich in zwey, und dann wieder in 4 Theile getheilet: die erſtere Eintheilung laſſen wir vorerſt ſtehen, und wollen anjetzo die Eintheilung des Claviers in 4 Theile vor uns nehmen. Dieſe Eintheilung machet das Griffbret in Anſehung der Lage der kurzen hervorragenden Claviere ſelber, wie wir am Ende des vorigen Capitels erwähnet haben.

§. 2. Es wird alſo das ganze Clavier in 4 gleiche Theile getheilet. Wir haben 28 Claviere, (wenn wir die kurzen und das allerletzte Clavier nicht mit rechnen). Dieſe 28 Claviere nun nach der Rechenkunſt in 4 Theile getheilt, ſo beſtehet ein jeder Theil aus 7 Clavieren.

§. 3. Dieſe 4 Theile haben nun eine gewiſſe Benennung, ſie heißen nämlich Octaven. Wird alſo das Clavier in 4 Octaven getheilet.

§. 4. Ob nun gleich das Wort Octave im lateiniſchen die Zahl 8 in in ſich ſchließet und bedeutet, ſo gehören doch nur eigentlich 7 Töne (die kurzen hervorragenden werden hier nicht mit in der 7 Zahl eingeſchloſſen) zu einer Octave, und fängt beym 8ten Ton jedesmal eine neue Octave wieder an. Man ſchließet aber den achten Ton in einer Octave mit ein, weil man in dieſem achten Tone einen Ton findet, der mit dem erſten, womit man ſeine Octave angefangen, übereinſtimmet.

C A P V T   III.
Erſte Uebung, wie man alle 4 Octaven mit der linken und rechten Hand durchlauft oder ſpielet.

§. 1. Nun kann einer die Probe davon auf ſeinem Claviere machen, er fange nemlich von ſeinem unterſten Tone auf ſeinem Claviere zur linken mit der linken Hand an, und zwar mit dem Goldfinger, (oder mit dem Finger, der bey dem kleinen Finger lieget), und ſchlage einen Ton nach dem andern in der Ordnung und Folge der Finger an; wenn er nun mit dem Goldfinger, Mittelfinger, Vorfinger und Daumen 4 Töne nach einander hat hören laſſen:

(NB. er muß aber, wenn er nun den Mittelfinger gebraucht, den „Goldfinger nicht liegen laſſen, ſondern aufheben; alſo daß nicht

A 2   „2. 3.

„2.3 oder 4 Claviere zugleich mit den Fingern nieder gedruckt lie-
„gen bleiben:)
ſo drehe er ſeine Hand ein wenig, alſo daß er den Goldfinger wieder auf
den Ton ſetzet, der nach dem Tone folget, worauf eben der Daum geweſen; wenn er nun ſeine 4 Finger in der Ordnung noch einmal gebraucht
hat, ſo hat er 8 Claviere niedergedruckt und hören laſſen, und eine Octave
vollendet; nun ſchlage er mit dem kleinen Finger, den unterſten Ton, davon er angefangen wieder an, und höre wie es klinget, ſo wird er finden,
wenn anders das Clavier gut geſtimmet iſt, wie dieſe beyde Töne einerley, und nur bloß in der Höhe und Tiefe des Klanges unterſchieden ſind.
Dieſes probire oder thue er etliche mal, ſo lernet er erkennen; was eine
Octave ſey, und wie die Finger nach der Reihe müſſen gebraucht werden.
§. 2. Was nun einer hier mit der linken Hand gethan, da er nämlich von dem unterſten Tone ſeines Claviers angefangen, das kann er mit
derſelben Hand noch einmal thun, wenn er nun ſeinen Goldfinger auf das
8te Clavier, als worauf er eben den Daumen gehabt hatte, ſetzet, und
wieder ſo, wie vorhero gezeiget, verführet; nemlich er brauchet oben be-
nannte 4 Finger abermal zweymal nach einander, und ſchläget dann mit
dem kleinen Finger den Ton an, der der 8te auf ſeinem Claviere iſt, ſo
hat er wiederum eine Octave hören laſſen, die er auch etlichemal repetiren kann.
§. 3. Nun bedienet er ſich der rechten Hand, und nimmt den Ton,
darauf er eben den Daumen der linken Hand gehabt hatte, und ſetzet den
Daumen der rechten Hand darauf, und läſſet den Daumen, Vor- und
Mittelfinger, die jederzeit folgende Claviere anſchlagen; wann er nun
3 Claviere angeſchlagen, ſo ſtecket er den Daumen unter den Mittelfinger,
und ſchläget damit das Clavier an, ſo nach dem Mittelfinger liegt, und
in der Ordnung der fünf Finger ſchläget er die folgende 5 Claviere nach
der Reihe, ſo erreichet er mit dem kleinen Finger wieder eine Octave
oder 8 Claviere, dann läſſet er mit dem Daumen dasjenige Clavier wieder hören, welches er zuerſt mit dem Daumen der rechten Hand angeſchlagen, und höret wie der Ton des kleinen Fingers, und der Ton des
Daumens einander gleich ſind.
§. 4. Dieſes nun kann er noch einmal auf ſeinem Claviere mit der rechten
Hand machen, eben wie er es mit der linken Hand auch zweymal hat machen können. Er ſetzet: nämlich, eben wie vorhero, den Daumen auf
dasjenige Clavier, worauf er den kleinen Finger gehabt hat, und gebrauchet

chet erſt 3 Finger: nämlich den Daumen, Vor- und Mittelfinger, hernach ziehet er den Daumen unter den Mittelfinger, und bedienet ſich aller ſeiner 3 Finger wieder, da er denn mit dem kleinen Finger den letzten
oder feinſten Ton ſeines Claviers hat hören laſſen, darauf nimmt er mit
dem Daumen der rechten Hand wieder den Ton, womit er angefangen,
welchen er findet, wann er 8 Tone zurück zählet, (den Ton aber mitge-
rechnet, worauf der kleine Finger iſt) ſo wird er die Aehnlichkeit dieſer
beyden Töne deutlich hören.

§. 5. So wie einer nun alle ſeine 49 Claviere, oder die 4 Octaven hat
hören laſſen, indem er vom unterſten Clavier endlich bis zum höchſten oder
bis zum 49ten Clavier hinaufgegangen; ſo wollen wir nun auch vom
oberſten oder 49ſten Clavier anfangen, und zum unterſten durch die 4 Octaven herunter gehen. Vorhero fieng die linke Hand an, wie §. 1. 2. zu
ſehen, anjetzo aber muß die rechte Hand den Anfang mit dem oberſten
oder 49ſten Clavier machen. Wir wollen die Finger benennen, die man
beym herunter gehen, allhier in dieſer Uebung gebrauchen muß.

§. 6. Die Regeln des folgenden 4 Capitels kann einer gleich, nachdem
die Uebungen dieſes Capitels einmal von ihm ſind angeſtellet worden, leſen, ſich merken, und ſolche beym Spielen und bey Repetirung dieſer
Uebungen fleißig in acht nehmen. Wir gehen aber weiter.

§. 7. Setze den Goldfinger (alſo, nenne ich den Finger nächſt dem kleinen Finger,) auf deinen höchſten oder 49ſten Ton, den du in voriger
Uebung §. 4. mit dem kleinen Finger niedergeſchlagen hatteſt, und bediene
dich nach dem Goldfinger, als mit welchem Finger anjetzo angefangen
wird, des Mittel- Vorfingers und des Daumen, (alſo 4 Finger nach der
Reihe,) darnach ſchlage den Goldfinger über den Daumen, alſo, daß
er auf das Clavier, welches im Heruntergehen nach dem Daumen
folget, kommt, und gebrauche dieſe 4 Finger wieder nach ihrer Ordnung, ſo erreicheſt du durch zweymaligen Gebrauch deiner 4 Finger eine
Octave: nun ſchlage mit dem kleinen Finger deinen höchſten Ton, damit
du angefangen, an, und höre die Aehnlichkeit dieſer Töne. In dieſem
Heruntergehen mit der rechten Hand gebraucheſt du alſo den kleinen Finger nicht eher, als bis du den Ton, darauf zuerſt der Goldfinger geſtanden, repetireſt, um zu hören wie die Octave klinget.

§. 8. Nun ſetze den Goldfinger auf den Ton, darauf du eben den
Daumen gehabt, laß abermal 4 Finger nach der Reihe herunter gehen,
hernach ſchlage den Goldfinger wieder über den Daumen, und bediene

A 3   dich

dich deiner 4 Finger nochmal, so hast du wieder eine Octave, darauf repetire mit dem kleinen Finger, so wie du vorher auch gethan, deine Octave, und höre wie sie klinget.

§. 9. Nun fange mit der linken Hand an, setze den Daumen auf den Ton, darauf eben der Daumen, deiner rechten Hand gewesen, gebrauche den Daumen, Vor= und Mittelfinger, (also nur drey Finger nach einander) schiebe, oder setze den Daumen unter deinen Mittelfinger auf den folgenden Ton, und bediene dich aller deiner fünf Finger nach der Reihe, so erreichest du mit dem kleinen Finger abermal 8 Töne oder eine Octave; nun schlage mit dem Daumen das Clavier an, darauf du mit dem Daumen angefangen, und höre wie die Octave klinget.

§. 10. Nun ist diese Uebung noch einmal mit der linken Hand übrig. Setze den Daumen, wo du eben den kleinen Finger gehabt hast, und brauche wie vorhero den Daumen, Vor= und Mittelfinger, dann schiebe oder setze den Daumen unter den Mittelfinger auf den folgenden Ton, und bediene dich wiederum aller deiner 5 Finger, so erreichest du mit dem kleinen Finger abermal eine Octave, und zugleich auch den untersten, tiefsten oder ersten Ton deines Claviers. Nun schlage wie vorhero mit dem Daumen das Clavier an, darauf du dießmal angefangen, und höre wie die Octave klinget. So oft du nun hören willst, wie die Octave klinget, als welches in diesem Capitel 8 mal vorkommt, so merke dir, daß du alsdann deine Hand ausspannen, und den Daumen oder kleinen Finger nicht aufheben must, wenn du die Octave anschlägest, denn eine Hand eines Jünglings kann eine Octave bespannen.   Siehe Caput XV.

§. 11. Uebest du dieses Herunter= und Heraufgehen beyder Hände nach oder in den Octaven, und nimmst dabey die Regeln in acht, die ich im folgenden Capitel geben werde, so wirst du unvermerkt gleich im Anfange großen Nutzen davon haben, und eine Fertigkeit in deinen Fingern bekommen.

§. 12. Alles, was ich hier so weitläufig habe vorgestellet, kann in folgenden wenigen Noten geschehen, welches du hernach beym zweyten Abschnitt, wenn du die Noten hast kennen gelernet, brauchen kannst.

3

C A P V T IV.

Allgemeine Regeln beym Clavierſpielen jederzeit in acht zu nehmen.

§. 1. Setze dich gerade mitten vors Clavier oder Griffbret deſſelben, damit beyde Hände die äußerſten Claviere ohne Mühe erreichen können, und man nicht verbunden ſey, die Stellung des Leibes durch drehen oder wenden nach dem Baß oder Discant, (was dieß heiße, wird man bald ſagen) zu verändern. Du mußt alſo bey den Uebungen des vorigen Capitels immer ſtille ſitzen bleiben, denn die Finger, und nicht der Leib, müſſen ſich bewegen.

§. 2. Setze dich auf einen bequemen Stuhl, der weder zu hoch noch zu niedrig iſt, hängt der Vordertheil des Arms etwas weniges nach dem Griffbrete herunter, ſo iſt man in der gehörigen Höhe.

§. 3. Man muß auch die Hände in gleicher Höhe neben einander über das Griffbret halten, mit ſelbigen keine gewaltſame Bewegungen oder Luftſprünge machen; man muß die Finger ſo dichte an die Claviere oder Taſten halten, als es möglich iſt, damit ſie, wenn ſie ſollen gebraucht werden, gleich parat ſind, man laſſe alſo keine Finger, die vor die Zeit eben nicht gebraucht werden, vom Griffbrete abhangen, man ziehe ſie auch nicht in der Hand zuſammen.

§. 4. Man muß in den Uebungen des vorhergehenden Capitels keinen Finger auslaſſen, ſondern diejenigen gebrauchen, die angezeiget ſind.

Man

Man lege sich ein Stückchen Bley auf die Hände, und sehe zu, daß solches beym Ueberschlagen des vierten Fingers über den Daumen, imgleichen beym Untersetzen des Daumens unter die 3 oder 4ten Finger nicht abfalle.

§. 5. Stark drücken oder schlagen muß man mit den Fingern auf das Clavier nicht, denn dadurch wird ein Clavichordium verdorben, sondern man schlägt ein jedes Clavier mit einer kleinen Force oder Stärke nieder, so daß man der Sayte ihren Ton deutlich höret.

§. 6. Man muß die Finger nicht liegen lassen, sondern nachdem man einen Ton hat angeschlagen, und nun zu einem andern geht, so muß man den Finger von dem vorigen Clavier schon aufgehoben haben; also, daß man nicht 2. 3. oder 4 Claviere zugleich nieder gedruckt behält. Es ist diese Regel schon pag. 4. vorgekommen, weil aber ein Anfänger zu diesem Fehler sehr geneigt ist, so habe ich diese Regel, damit man sich desto sorgfältiger dafür hüte, nochmal angemerkt.

§. 7. Man gebe acht, wenn man einen spielen siehet, wie tändelnd und ungezwungen alles herausgebracht wird, und wie er diese Regeln in acht nimmt, so kann einer vieles daraus lernen, wie denn ein solcher, der sich dieses Aufsatzes bedienet, alle Gelegenheit jemanden spielen zu sehen und zu hören in acht nehmen muß.

§. 8. Man lasse bey den Uebungen des 3ten Capitels die Töne nicht gar zu geschwinde nach einander hören, und verlasse hernach die Geschwindigkeit beym Ueberschlagen und Untersetzen der Finger, sondern man lasse viel lieber die Finger erstlich langsam und egal gehen, (so egal und im Anfange auch so langsam wie die Schläge der Perpendicul an einer Hang-Uhr) und sehe zu, daß man bey Ueberschlagung des 3ten und 4ten Fingers über den Daumen, und bey dem Untersetzen des Daumens unter den 3 oder 4ten Finger die Hände nicht verdrehe, oder zu langsam oder zu geschwinde mit diesem Ueberschlagen und Untersetzen sey, sondern daß alles egal gehe und bleibe, bis man die Octave repetirt.

§. 9. Man hüte sich, daß man nicht mit steifen Fingern spiele, sondern mit schlappen Nerven und gebogenen Fingern.

§. 10. Man merke sich zum voraus, daß der Ton mit welchem man bey den Uebungen im 3ten Capitel angefangen hat, c genannt wird, und daß der Ton, womit man eine Octave geschlossen, auch c heißt, wie dann das Clavier, so vor die 2 kurze hervorragende Claviere lieget, c heißet, gehet also diese erste Uebung des Clavier-Spielers immer von einem c bis zu dem andern c.

§. 11.

§. 11. Dieses wäre schon genung zur ersten Lection, wie ich denn auch rathe, nicht zu viel auf einmal aus diesem Aufsatze zu lesen, und nicht eher weiter zu gehen, als bis man das vorhergehende wohl gefaßt.

§. 12. So oft einer anfängt sich zu informiren, mag er die Uebung des 3ten Capitels repetiren, damit er geschickt darinnen werde, nach und nach fängt er an solchen Lauf in die Octave immer geschwinder, aber doch auch egal zu spielen.

C A P V T V.

Die Benennung der 4 Octaven, und wie ein ordentlich Clavier 49 Töne oder Claviere habe. Item von der Eintheilung des Claviers in Baß und Discant.

§. 1. Nun wollen wir weiter gehen, und das ganze Clavier nach seiner Benennung auch kennen lernen. Wir haben oben schon gemeldet, wie man 4 Octaven habe; wir haben uns im 3ten Capitel geübet mit der linken Hand zweymal eine ganze Octave durchzulaufen, eben dieses haben wir auch zweymal mit der rechten Hand gethan und zwar so wohl aufwärts als herunterwärts.

§. 2. Man hat Cap. 2. §. 1. das ganze Clavier in vier gleiche Theile oder Octaven eingetheilet, wie nun diese 4 Octaven benennet werden, soll hier folgen. Zehle von dem untersten Tone zur linken Hand sieben Töne ab, diese 7 Töne heissen die grosse Octave, der unterste Ton heißt c und liegt vor 2 hervorragenden kurzen Clavieren, wie Cap. 4. §. 10. gemeldet worden.

§. 3. Der 8te Ton des Claviers, von der Linken zur Rechten gehend, liegt wieder vor 2 hervorragenden und heißt auch c, zehle 7 Töne herauf, so hast du wieder eine Octave, welche die ungestrichene oder kleine Octave genennet wird.

§. 4. Nun fange mit der rechten Hand von dem c welches nun folget an, welches c immer vor 2 hervorragenden kurzen Clavieren lieget, und zehle wieder 7 Töne ab, das wird die eingestrichene Octave genennet.

§. 5. Nun haben wir noch eine ganze Octave auf unserm Claviere, nämlich die zweygestrichene; die fängt wieder mit c an, und geht bis ganz zu Ende des Claviers (einen Ton, den letzten nämlich ausgenommen, welcher dreygestrichen c heißt.)

§. 6. Hieraus sehen wir, daß das ganze Clavier in 4 volle Octaven eingetheilet wird, und heissen diese Octaven also: die große Octave, die ungestrichene oder kleine Octave, die eingestrichene und die zweygestrichene Octave.

§. 7. Man findet auch oft Clavichordia die entweder mehr oder auch weniger Claviere haben als die 49. Die neuesten Claviere haben mehr, die alten (wie auch die meisten alten Orgeln) haben weniger. Die mehreste Anzahl aber der jetzigen Claviere haben obenbenannte 49 Töne oder 4 volle Octaven und oben noch das dreygestrichene c.

§. 8. Die Clavichordia die mehr als 49 Claviere oder Tasten haben, haben über dreygestrichen c noch wohl 3 bis 4 oder mehr Claviere (welche dreygestrichen genennet werden) zur Rechten. Liegen zur linken Hand auch noch unter c Claviere, so heissen solche Contra Claves.

§. 9. Dieß wäre also die Benennung der 4 Octaven, darein das Clavier eingetheilet wird; neben dieser ist noch eine andere Eintheilung, da man das Clavier in 2 Theile theilet, nämlich in Baß und Discant.

§. 10. Die Hälfte der Claviere zur linken Hand heißt der Baß, der mit der linken Hand gespielet wird; die andere Hälfte der Claviere zur rechten Hand heisset der Diskant, der mit der rechten Hand gespielet wird, und klinget feiner oder höher als der Baß.

§. 11. Gehöret also zum Baß die große Octave und die ungestrichene Octave: zum Discant gehöret die eingestrichene und zweygestrichene Octave und das dreygestrichene c der letzte Ton des Claviers. Diese Eintheilung der Claviere ist leicht zu fassen und wird hernach noch immer bekannter werden.

C A P V T VI.

Wie die 7 Töne einer Octave die Benennung von den 7 Buchstaben c d e f g a h haben, daraus man lernet, wie die Claviere nach der Reihe heissen.

§. 1. Nun ist es Zeit zu wissen, welchen Buchstaben man einem jeden Claviere beygeleget hat, oder wie die Töne genennet werden.

§. 2. Hier hat man nun zu bemerken, daß man nur eigentlich die Benennung der Claviere von einer Octave zu lernen hat, oder wie die ersten 7 Töne auf dem Claviere heissen, denn die Benennung der Töne in

den

den 4 Octaven ist einerley.   Die 4 Octaven aber haben eine verschiedene
Benennung, wie wir oben Cap. 5. §. 11. gesehen haben.

§. 3. Um die 7 Töne einer Octave nun zu benennen, bedienet man
sich folgender 7 Buchstaben c d e f g a h.   Dieß sind die 7 Buchstaben, die die 7 Töne woraus eine Octave bestehet, benennen und wornach sie heissen, und zwar auch in eben der Ordnung, wie ich sie herge-
setzet habe; denn man fängt allhier nicht vom Buchstaben a an, sondern
der erste Ton in der Music heißt c.

§. 4. Nun schlage auf deinem Claviere mit der linken Hand den untersten oder ersten Ton an, der vor 2 kurzen hervorragenden Clavieren lieget,
der heisset, wie schon mehr erwehnet, c.   Der darauf folgende heißt d,
der dann folgt heißt e.   Dann folgt der 4te Ton (welcher vor den drey
hervorragenden kurzen Clavieren lieget) der heißt f.   Der darauf folget,
heisset g, darauf kömmt a und zuletzt kömmt h, mit diesem h ist die große
Octave zu Ende.   Diese 7 Töne in der großen Octave haben bey ihren
Buchstaben das Wörtlein Groß, als: groß C. groß D. groß E. 2c.

§. 5. Nun werden diese 7 Buchstaben in der kleinen oder ungestrichenen Octave wiederholet, als vor den 2 hervorragenden (als wo eine jede
Octave anfängt) Clavieren heißt der Ton c, darauf d, dann e, darnach f, und g und a und endlich h.   In dieser Octave kömmt zu den
Buchstaben das Wort: ungestrichen, als ungestrichen c, ungestrichen d. u. s. w.

§. 6. Dieses gehet nun so immer weiter, daß man diese 7 Buchstaben auf die 7 Töne einer Octave jederzeit repetiret.   In der eingestrichenen Octave haben die Buchstaben das Wort, eingestrichen, so
wie man ihnen in der zweygestrichenen Octave das Wort zweygestrichen vorsetzet.

§. 7. Nun ist es freylich etwas leichtes, die Töne so nach der Reihe
benennen zu können nach den 7 Buchstaben c d e f g a h, allein einer,
der sich selbst informiret, lernet doch auch etwas hierdurch.   Nur muß
man sich hüten, daß man sich nichts unrechtes angewöhne, als zum Exempel, daß man nach a nicht b sondern h sage: es heißt zwar im Sprüchwort: Wer a sagt, muß auch b sagen; oder auf a folgt b.   In der Benennung der 7 ganzen Töne einer Octave aber ist es ein anders, denn wer
da saget muß darnach nicht b sondern h sagen.

§. 8. Es ist folglich gut, daß man sich beyzeiten gewöhne, diese 7 Buchstaben nach der Ordnung ohne Fehl vor- und rückwärts herzusagen zu kön-

B 2   nen,

nen, nämlich also: *c d e f g a h* und rückwärts *h a g f e d c*. Dieses hat nicht allein einen großen Nutzen bey Erlernung der Claviere, sondern auch bey Erlernung der Noten.

C A P V T VII.

Um die Claviere ausser der Ordnung kennen zu lernen, muß man sich das Clavier c wohl merken.

§. 1. Es ist noch nicht hinlänglich, daß ich die Claviere so nach der Reihe benennen kann, wie solches im vorhergegangenen Capitel gezeiget worden, sondern ich muß sie auch außer der Ordnung wissen, und ihren Buchstaben so bald und so geschwinde kennen, als ich die Buchstaben des Alphabeths kenne.

§. 2. Hierzu ist nun das beste Hülffsmittel, sich die Lage der kurzen hervorragenden Claviere wohl zu merken, wie erstlich zwey und hernach drey derselben bey einander liegen.

§. 3. Wir haben Cap. 4. §. 10. schon angezeiget, daß das Clavier, welches vor die 2 kurze Claviere lieget *c* heiße, so wie das Clavier welches vor die 3 kurze lieget *f* heißt, wie wir solches im folgenden 8ten Capitel zeigen werden.

§. 4. Das allererste Clavier zur linken Hand, als welches vor 2 kurze Claviere lieget heißet also C, und zwar weil diese Octave die große Octave genannt wird, so heisset es groß C. Wenn ich nun bis zum achten Ton meines Claviers zehle, so folgen wieder 2 kurze Claviere, da fänget sich die kleine oder ungestrichene Octave an, und heißet dieser Ton, der vor den 2 kurzen Clavieren lieget, abermal *c* und zwar ungestrichen *c*.

§. 5. Von diesem *c* zehle wieder die 7 Töne *c d e f g a h* hinauf, so kömmst du zum Discant, oder zur eingestrichenen Octave und auf ein Clavier, welches wieder vor 2 kurze Claviere lieget, dieses heißet wiederum *c* und zwar das eingestrichene $\bar{c}$. Nun zehle wieder die 7 Töne der eingestrichenen Octave *c d e f g a h* ab, so kömmst du dadurch wieder zu einem Claviere, das vor 2 kurze Claviere lieget, welches das zweygestrichene $\bar{\bar{c}}$ ist. Nun zehle auch 7 Töne zur zweygestrichenen Octave, was du alsdann noch auf dem Clavier vor Töne übrig hast, das ist ein Theil von der dreygestrichenen Octave, hast du nur noch einen Ton mehr (wie man denn fast auf allen Clavieren diesen Ton findet) so heißt der dreygestrichen $\bar{\bar{\bar{c}}}$, folget noch einer, so ist dieser Ton $\bar{\bar{\bar{d}}}$ und so weiter,

wenn

wenn du mehr haſt, wie denn die allerneüeſten Claviere wohl bis $\overline{\overline{\overline{}}}$ ja
wohl bis $\overline{\overline{}}$ gehen.

§. 6. Es fänget alſo eine iede Octave mit c an, und höret mit h auf,
wie ſolches die 7 Buchſtaben der Töne c d e f g a h anzeigen.   Weil du
nun 4 volle Octaven haſt, ſo mußt du auch das c viermal auf deinem
Claviere finden können, nämlich 2 mal im Baß und 2 mal im Discant:
Nämlich zum Baß gehöret groß C und ungeſtrichen c und zum Discant
gehöret eingeſtrichen c̅ und zwepgeſtrichen c̿, und dann noch der letzte Ton
eines ordinären Claviers, welches drevgeſtrichen $\overline{\overline{\overline{c}}}$ iſt.

§. 7. Dieſes c mußt du nun erſtlich ganz fertig und geſchwinde auf
deinem Clavier 5 mal finden können, ſie ſind einander alle in Anſehung
ihrer Lage und des Tones ähnlich, nur daß ſie in der Höhe und Tiefe
unterſchieden ſind.

§. 8. Einige Anfänger laßen ſich den Buchſtaben eines jeden Claviers mit Tinte drauf ſchreiben, allein ich rathe es nicht zu thun, es iſt
der Mühe nicht werth, weil es ja etwas leichtes iſt, ſie kennen zu lernen.
Im 2ten Abſchnitt Cap. 13. findeſt du das Clavier abgezeichnet, da auf
jedes Clavier der Buchſtabe wie es heißet, geſchrieben iſt, daraus du dich
denn jederzeit, ſo lange du es bedarfſt, Raths erholen kannſt.

C A P V T   VIII.

Um die Claviere außer der Ordnung kennen zu lernen, muß man ſich nun 2) das f wohl merken.

§. 1. Wenn du nun das c funfmal auf deinem Claviere finden kannſt,
ſo lerne den Ton oder das Clavier kennen, welches vor die drey kurze
Claviere lieget.   Du wirſt finden, daß dieſes Clavier folget, wenn du, von
c angerechnet, zwey Claviere ausläſſeſt, eben wie du auch in deinen Buchſtaben nach c zwey Buchſtaben überſchlagen mußt ehe du zu f kömmſt:
heißet alſo das Clavier ſo vor den drey kurzen Clavieren lieget f.

NB. Du mußt im Zehlen immer von der linken Hand anfangen
und zur rechten hingehen.

§. 2. Nun findeſt du auf deinem Clavier, daß die drey kurzen Claviere
4 mal bey einander liegen, haſt du alſo auch das f 4 mal drauf.   Der
4te Ton, oder Taſte deines Claviers, allwo die drey kurzen zum erſten-
male vorkommen, heißet alſo f.   Weil nun dieſes die große Octave iſt,
ſo iſt dieſes 4te Clavier groß F.

B 3

§. 3.

§. 3. Willst du nun das kleine oder ungestrichene f haben, so zehle von groß F sieben Töne hinauf, die nach der Ordnung der Buchstaben heißen F G A H c d e, so ist das folgende Clavier wieder ein f, und zwar ungestrichen f, als welches du wieder vor drey kurze Claviere liegend finden wirst. Dieß wäre nun das große und ungestrichene f im Baß.

§. 4. Nun mache es wieder wie vorhero, und zehle abermal 7 Töne oder Claviere ab, nämlich f g a h c̅ d̅ e̅ so kömmst du wieder vor drey kleine oder kurze Claviere, da liegt dann abermal ein f vor, welches eingestrichen f̅ ist.

§. 5. Gehe wieder 7 Töne höher, so findest du die drey kurzen Claviere noch einmal zusammen liegend, vor welchen dreyen wieder ein f, nämlich zwengestrichen f̿ lieget. Dieß ist nun auch das eingestrichene und zwengestrichene f des Discants.

§. 6. Diese beyde Claviere, wovon in diesem und vorhergehenden Capitel so weitläuftig gehandelt worden, nämlich c und f suche nun auf deinem Claviere ganz fertig kennen lernen.

C A P V T   IX.

Alle Claviere auf zweyerley Art kennen zu lernen.

§. 1. Wenn du nun die 7 Buchstaben c d e f g a h vor und rückwärts gut hersagen kannst, so kannst du die 5 übrigen Claviere einer Octave von selbst errathen.

§. 2. Denn was folget nach dem Buchstaben c? Antwort d, eben also folget auch nach dem Clavier c das Clavier d. Welcher Buchstabe gehet vor f her? Antwort, e, also ist das Clavier so vor f lieget e. Welcher Buchstabe aber folget auf f? Antwort, g, derohalben ist das Clavier so nach f lieget ein g. Welches ist der letzte Buchstabe der 7 musicalischen Buchstaben? Antwort h, also ist auch der letzte Ton einer Octave immer h und lieget vor c, wo die neue Octave ihren Anfang nimmt. Welcher Buchstabe folget nach g? Antwort a. Nach g folget also das Clavier welches a heißet, dieß wären nun die 7 Claviere einer Octave, die auf einem Claviere 4 mal vorkommen und zu suchen sind.

§. 3. Man kann aber die Claviere fast noch bequemer lernen, wenn man sich die Lage eines jeden Claviers in Ansehung der kurzen hervorragenden Claviere merket, wir wollen sie auch auf diese Weise anzeigen.

§. 4.

§. 4. C lieget vor den 2 hervorragenden kurzen Clavieren, f lieget vor den 3 kurzen Clavieren, h lieget hinter die 3 hervorragenden Claviere, e lieget hinter die 2 kurze Claviere, d lieget zwiſchen die 2 hervorragende Claviere, g lieget vor den mittelſten der 3 hervorragenden Claviere, und a lieget hinter den mittelſten der 3 hervorragenden Claviere oder folget gleich nach g.

C A P V T   X.

Uebungs Exempel die 7 ganzen Töne außer der Ordnung in allen Octaven auf ſeinem Claviere finden zu können.

§. 1. Dieſe 7 Töne oder Claviere, die mit den 7 Buchſtaben c d e f g a h benennet werden, heißen ganze Töne; die 5 hervorragende kurze Claviere heißen halbe Töne oder Semitonia, deren Benennung ganz leichte fällt, wenn man nur die 7 ganzen Töne und zwar in allen vier Octaven kennet.

§. 2. Ich will zur Uebung die Töne außer der Ordnung herſetzen, die man denn auf ſeinem Clavier ſuchen und anſchlagen muß, und zwar, daß ich bald in dieſer, bald in jener Octave ſeyn werde.

§. 3. Wenn ich die Töne der großen Octave haben will, ſo habe einen großen lateiniſchen Buchſtaben geſetzet, die Töne der ungeſtrichenen Octave habe mit einem kleinen Buchſtaben ohne einen Strich darüber bemerket, die Töne der ein, zwey, oder dreygeſtrichenen Octave deren Bezeichnung erkennet man hier, an dem Strich oder an die Striche, die über den Buchſtaben gemacht ſind.

§. 4. Man traue ſich nicht zu bald, daß man den rechten Ton getroffen habe, es ſey denn, daß man ſich durch das vorhergeſagte ſchon veſt in der Erkenntniß der Claviere geſetzet, ſonſten ſehe man jederzeit erſt den im vorigen Capitel davon gegebenen doppelten Unterricht nach.

§. 5. Nun ſuche man folgende Claviere ein jedes in ſeiner bemerkten Octave: e f g A e F g a h C d e f G a H g d E f D e a h h d b c. Dieſes ſind die 29 ganze Töne außer der Ordnung auf dem Clavier. Dieſe fange nun auch rücklings an zu ſuchen, als c h d h e a e D f E d g H a G f e d C h a g F c e A g f e.

§. 6.

§. 6. Wer diesen Auffaß bis hieher mit Aufmerksamkeit gelesen (als welches nothwendig seyn muß) und alles gleich auf seinem Claviet gesuchet hat, der wird die 7 ganzen Töne vermuthlich schon kennen gelernet haben; und eben deswegen, weil an der Erkenntniß der Claviere so viel gelegen, als beym Lesen an der Erkenntniß der Buchstaben, so habe ich alles weitläufftig und so deutlich, wie mir nur möglich war, beschrieben.

C A P V T XI.

Von der doppelten Benennung der halben Töne.

§. 1. Anjetzo will nun auch zeigen, wie die kurze hervorragende Claviere heißen, überhaupt heißen sie, wie schon Cap. 10. §. 1. erwehnet worden, Semitonia oder halbe Töne.

§. 2. Was nun aber die Benennung dieser 5 Semitonien insonderheit betrifft, so merke, daß solche ihre Benennung erlangen von dem Ton oder Clavier, der vor oder hinter diesen halben Ton lieget. (Ich will hinführo die kurze hervorragende Claviere Semitonia oder halbe Töne nennen; denn man versteht num schon, was ich dadurch meyne.

§. 3. Das erste von den beyden Semitoniis die zusammen liegen heißt *cis*, wenn es von *c* herkömmt, aber *des* wenn es von *d* herkömmt.

§. 4. Man wird sich wundern, warum diese halben Töne eine doppelte Benennung haben, allein es ist noch nicht Zeit, daß man sich dabey aufhält; hernach im 12 Cap. des IIten Abschnitts wird man die Ursache einsehen. Ich will ihre doppelte Benennung hersetzen; die erstere aber, als welche die gebräuchlichste und älteste ist, hat man sich vor erst am meisten zu merken.

§. 5. Das zweyte von den beyden zusammen liegenden Semitoniis heißt *dis* wenn es von *d* herkömmt, und *es* wenn es von *e* herkömmt (im Anfange kann man *dis* sagen, es komme nun von *d* oder *e* her).

§. 6. Nun folgen die drey zusammen liegende Semitonia. Das erste davon heißt *fis* wenn es von *f* herkömmt und *ges* wenn es von *g* herkömmt. Das mittelste von diesen dreyen Semitoniis heißt *gis* wenn es von *g* und *as* wenn es von *a* herkömmt. Das letzte von den drey zusammen liegenden halben Tönen heißt *ais* wenn es von *a* herkömmt und *b* wenn es von *h* herkömmt.

§. 7.

§. 7. Von dieſen Semitoniis habe eben geſagt, daß die erſte Benennung die gebräuchlichſte und gewöhnlichſte iſt, es mag nun ein Semitonium von ſeinem vorherliegenden oder nachfolgenden ganzen Ton her-
kommen, dieſes hat auch ſeine Richtigkeit, wenn ich hiervon das dritte
Semitonium der drey zuſammen liegenden ausnehme, als da ſage ich
ſtatt der erſten Benennung *ais* lieber *b*. Da denn in Anſehung der halben Töne das Sprüchwort gilt: wer *a* (den ganzen Ton) ſagt, muß
und kann hier auch *b* (den halben Ton) ſagen.

§. 8. Ein Nachdenkender wird hieraus ſchon gemerket haben, wie
ähnlich die erſte Benennung der halben Töne der Benennung des vor
ihm liegenden ganzen Tones iſt; ſetze nämlich zu deinem vorhergehenden
ganzen Tone die Sylbe *is*, ſo wird aus *c cis*, als *c cis, d dis, e f fis,
g gis, a ais, h*. Die zweyte Benennung entſteht, wenn ich zu dem
Buchſtaben des Claviers der nach dem Semitonio liegt, die Sylbe *es*
(doch mit einiger Ausnahme) ſetze: als: *c des, d es, e f ges, g as,
a b, h*. Die Ausnahme nun beſtehet hierinnen, daß ich bey *e* den
Buchſtaben *e* nicht verdoppele, und nicht *ees* ſondern *es* ſage, und bey *h*
nicht *hes* ſondern *b* ſage.

§. 9. Weil dieſe doppelte Benennung der halben Töne anjetzo Mode
geworden, und man ſolche in gedruckten muſicaliſchen Büchern findet, ſo
habe ſelbige hier bemerken wollen.

C A P V T XII.
Benennung und Abbildung der 12 Töne einer Octave
nach ihrer gewöhnlichen Benennung.

§. 1. Wir haben 7 ganze und 5 darüber zur Seiten liegende halbe
Töne (welche darum halbe Töne heißen, weil ſie von dem vor und nach
ihnen liegenden ganzen Ton nur einen halben Ton in Anſehung des Klanges entfernet liegen) und alſo zuſammen in einer jeden Octave 12 Töne.

§. 2. Wir wollen zum Ueberfluß dieſe 12 Töne noch einmal benennen, und die halben Töne etwas höher zur Seiten ſetzen und ihnen diejenige Benennung geben, welche man am erſten zu merken hat, hier
iſt ſie:

	cis	dis		fis	gis	b
c		d	e f		g	a h

§. 3. Dieſe 12 Töne haben wir 4 mal auf einem ordentlichen Claviere, weil wir 4 Octaven haben, und eine jede Octave aus dieſen 7 ganzen und 5 halben Tönen beſtehet, alſo haben wir zuſammen 48 Claviere
oder Taſten, oder 48 von einander unterſchieden klingende Töne, nehmen wir das dreygeſtrichene ⸗ dazu, ſo oben im Diſcant lieget, und ſich
faſt auf allen Clavieren befindet, ſo haben wir deren 49.

C A P V T　XIII.
Wie die unterſte Octave auf den Clavieren, die kurz Octave ſind, heißen.

§. 1. Nun findet man auch alte Claviere und viele Orgeln, welche
im Baß die 4 erſten Semitonia in der großen Octave nicht haben, nämlich groß Cis, Dis, Fis und Gis fehlet darauf. Haben alſo ſolche Claviere oder Orgeln 4 Töne in der großen Octave weniger als die gebräuchlichſten Claviere, und iſt ein großer Mangel.

§. 2. Von ſolchen Clavieren oder Orgeln nun ſagt man: ſie oder es
ſey kurze Octave, das will ſagen, die unterſte Octave im Baß iſt kurz,
weil ſie nicht 12 ſondern nur 8 Töne hat, nämlich die 7 ganzen Töne und
den einzigen halben Ton b.

§. 3. Dieſe unterſte kurze Baß-Octave fänget an mit 2 ganzen Tönen und dann kommen die 3 kurzen hervorragenden Claviere, da hingegen auf einem Claviere mit langer Octave erſtlich 2 kurze Claviere zuſammen liegen und dann folgen die 3 kurzen.

§. 4. Weil mancher ein ſolch Clavier hat, ja weil die allermeiſten
alten Orgeln mit kurzer Octave ſind, ſo will ſie anzeigen und herſetzen,
wie dieſe 8 Claviere heißen, ehe man beym ungeſtrichen c kömmt, ſie
heißen und liegen alſo:

$$D \quad E \quad B$$
$$C \quad F \quad G \quad A \quad H.$$

§. 5. Wer ein Clavier mit langer Octave hat, der hat ſich bey dieſem Capitel im Anfange nicht aufzuhalten, deſſen Clavier aber kurzer
Octave iſt, der muß ſolche unterſte Octave aus dieſem Capitel vor allen
wohl kennen lernen, überhaupt aber muß ein Liebhaber der Muſik, vornehmlich der Orgel, nicht unwiſſend hierinnen ſeyn.

CAPVT

C A P V T XIV,
Uebungs Exempel die halben Töne außer der Ordnung auf seinem Clavier kennen zu lernen.

§. 1. Nun kann man sich üben die halben Töne auch außer der Ordnung kennen zu lernen, ohne daß man nöthig habe, den vorher gehenden ganzen Ton erst zu nennen oder anzusehen, obgleich ein jedes Semitonium seinen Namen davon hat, wie schon gemeldet worden.

§. 2. Man suche deswegen folgende Semitonia in allen Octaven auf seinem Clavier (ich verstehe hier allezeit ein Clavier mit langer Octave) und setze hierbey den dritten Paragraphum § des 10ten Capitels dieses Auffatzes wieder an. Nun suche und schlage folgende Semitonia an.

cis fis Gis b dis Fis gis B Cis dis fis dis b cis fis
Dis cis gis b gis.

§. 3. Diese Uebung mit den halben Tönen stellet man eben so an, wie man Cap. 10. mit den ganzen Tönen gethan und zwar auch rücklings, also.

gis b gis cis Dis fis cis b dis fis dis Cis B gis Fis
dis b Gis fis cis.

§. 4. Nun will ich noch eine Probe geben, wie man die ganzen und halben Töne durch einander suchen und kennen lernen kann, suche

b d C a gis f H e   a c Fis g f e D gis
h cis F b c dis E fis   g h Cis dis d fis Dis c
e g Gis d cis a B f   dis gis G cis fis b A h c.

Dieß sind die 49 Tone außer der Ordnung, darnach man sich üben kann, und die Claviere suchen, die durch diese Buchstaben angezeiget werden, man kann auch rücklings anfangen als c h A b fis ꝛc.

C A P V T XV.
Uebung um mit der linken Hand die Distanz einer Octave treffen zu lernen.

§. 1. Nun stelle man folgende Uebung an: Schlage mit der linken Hand und zwar mit dem Daumen ungestrichen g und mit dem kleinen

Fin-

Finger groß G an, nun nimm mit den Daumen ungeſtrichen c und mit
dem kleinen Finger hernach groß C.   Folgende Exempel mache eben ſo,
ich will ſie dir erſt in Buchſtaben und hernach in Noten herſetzen.   Die
Zahl 1 bedeutet den Daumen, und 5 zeiget den kleinen Finger an.

§. 2. Hieraus ſieheſt du, daß du mit dem kleinen Finger eben den
Ton anſchlägeſt, den der Daum gehabt, nur allemal eine Octave tiefer.   Dieß übe nun ſo lange, bis du, ohne darnach ſehen zu dürfen,
mit deinem kleinen Finger den Ton in der großen Octave trifſt und treffen lerneſt, den du in der ungeſtrichenen Octave mit dem Daumen gehabt haſt.

§. 3. Dadurch lerneſt du die Entfernung einer Octave oder den Zwiſchenraum (lateiniſch Intervallum, ein im Generalbaß gebräuchlich
Wort) einer Octave in deinen Fingern kennen, und dieß thut in der linken Hand großen Vortheil, weil es daſelbſt oft vorkömmt.   Dein Gehör
wird auch dadurch geübt, indem du bald wirſt hören lernen, ob du mit
deinem kleinen Finger zu tief oder zu hoch kömmſt.   Weiter ſieheſt du
hier, wie du bey Octaven immer den Daumen und den kleinen Finger
gebrauchen mußt.

§. 4. Merke aber bey dieſer Uebung der Octaven in der linken Hand
folgendes.

Wenn du mit dem Daumen g angeſchlagen und nun mit dem kleinen Finger groß G anſchlagen willſt, ſo hebe den Daumen von g auf,
laß ihn aber als darüber ſchwebend liegen bleiben: denn du haſt nicht
nöthig denſelben hoch in die Höhe zu heben, ſondern hebe ihn nur ſo weit
auf,

auf, daß das niedergedruckte Clavier wieder in seine ordentliche Höhe kommen kann, (siehe Cap. 4. §. 3.) und wenn du nun mit dem kleinen Finger groß G anschlagen willst, so spanne deine Hand aus so weit bis du auf G kömmst, denn wenn du keinen Fehler oder Gebrechen an deine Hände oder Finger hast, so wirst du leicht eine Octave bespannen können.

§. 5. Du kannst auch diese Octaven zugleich hören laßen, wenn nämlich der Daumen über g und der kleine Finger über groß G schwebet, schlage diese beyde Claviere zugleich nieder, und so auch mit den andern Tönen und ihren Octaven; dieß ist leicht und sehr nützlich.

C A P V T   XVI.
Kleine Uebungen für die linke Hand in Buchstaben und Noten vorgestellt, mit nützlichen Anmerkungen die Art zu spielen betreffend.

§. 1. Mache es so, wie ich dir die Buchstaben setzen will, als nach welchen du anjetzo schon mußt gelernet haben die rechten Claviere zu treffen, nämlich:

Zu diesen 5 Tönen gebrauche folgende Finger: g mit dem Daumen, G den kleinen Finger, c wieder den Daumen, G jetzt mit dem Vorfinger, und zuletzt C mit dem kleinen Finger.

§. 2. Hier kannst du die Ausspannung und Zusammenziehung der Hand merken, als wovon bey Gelegenheit dieses kleinen Exempels nur dieses melde:

§. 3. Bey Sprüngen, es sey nun aus der Höhe in die Tiefe, oder umgekehrt aus der Tiefe in die Höhe, wenn solche Sprünge nämlich die Octave nicht überschreiten, da muß man seine Hand ausspannen um die gehörige Tiefe oder Höhe zu erreichen, nicht aber die ganze Hand mit zusammen gehaltenen Fingern bis zur vorgeschriebenen Höhe oder Tiefe bewegen. (vid. Cap. 15. §. 4.)

C 3   §. 4.

§. 4. So wie ich nun meine Hand muß ausſpannen, ſo muß ich ſie in gewiſſen Fällen auch ſchleunig wieder zuſammen ziehen, ich will dir ein klein Exempel geben.

§. 5. Damit ich aber des Schreibens der zu gebrauchenden Finger hinfuhro mag überhoben ſeyn, ſo will denen Fingern eine Zahl beylegen, nämlich 1. bedeutet den Daumen, 2. bedeutet den Finger der nahe am Daum iſt oder den Vorfinger, 3. bedeutet den Mittelfinger, 4. den Finger bey dem kleinen Finger oder den Goldfinger, 5. bedeutet den kleinen Finger; und dieſes gilt ſo wohl den Fingern der rechten als der linken Hand. Die Zahl alſo die du hinfuhro über den Buchſtaben deines Tons oder über den Noten geſchrieben finden wirſt, zeiget dir an mit welchem Finger du den Ton oder das Clavier ſollſt anſchlagen.

§. 6. Nun ſpiele alſo:

Hier mußt du deine Hand bald ausſpannen und bald zuſammen ziehen.

§. 7. Regel. Vor allen Dingen ſiehe darauf, daß du ſonderlich den Daumen immer über die Taſtatur oder über das Griffbret ſchweben läſſeſt, ob du ihn auch gleich nicht immer brauchſt; ſo lerneſt du hierdurch ohne Verdrehung der Hände und auf eine anſtändige Art und Weiſe einen Ton nach dem andern anſchlagen; laße alſo den Daumen beym Spielen ja nicht vom Clavier herab hängen, biege und drehe ihn auch nicht in die Hand, wenn du ihn nicht brauchſt. Spiele nicht mit ſteifen, ſondern ordentlich ſchlappen krummen Fingern, und ſiehe zu, daß du alles ſo ſuchſt zu ſpielen, daß man nicht merken kann, daß es dir ſauer werde, denn Spielen muß Spielen und kein Arbeiten ſeyn.

§. 8. Die kleinen Exempel die ſchon vorgekommen ſind und noch vorkommen werden, magſt du auswendig lernen und ſolche hernach mit geſchloſſenen Augen ſpielen, denn dadurch lerneſt du die Claviere im blinden finden, als welches beym Spielen nach Noten nöthig iſt.

§. 9. Nun wollen wir noch ein Exempel für die linke Hand ſetzen und die Finger allemal mit Ziffern darüber ſchreiben. Merke: In allen dieſen kleinen Exempeln gehet alles gleich geſchwind oder langſam fort, ſo

daß

daß man nicht erſt 2 oder 3 Töne anſchlage und dann wieder ein wenig
warte und dann einmal wieder 3 oder 4 Töne nach einander anſchlage;
ſo nicht. Es wird freylich keinem im Anfange oder nach den erſten In-
formations Stunden ſo glücken, daß er auch nur dieſe wenige Tone gleich
und egal nach der Reihe werde hören laßen können; ich will hier aber
nur ſagen, worauf man bey der Uebung dieſer Exempel zu ſehen habe
und wie man ſie ſpielen müſſe, ehe man meynen dürfe, man könne ſie
ſchon ſpielen. Hier iſt kein Aufhalten als bis das Exempel ganz aus,
man kann es erſt langſam genung machen und hernach immer ein wenig
geſchwinder, doch ſehr geſchwinde brauchen dieſe Exempel nicht geſpielet
zu werden, ſie ſind bloß nur gegeben, einen Anfänger gleich Anfangs zum
Gebrauch der Finger zu führen. (vid. Cap. 4. §. 8.)

§. 10. Das Exempel nun mag dieſes ſeyn:

Hierbey iſt ſonderlich auf die Zuſammenziehung der Finger geſehen,
nämlich nach dem 5ten (den kleinen Finger) kommt der erſte Finger oder
der Daumen hier zweymal vor; da muß ich nun die Hand zuſammen
ziehen, alſo daß ich, ehe ich den kleinen Finger von ſeinem Tone aufhebe,
den Daumen dichte an den kleinen Finger ziehe, und den kleinen Finger
erſtlich aufhebe, wenn der Daumen ſeinen Ton niederſchlägt.

§. 11. Weil der 2te Finger oft über den Daumen ſchlägt, ſo wollen
wir auch ein paar Exempel davon herſetzen:

§. 12.

§. 12. Nun wollen wir noch ein paar Exempel setzen, da die Töne stuffenweise oder gradatim gehen, man merke sich aber vor allen mit welchem Finger man einen jeden Ton oder Buchstaben bezeichnet hat, und brauche denselben:

Hier kömmt beydes das Ueberschlagen und Untersetzen vor; nämlich das Ueberschlagen geschieht hier mit dem 2ten Finger über den 1ten oder Daumen im Heraufgehen, das Untersetzen geschieht hier im Heruntergehen, da der Daumen nach dem 4ten Finger untergesetzet wird.

§. 13. Bey Uebung dieser Exempel repetire die Regeln welche im 4ten Capitel dieses Abschnitts sind gegeben worden, und richte dich darnach, denn dieses Capitel ist dir sehr nützlich.

§. 14. Das Untersetzen geschieht allein mit dem Daumen, zu der Zeit wenn die Finger nicht hinreichend sind, und zwar nach dem 2ten, 3ten und 4ten Finger, nicht aber nach dem 5ten Finger. Das Ueberschlagen geschieht mit den andern Fingern da ein grösserer Finger über einen kleinern Finger am meisten über den Daumen geschlagen wird, und das so wohl in der rechten als linken Hand. Das weitere von der Fingersetzung wird hernach vorkommen, dieß sey nur als das nöthigste hiervon zum voraus gesagt.

§. 15. Nun folget noch ein Exempel für die linke Hand.

Bey Gelegenheit dieſes Exempels wollen wir noch 2 Regeln in Anſehung des Gebrauchs der Finger oder der Fingerſetzung mitnehmen.

1) Wegen der folgenden Töne iſt erlaubt einen Finger, der ſonſt folgete, auszulaßen, als hier in unſerm Exempel bey den untergeſtrichenen Buchſtaben, nämlich *e fis a fis*, da ſtehet über den beyden erſten Buchſtaben *e* und *fis* der 4te Finger und iſt der 3te Finger ausgelaßen, bey *a* ſtehet der erſte Finger, der doch kurtz vorhero den 2ten Finger hatte, und endlich bey *fis* ſtehet der 2te, da doch nach der Ordnung der Finger der 3te folgen ſollte. Dieſes Auslaßen der Finger hat die Folge der Töne verurſachet.

2) Es iſt nicht erlaubt einen oder eben denſelben Finger oft oder auch nur 2 mal nach einander zu gebrauchen, oder fortzuſetzen.

NB. Ueber den Noten dieſes Exempels ſtehen von der 9ten bis zur 20ſten Note zwey Zahlen übereinander, welches anzeiget, daß alhier eine doppelte Fingerſetzung ſtatt hat. Es hat ein Anfänger ſich aber nur vorerſt an diejenigen Finger zu halten, welche über die Buchſtaben gezeichnet ſtehen.

C A P V T XVII.
Kleine Uebungen für die rechte Hand in Buchſtaben und Noten vorgeſtellet.

§. 1. Nun wollen wir der rechten Hand auch einige kleine Exempel zur Uebung geben, welche wir hier wiederum ſowohl in Buchſtaben als Noten vorgeſtellet, auf die Buchſtaben aber ſiehet ein Anfänger vorhero, weiter hin nach Leſung des 2ten Abſchnitts bedienet er ſich der Noten mit großen Nutzen, man hat ſich befliſſen die Note gerade unter den Buchſtaben zu ſetzen, darnach die Note benennet wird.

§. 2. Bey den Exempeln dieſes Capitels werde nicht viele Anmerkungen machen, weil dasjenige, was von der Fingerſetzung im Anfange zu wiſſen nöthig iſt, ſchon bey den vorigen Exempeln angemerket worden, und hierbey zu gebrauchen iſt.

§. 3. Man übe ſich alſo, dieſe Exempel mit den darüber geſchriebe⸗ nen Fingern ordentlich ſpielen zu können, ſo wird man hierdurch folgen⸗ den vierfachen Nutzen erlangen:

1) Man wird hierdurch des Claviers und der Benennung der Taſten recht kundig, als woran ſehr viel gelegen.

2) Erlanget man eine kleine Fertigkeit in den Fingern, und lernet die Hauptregeln der Fingerſetzung nach und nach.

3) Iſt die Selbſtinformation um ſo viel angenehmer, wenn man ſein Clavier bald hören laſſen kann.

4) Gewöhnet man ſich beyzeiten, wenn man ſich nämlich übet dieſe kurzen Sätze oder Exempel auswendig und mit geſchloſſenen Augen zu ſpielen, ſeine Augen vom Clavier abzuhalten, um die Taſten im blin⸗ den finden zu können, welches hernach beym Spielen nach Noten große Dienſte thut.

§. 4. Wir wollen alſo noch etliche Exempel herſetzen:

NB. In dieſem Exempel laſſe über zweygeſtrichen $\bar{e}$ den 5ten oder klei⸗ nen Finger immer ſchweben, damit du nicht nöthig haſt, dieſen Ton, der hier 6 mal vorkömmt, immer aufs neue zu ſuchen.

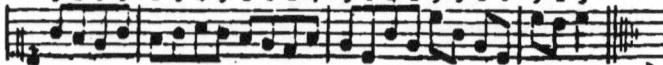

4).

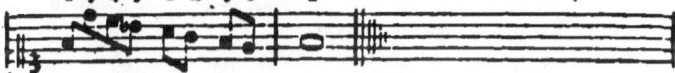

Nun wollen wir noch die Melodie: Wer nur den lieben Gott läßt walten, herſetzen, und nach jedem Satze einen Strich machen.

8)

NB. Bey der bemerkten Fingerſetzung dieſer Exempel hat es nicht die Meynung, als wenn allein dieſe und keine andere Fingerſetzung gut wäre; man hat um einen Anfänger nicht zu confundiren nur mit Fleiß eine einzige drüber geſetzt.

§. 5. Nun meyne ich weitläuftig und deutlich vorgeſtellt zu haben, wie und auf was Art einer ſich ſelber die Claviere kann kennen lernen, alſo daß ich nicht nöthig finde mich länger dabey aufzuhalten. Ein Lieb-haber aber hat dieſen erſten Abſchnitt fleißig und mit Nachdenken oft zu leſen, auch alsdenn, wenn er die Claviere ſchon vollkommen daraus hat kennen gelernet, und dieſes ſowohl wegen den darinnen enthaltenen Re-geln der Spielart und der Fingerſetzung als auch wegen der Exempel, ſonderlich dererjenigen die in den beyden letzten Capiteln vorkommen, die ihn, wenn er die beyden folgenden Abſchnitte erſt durchſtudieret haben wird, noch den beſten Dienſt zur Erlernung der Noten und zur Uebung der Finger leiſten werden.

§. 6. Ich ſchreite alſo zu der Abhandlung der Noten, und werde ſe-hen, ob ich in dieſem zweyten Abſchnitte einem Unwiſſenden alles dahin gehörige deutlich machen kann.

Zwey-

Zweyter Abschnitt.

Von den Noten.

CAPVT I.

Vom Gebrauch der Noten statt der Tabulatur.

§. 1.

Es möchte ein Anfänger gleich Anfangs in Ansehung der Noten sagen: Was nutzen die Noten, da man, wie ich in den kleinen Exempeln gesehen, sich ja der Buchstaben bedienen könnte, als welche ein jeder kennet, und hätte man alsdenn die Erlernung der Noten nicht nöthig?
Hierauf dienet zur Antwort: daß man freylich die Noten so unumgäng-
lich nöthig nicht habe, sonderlich wenn man nur ein Lied will spielen lernen, indem man alle Lieder wohl mit Buchstaben aussetzen könnte, so wie
ich am Ende des vorigen Capitels die Melodie vom Liede: Wer nur den
lieben Gott läßt walten rc. in Buchstaben vorgestellet habe.

§. 2. Es ist auch vor diesem der Gebrauch der Buchstaben, welches
man die Tabulatur nannte, so gemein gewesen, daß wenig Organisten
(sonderlich auf den Dörfern) die Noten verstanden, sondern alles nach
der Tabulatur, das ist, nach Buchstaben gespielet und auch darnach
informiret haben. Allein man hat auch schon lange gemerket, daß der
Gebrauch der Noten oder gewisser Zeichen, die, so zu sagen, einen Ton
sichtbar machen, in vieler Absicht und in vielen Stucken dem Gebrauch
der Buchstaben oder Tabulatur sehr weit vorzuziehen.

§. 3. Es würde zu weitläuftig seyn, auch meinem Zwecke bey diesem
Aufsatze zuwiderlaufen, eine Vergleichung des Gebrauchs der Buchstaben oder der Tabulatur mit dem Gebrauch der Noten anzustellen, um
einen Unwissenden von dem Nutzen der Noten zu überführen; allein es
dienet, wie gesagt, zu meinem Zwecke nicht; deswegen glaube ein Anfänger nur, daß bey der Tabulatur eben so viele, ja ich darf sagen mehrere Schwürigkeiten sich finden, als bey den Noten. Zudem ist die
Erlernung der Noten auch so schwer nicht, wie sich mancher im Anfange vorstellet.

D 3 CAPVT

C A P V T II.

Von den Noten überhaupt, und was sie anzeigen müssen.

§. 1. So wie wir nun in den Exempeln des ersten Abschnitts uns hauptsächlich der Buchstaben bedienet, und einem Anfänger solche vorge- leget, hingegen die Noten nur als zum Ueberfluß vorerst mit beygefüget; so laßen wir anjetzo die Exempel in Buchstaben fahren und gebrauchen an deren Statt die Noten; deswegen denn die Erkenntniß derselben in die- sem Abschnitte weitläuftig soll gezeiget werden.

§. 2. Das Wörtlein Noten, kömmt her vom lateinischen Worte Nota, ein Zeichen, Merkmahl: steht nun das Wort musicalisch davor, als musicalische Noten, so bedeutet es musicalische Zeichen, oder Zeichen, die man in der Tonkunst gebrauchet, um einen musicalischen Ton zu be- stimmen und anzuzeigen.

§. 3. Wir haben oben im ersten Abschnitt Cap. 2. §. 1. und Cap. 5. §. 2. gesehen wie unser Clavier in 4 Theile getheilet wird, nämlich in 4 Octaven, als da ist, die große, die ungestrichene, die einmal-und die zwepmalgestrichene Octave, da denn eine jede Octave aus 7 Tönen als c d e f g a h bestehet; weiter haben wir gesehen wie solche 4 Octaven selbst in den Buchstaben (der Schreibart nach) müssen unterschieden werden, als c in der großen Octave mit einem großen C, ungestrichen c mit einem c das keinen Strich über sich hat, eingestrichen c mit einem c das einen Strich über sich hat als c̄, und zwepgestrichen c mit zwey Strichen als c̿, und so mit allen 7 Buchstaben.

§. 4. Da nun hierdurch die 48 Töne auf eine unterscheidende Art in Buchstaben sind vorgestellet worden; eben so müssen auch, wenn man nun keine Buchstaben mehr gebrauchen will, die andern Zeichen, näm- lich die Noten, also beschaffen seyn, daß ich daraus wissen kann, welchen Ton unter den 48 Tönen meines Claviers ich hören laßen soll.

§. 5. Da stünde nun einem frey solche Zeichen selbst zu erfinden, al- lein es würde einem schwer fallen, bequemere Zeichen dazu erfinden zu können, als die Noten unserer Zeit sind, welche so beschaffen, daß alles was zum Spielen erfodert wird, durch ein geringes, commodes und deut- liches Nebenzeichen kann angezeiget werden.   Wir schreiten aber näher zum Zwecke.

CAPVT

II. Abſchn. Cap. III. Von den fünf Linien ꝛc.   3r

C A P V T III.

Wie viel Linien man bey den Noten gebraucht, und wie durch die Zertheilung der 10 Linien zweyerley Noten, näm= lich Discant=und Baßnoten entſtanden.

§. 1. Die Noten können einerley Ausſehen haben (in Anſehung der Menſur davon im IIIten Abſchnitt gehandelt werden ſoll) und doch nicht einerley Töne anzeigen, ja ſie können auf verſchiedene Art gemacht wer= den und doch einerley Ton anzeigen, deswegen beſtehet der ganze Unter= ſchied, darauf ein Anfänger zuerſt zu ſehen hat, darinne, daß man ſehe, die wievielſte Linie oder das wievielſte Spatium eine Note einnehme.

§. 2. Man bedienet ſich alſo einer Anzahl von 5 Linien, darauf und darzwiſchen die Noten zu ſtehen kommen, und nach dem nun dieſe Noten auf der erſten, zweyten, dritten, vierten oder 5ten Linie, oder zwiſchen der erſten und zweyten, oder zwiſchen der 2ten und 3ten ꝛc. ſtehen, nachdem hat ſie den Namen eines unſerer 7 Buchſtaben *c d e f g a h,*

§. 3. Wer alſo die Noten will kennen lernen, der muß die Linien und die Zwiſchenräume oder Spatia der Linien kennen lernen, denn man kann einer jeden Linie und einem jedem Spatio oder Zwiſchenraume ſchon die Benennung von *c d e f g a h* geben und beylegen.

§. 4. Wie können aber, möchte ein nachdenkender Leſer fragen, die 48 bis 49 Töne meines Claviers auf die 5 Linien und 4 Spatia bezeichnet werden, da man doch nur 9 darauf bemerken kann? Antwort. Das iſt gewiß, ſolches gehet nicht an. Wenn wir aber ſtatt 5. 10 Linien mach= ten, ſo gienge es vielleicht an? Nein, denn ich könnte darauf nicht mehr als 19 Töne bezeichnen, weil ich alsdenn nur 10 Linien und 9 Zwiſchen= räume oder Spatia hätte. Wenn wir aber 15 Linien nehmen wolten, hätten wir denn genung? Nein, noch nicht einmal, denn ich könnte nur 29 Töne darauf bezeichnen. Wenn wir 20 Linien nehmen wollten, ſo kriegten wir 39 unterſchiedene Stellen, um Noten darauf ſetzen zu können die unterſchiedenen Töne anzuzeigen. Nun fehlten noch 10 Claviere, denn ich habe ihrer in allen 49, müßte ich alſo 24 Linien haben, darauf ich meine 49 Töne ordentlich unterſcheidend bezeichnen könnte; allein welch eine Weitläuftigkeit wäre es auf ſolche Art mit den Noten, und wenn man keine Vortheile erfunden hätte, ſo wäre die Tabulatur freylich den Noten vorzuziehen.

§. 5.

§. 5. Wir merken also an, daß die 20 Semitonia nicht aparte vor sich eine Linie oder Spatium einnehmen, sondern solche halbe Töne behalten die Linie oder das Spatium welches ihr benachbartes Clavier gehabt (wie solches Cap. 12. in diesem Abschnitt zu ersehen) und werden durch ein x oder b angezeichnet; behalten wir also nur 29 Töne, dazu wir hinlängliche Linien und Spatia haben müssen; nun können wir mit 15 Linien zufrieden seyn.

§. 6. Allein es wäre leichter noch mehr als zweymal so viele Claviere kennen zu lernen, als diese 15 Linien in einem Anblick so unterscheiden zu können, daß ich gleich wüßte, welches die 6te; 7te oder 9te rc. wäre, und solchergestalt würde die Erlernung der Noten gewiß höchst beschwerlich seyn.

§. 7. Deswegen man denn auf Mittel gedacht, solcher Beschwerlichkeit abzuhelfen; denn weil auf einem Claviere alle Töne nicht gleich oft vorkommen, und die alleruntersten oder tieffsten im Baß wie auch die alleroberften oder höchsten Töne im Discant bey weitem nicht so oft gebrauchet werden als die mittelsten, nämlich von groß G im Baß bis zu zweygestrichen g im Discant, welches 19 Töne sind, derowegen hat man angefangen nur diese 19 Töne auf 10 Linien und 9 Spatia vorzustellen und zu bezeichnen.

§. 8. Hat also ein Clavierspieler nöthig, zum allerwenigsten diese 10 Linien und 9 Spatia, darauf die 19 gebräuchlichsten Töne seines Claviers bemerket werden können, wohl inne zu haben; da sich denn einer gleich merken kann, wie die unterste von diesen 10 Linien groß G heiße, oder wie die Note, die drauf stehet, anzeiget, daß ich auf meinem Clavier groß G im Baß mit der linken Hand anschlagen soll, und weiter, wie die oberste oder zehnte Linie zweygestrichen g heißt; oder die Note, die drauf stehet, zeiget an, daß ich im Discant mit der rechten Hand g nehmen soll.

§. 9. Weil nun diese 10 Linien nach nicht ohne große Uebung könnten erkannt und unterschieden werden, nämlich, welche unter diesen 10 Linien die 5te, 6te oder 7te wäre, so hat man abermal eine Erleichterung gefunden, man hat nämlich den Zwischenraum oder das Spatium zwischen der 5ten und 6ten Linie weiter oder größer als die andern Spatia gemacht, und eben dadurch diese 10 Linien in zwey Theile getheilet und einem jeden Theil 5 Linien gegeben; da denn die obersten 5 Linien die Claviere welche die rechte Hand anschlagen muß, nämlich den Discant, und
die

die unteren 5 Linien die Claviere, welche für die linke ſind, nämlich den Baß, vorſtellen.

§. 10. Aus dieſer Theilung der 10 Linien, in 2 mal 5 Linien, ſind nun die zweyerley Noten, nämlich die Discant und Baßnoten entſtanden, welchen Unterſcheid der Noten man nicht haben würde, wenn die 10 Linien nicht wären zertheilet worden. Allein, ob es gleich ſcheinet ein Anfänger hätte dadurch mehr zu lernen bekommen, daß er nun zweyerley Noten wiſſen und kennen muß, ſo iſt es doch nicht an dem, ſondern ob einer die 10 Linien, als zuſammen gelaſſen oder als von einander in 2 Theile getheilet, lernet, iſt einerley und eben daſſelbe, ja die Zertheilung und Zertrennung der 10 Linien hat eine große Erleichterung verurſachet, welches man anjetzo ſchon kann einſehen und hernach noch beſſer einſehen wird.

§. 11. Wir wollen nun erſtlich die 10 Linien unzertheilt zuſammen ziehen, und die Buchſtaben drauf und darzwiſchen ſetzen, welche die Noten bekommen die drauf oder darzwiſchen ſtehen, um einem Anfänger zu zeigen, wie man eigentlich nur einerley Noten fürs Clavier hat; er wird auch dadurch ſehen, daß die Zertheilung der 10 Linien eine große Erleichterung giebet, hier ſind die 10 Linien:

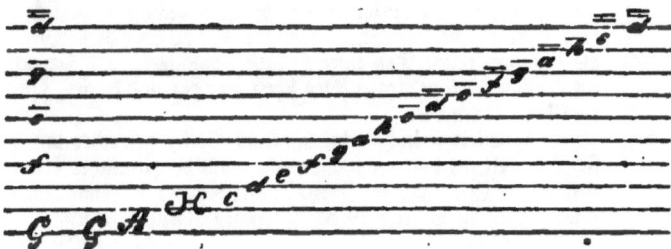

§. 12. In alten Zeiten hat man noch wohl 2 Linien über dieſe 10 Linien gemacht, wie aus des Praetorii Syntagmate Muſico Tom. III: p. 40. ſq. zu ſehen. Allein ob man gleich dem Auge das Hülfsmittel gegeben, daß man einigen Linien im Anfange und auch wohl am Ende der Linien ihren Buchſtaben darauf geſchrieben, wie wir hier ſolches im Anfange der 10 Linien auch gethan haben, ſo hat dieſes doch noch wenig Erleichterung, ſonderlich in Anſehung der Noten mitten in einer Zeile, verurſachet.

Wiedeb. Clav. Spiel.   E   §. 13.

§. 13. Deswegen die Zertheilung der 10 Linien, die Namen oder Buchstaben einer Linie oder Zwischenraums zwar nicht geändert, aber doch verschaffet hat, die Zahl einer Linie, ob es nämlich die 5te, 6te oder 7te rc. ist, geschwinder und leichter mit den Augen übersehen und aus- rechnen zu können, denn von 5 Linien läßt sich die mittelste gar leicht in einem Blicke finden.

§. 14. Zu dem kann man auch durch diese Theilung der 10 Linien leichter einsehen, welche Noten für die linke Hand zum Baß, und wel- che Noten für die rechte Hand zum Discant gehören. Denn weil eben mit der 6ten dieser 10 Linien die eingestrichene Octave mit c anfängt, als in welcher Octave der Discant anfängt, so hat dieß vielleicht verursachet, daß man sie in 2 gleiche Theile getheilet, nämlich in 5 und 5.

§. 15. Man siehet hieraus ferner, wie die Baß- und Discant-Linien so natürlich auf einander folgen und gleichsam zusammen fließen, und mit einander können vereiniget werden, welches bey andern Noten, nämlich bey Baß- und Violin-Noten nicht so geschehen kann.

C A P V T IV.
Vortheile bey Erlernung der Noten.

§. 1. Nun hat man unterschiedene Methoden einem Lehrling die Er- kenntniß der Noten beyzubringen, da man denn gemeiniglich die Dis- cant-Noten zuerst vornimmt, weil die unterste Linie derselben just mit c, als mit dem ersten Ton einer Octave, anfänget; und hernach, wenn ein Lehrling die Discant-Noten schon inne hat und kennet, nimmt man die Baß-Noten vor.

§. 2. Allein je leichter die Discant-Noten geworden und je fertiger sie einer gelernet hat, je wunderlicher und beschwerlicher kömmt einem hernach die Erlernung der Baß-Noten vor, so daß einer kaum Geduld genug hat, sie so fertig als die Discant-Noten zu lernen.

§. 3. Wir wollen erstlich zeigen, wie man sich die Noten zugleich, sowohl Baß- als Discant-Noten selbst lehren kann, da wir denn vorerst 19 Stück Noten oder Zeichen der Töne unsers Claviers wissen müssen.

§. 4. Bey Erlernung der Claviere hatte man den Vortheil nur eine Octave zu lernen und zwar nach der Lage der Semitonien, diesen Vor- theil haben wir nun bey den Linien und bey Erlernung der Noten zwar
nicht,

nicht, allein wir wollen doch ein und anders anmerken, was einem zur Erleichterung dienen kann.

§. 5. Man muß die 7 musicalischen Buchstaben *c d e f g a h* gantz fertig so vor- als rückwärts *h a g f e d c* hersagen können, und je mehr sich einer dasjenige was wir schon im ersten Abschnitt hin und wieder davon gesagt, als Cap. 9. §. 2. wird bekannt gemacht haben, je geschwinder und leichter wird es mit der Erlernung der Noten zugehen. Nämlich man muß wissen, welcher Buchstabe nach diesem oder jenem Buchstaben folget oder welcher vorher gehet: Z.E. nach *g* kömmt *a*, nach *h* kömmt wieder *c*, nach *e* kömmt *f*, nach *c* kömmt *d*, item vor *g* kömmt *f*, vor *h* kömmt *a*, vor *e* kömmt *d*, vor *c* kömmt *h* und so weiter. Dieses hat den Nutzen, nämlich, wenn wir wissen wo *g* in den Noten ist und auf welcher Linie es stehet, so können wir gleich schlüßen, daß die Note, die einen Grad höher als *g* stehet oder nach *g* folget, *a* heißt, weil nach *g*, *a* folget: man dürfte sich folglich um der Zwischenräume Benennung nicht bekümmern, wenn man die Noten die auf den 10 Linien (das ist im Baß und Discant) stehen, nur perfect wüßte, so könnte man die Note des Zwischenraums oder die auf einem Spatio stehet aus der Folge der Buchstaben gleich wissen.

§. 6. Man lerne sich die Noten nicht nach der Reihe oder in der Ordnung wie sie hier unten geschrieben worden, sondern man lerne sie außer ihrer Ordnung und Folge; sonst hat man hernach immer zu zehlen und zu rechnen.

§. 7. Man sehe zu, daß man, nachdem man einige Erkänntniß darinnen erlanget, einige Blätter Noten, die nicht mehr gebrauchet werden, von einem Organisten, Cantor oder anders woher bekomme, und bilde sich eine Zeile als Discant und die andere als Baß-Noten ein, und schreibe den Buchstaben, wie die Note heißet, darüber, nachdem examinire man die Ueberschrift nach dem bald folgenden Verzeichniß der Discant- und Baß-Noten. Diese Uebung ist einem, der keinen Lehrmeister hat so nöthig als nützlich. Die in dem ersten Abschnitt vorgekommenen Exempel habe deswegen gleich in Noten darunter gesetzt, damit ein Anfänger bald die Noten kennen lerne und sie als Uebungs-Exempel anjetzo mag brauchen können.

Ver-

Verzeichniß der Discant = Noten nach ihrer
Ordnung.

c̄ d e f g a h̄ c̄ d̄ e̅ f̄ g̅ ā h̄ c̄.

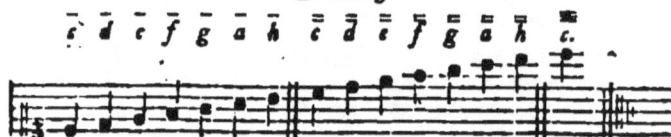

Verzeichniß der Baß = Noten nach ihrer
Ordnung.

C D E F G A H c d e f g a h c̄ d̄ c̄.

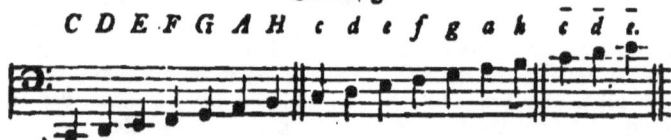

C A P V T V.

Vom Discant = und Baß = Schlüssel.

§. 1. Ehe wir weiter gehen, muß noch bemerket werden, wie man im Anfang der 5 Linien ein gewisses Zeichen finden wird, wie solches bey obenstehenden Verzeichniß der Discant = und Baß = Noten auch ist gemacht worden, daraus man sehen kann, ob die Noten Discant oder Baß = Noten vorstellen sollen, welches Zeichen bey Zertheilung der 10 Linien nöthig geworden, da es in deren Zusammenlaßung nicht nöthig war.

§. 2. Das Zeichen der Discant = Noten wird nun zwar nicht in allen Stücken oder Zügen von allen gleich gemacht, allein das nothwendige, wodurch es sich von andern Schlüsseln unterscheidet muß doch ausgedruckt und deutlich gemacht werden, soll es anders keinen Mißverstand verursachen, gleiche Bewandniß hat es auch mit dem Zeichen der Baß = Noten.

§. 3. Weil nun dieses Zeichen im Anfange der Linien nöthig ist, und die 5 Linien ohne Vorsetzung eines Zeichens allerley Claviere oder Töne bezeichnen könnten, so hat man diesem Zeichen den Namen eines musicalischen Schlüssels gegeben, weil uns dadurch gleichsam aufgeschlossen wird, was vor Art Noten es seyn sollen, obs Discant, Baß oder noch andere Noten seyn sollen.

§. 4

§. 4. Und gleichwie die Schlösser nicht alle mit einen einzigem Schlüssel können aufgeschlossen werden, so kann auch nicht ein und dasselbe Zeichen als ein Schlüssel zu allerley Noten gelten, ein anders ist der Discant-Schlüssel, ein anders der Baß-Schlüssel. Hier sind die beyden Schlüssel nach ihrer verschiedenen beliebigen Schreibart, deren man noch mehr erfinden könnte, in der Hauptsache aber müssen sie einander ähnlich seyn.

Discant-Schlüssel.   **Baß-Schlüssel.**

oder   oder   oder   oder   oder   oder   oder

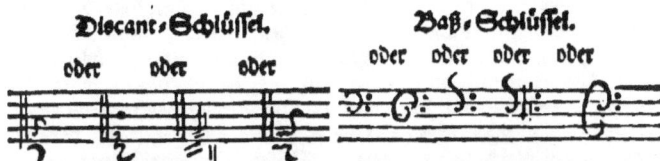

§. 5. Der Discant-Schlüssel heißt ein c Schlüssel, weil die unterste Linie, welche c ist, durch dieses Zeichen eingeschlossen ist. Hierbey merke als im vorbeygehen, daß noch 2 gebräuchliche c Schlüssel sind, nämlich Alt und Tenor. Im Alt stehet das Zeichen auf der mittelsten Linie, so wie es hier auf der untersten stehet, und heißet die Linie, die durch dieses Zeichen eingeschlossen wird allezeit eingestrichen c. Im Tenor stehet eben dieses Zeichen auf der 4ten Linie (von unten an gerechnet) und heißet die 4te Linie alsdann c. Davon hernach ein mehreres.

§. 6. Der Baß-Schlüssel heißet ein f Schlüssel, weil die 4te Linie, welche ungestrichen f heißet, von den beyden Puncten eingefasset wird.

§. 7. Dieß wären die beyden Hauptschlüssel eines Clavier-Spielers, nämlich ein c und f Schlüssel, weil aber auch noch ein g Schlüssel ist, der beym Clavierspielen oft gebraucht wird, so melde davon, daß der Buchstabe g in die Höhe gehend alsdann auf der andern Linie stehet und eingestrichen g heißet, die Violine und Flaute Traversiere bedienet sich dieses g Schlüssels, er siehet so aus:

oder   oder   oder

Ein Anfänger aber beschäftiget sich mit diesen Noten noch nicht.

E 3   CAPVT

C A P V T   VI.

Welche sieben Noten man am ersten zu lernen.

§. 1. Ich habe am Ende des 4ten Capitels die 5 Linien, (welches man ein Systema nennet, Systema aber heißt allhier eine Collection oder zusammengenommene 5 Linien mit ihren Spatiis, siehe Walthers Music. Lexicon) mit Noten beschrieben, den Discant-Schlüssel davor gesetzt, daraus man denn erkennet, daß es Discant-Noten, oder Noten für die rechte Hand seyn, oder ein Verzeichniß wie man die einge-strichene und zweygestrichene Octave in Noten anzeiget. Ich habe die Baß-Noten gleich dabey gesetzet. Dieses Verzeichniß kann dir zur Nachricht und zur Rathserholung bey allem Zweifel dienen.

§. 2. Nun will dir aber auch zeigen, wie du bey der Selbstinfor-mation diese Noten am besten erlernen kannst, da man denn am besten thut die Discant- und Baß-Noten zugleich und durcheinander zu lernen; denn lernet man erstlich die Discant-Noten, so hat man sich daran schon so satt Noten gelernet, daß einem fast alle Lust zur Erlernung der Baß-Noten, die doch beym Clavierspielen ebenfalls nöthig sind, vergangen.

§. 3. Wir haben Cap. 3. §. 8. in diesem Abschnitt schon gesagt, daß die alleruntersteLinie im Baß groß G heiße, und daß die oberste Linie im Dis-cant zweygestrichen f sey, dieses G und f merke man sich also am ersten.

§. 4. Nun behalte, daß eingestrichene c die unterste Linie im Dis-cant ist (siehe Cap. 3. §. 14. und Cap. 4. §. 1.) und wird alsdenn gemei-niglich mit der rechten Hand gespielet; soll aber dieses eingestrichene c mit der linken Hand gespielet werden, so macht man über die 5 Baß-Linien noch eine kleine Linie und setzet die Note darauf, und gehöret es alsdenn zu den Baß-Noten; denn ob wir gleich bey Eintheilung des Claviers (im ersten Abschnitt Cap. 5. §. 11.) gesaget haben, daß nur die große und ungestrichene Octave zum Baß gehöret, so übersteiget der Baß doch seine Gränzen oft um 3 Töne, und nimmt c d e noch mit, eben wie auch der Discant zuweilen das ungestrichene h aus der Baß-Octave noch mit nimmt, welches denn im Discant unter der untersten Linie c ge-setzet wird. Nun kennest du G f und c beydes, wenn es im Baß und wenn es im Discant geschrieben ist. Ich will zu deiner Uebung diese

vier

vier Noten, die du nun gelernet, hersetzen und durcheinander werfen,
nenne eine jede

§. 5. Nun wollen wir auch sehen, welche Stelle das ungestrichene c
einnehmen muß, es stehet auf dem 2ten Zwischenraum oder Spatio der
5 Baß-Linien. Denn heißet die unterste Linie G, so nenne die Buchstaben die nach G folgen, solche sind nur 2 A und H, so kömmt dein c, stehet also ungestrichen c auf den 2ten Spatio.

§. 6. Nun repetire die ersten drey Noten nämlich G d̄ c̄ und setze
dieses ungestrichene c dazu, und sage bey dir selbst auf welcher Linie oder
in welchem Spatio eine jede stehen muß.

§. 7. Nun nimm die oberste Linie im Baß die heißet a.

§. 8. Sprich zur Repetition also; Die unterste Linie im Baß heißt
groß G, die oberste Linie im Discant heißt zweygestrichen d̄, die unterste
Linie im Discant heißt eingestrichen c̄, das zweyte Spatium im Baß
heißt ungestrichen c, und die oberste Linie im Baß heißt ungestrichen a.
Dieß wären schon 5 Töne, deren Stelle du bald wirst lernen nämlich:
G d̄ c̄ c a.

§. 9. Nun nimm die beyden mittelsten Linien im Discant und Baß,
im Discant heißt die 3te oder mittelste Linie eingestrichen d̄, und im Baß
heißet die mittelste Linie ungestrichen d. Dieß wären nun 7 Noten, die
du am ersten zu erlernen hast, ich will sie wieder durcheinander werfen,
da du sie denn nennen kannst, und immer aus dem gemeldeten erstlich zusehen, ob du recht gesagt, ehe du weiter gehest.

§. 10.

§. 10. Wenn du nun diese 7 Noten G d c c a g d fertig kannst, so ruhe ein wenig, und gehe nicht eher weiter zu den andern, als bis du dir solche recht inprimiret, stelle dich als wären keine Noten mehr zu erlernen, suche solche entweder auf einem Blatte Noten, oder in einem Choral oder Notenbuche, oder auch in denen hierbey gefügten und untermischten Exempeln, wo du sie findest.

§. 11. Wenn du dich mit Erlernung der Noten beschäftigest, als wobey du freylich das Clavier nicht bedarfst, du möchtest denn auch gleich den Ton auf deinem Clavier suchen wollen, den dir die Note anzeiget, als welches recht nützlich wäre; so unterlaß niemals die im 1sten Abschnitt gegebenen Exempel zu repetiren und zu spielen, damit jedesmal auch die Finger ihre Uebung haben und du die Exempel immer besser, egaler und geschwinder lernest spielen.

§. 12. Es ist ein gemeines Schicksal der Selbstinformation, daß man bald meynet, man könne dieß oder jenes schon, und man könne nun schon weiter gehen, da man es doch nur begriffen, aber sich doch noch nicht recht eingedruckt hat.   Weiter ist man oft im Anfange so hitzig und eifrig drüber her, als wollte man alles zugleich und in einem Tage fassen, oft aber läßt man die ganze Information wieder 8, wo nicht mehr Tage anstehen: Wer sich also nach diesem Unterricht selbst informiren will, der nehme alle Tage eine gewisse Stunde oder auch nur eine halbe Stunde darzu, und gehe nicht eher zu etwas neues, ehe das vorige recht gefasset worden.

C A P V T VII.

Fortsetzung des vorigen, wie man nämlich die 5 Linien und 4 Spatia im Baß und Discant zugleich zu lernen hat.

§. 1. Nun wollen wir die zweyte Linie im Discant und Baß dazu nehmen. Die 2te Linie im Baß ist groß H, als der letzte Ton in der grossen Octave, und im Discant heißet die zweyte Linie eingestrichen ī.

§. 2. Die 4te Linie im Baß und Discant fehlet uns nur noch, so haben und wissen wir die Benennung aller 5 Linien sowohl im Baß als Discant.   Die 4te Linie im Baß heißet ungestrichen f (dieses haben wir schon im 5ten Cap. angemerket, da wir anzeigeten, wie der Schlüssel

des

des Baſſes die 4te Linie im Baß durch zwey Puncte einſchlieſſe, und deswegen ein f Schlüſſel heiße) die 4te Linie im Discant heißet eingeſtrichen
c̄, als welches der letzte Ton der eingeſtrichenen Octave iſt: da nun gleich
nach dieſer vierten Linie die zweygeſtrichene Octave mit c̿ auf dem vierten
Spatio eintritt, ſo merken wir uns hierbey auch gleich die Stelle des
zweygeſtrichenen c̿, es ſtehet nämlich auf dem 4ten Spatio im Discant.

§. 3. Dieß iſt nun wo H c̄ f h und c̿ ſtehen, als welche man ſich
jetzt zu merken hat. Wir wollen ſie durcheinander werfen, und kann
man ſie zur Uebung nennen.

§. 4. Wenn wir nun die im 6ten Cap. gelernete 7 Noten dazu nehmen, ſo haben wir ſchon 12 Töne bemerket, als G d̄ c̄ cc c̄ g d H c̄ f h c̿.
Dieß ſind nun die 5 Linien im Baß und Discant mit ihrer Benennung,
wie auch zwey Spatia, nämlich ungeſtrichen, c und zweygeſtrichen c̿.
Dieſe 12 Töne will abermal zu deiner Uebung durch einander werfen,
mit dem Unterſchied, daß ich die Baß-Note gleich unter den Discant
ſetzen will, du nenneſt alſo erſtlich die Discant-Note und dann die gleich
drunter ſtehende Baß-Note.

Dieſes Exempel iſt nicht zur Uebung im Spielen, ſondern nur zur
Uebung, unſere 12 Noten darnach herſagen zu können.

§. 5. Wer nun die Linien wohl kennet, der kann die Spatia oder die
Noten, die zwiſchen den Linien ſtehen gar leicht errathen, wenn er nur

die Ordnung der 7 musicalischen Buchstaben c d e f g a h fertig inne hat, daraus kann er leichtlich sehen, wie ein jedes Spatium heißen muß, wie die beyden folgenden paragraphi solches anzeigen sollen.

§. 6. Im Baß heißet wie bekannt die unterste Linie G, der Buchstabe aber der vor G hergehet heißt F, heißt also die Note die unter der untersten Baß=Linie stehet groß F. Was folget nach G vor ein Buchstabe? Antwort A, derowegen heißet das erste Spatium im Baß groß A. Die mittelste Linie im Baß heißet d, nach d nun folget e, derowegen heißet das 3te Spatium im Baß e. Weiter, die 4te Linie im Baß heißet f, weil nun nach f, g folget, so heißt das 4te Spatium im Baß g. Die oberste Linie im Baß heißet a, nach a folgt h, drum heißt die Note die im Baß über der obersten Linie stehet h.

§. 7. Und so auch vom Discant: da heißet die erste Linie ē, nach ē folgt ā, heißet also das erste Spatium ā. Die dritte Linie heißt ī, nach ī folget ū, derowegen heißet das dritte Spatium ū. Weiter, die 2te Linie im Discant heißt ē, nach ē folget f̄, ist also das zwepte Spatium f̄. Die oberste Linie im Discant heißt ā, nach ā folgt h̄, heißet also die Note über der obersten Linie im Discant h̄. (wie h̄ auf dem 4ten Spatio des Discants stehet, haben wir schon §. 2. dieses Capitels angemerket.)

§. 8. Hierdurch haben wir nun zu den vorigen 12 Noten, abermal 9. gelernet, sind zusammen 21 Töne oder Noten, die ich zur Repetition nochmals hersetzen will und die Noten darunter.

Nun wollen wir sie durch einander werfen, und den Baß wie §. 4. gleich unter den Discant setzen, um solche eins ums andre zu nennen.

§. 9.

§. 9. Weil ein Anfänger nicht gleich Noten hat, ſo habe mit Fleiß etliche Exempel herſetzen wollen, welche dienlich ſind zum herſagen, üben und nennen der Noten, wer nun hierzu noch den Rath, welchen ich Cap. 4. §. 7. gegeben, ſich läßt geſagt ſeyn und die Exempel vor und rückwärts nennet und herſaget, ſo zweifele nicht, ein geringer Fleiß und ein aufmerkſames Leſen dieſes Unterrichts wird einem bald zur Erkenntniß der Noten bringen.

§. 10. Ueberhaupt ſiehet man aus dieſem allen, worauf man bey den Noten vornemlich acht zu geben hat; man muß nämlich recht zuſehen, auf was vor einer Linie oder auf welchem Spatio ſie ſtehet, denn dieſes machet den ganzen Unterſcheid ihrer Benennung aus: bey der kleinen Anzahl von 5 Linien nun, kann man ja gar bald ſehen, auf der wievielſten Linie oder auf welchem Spatio die Note ſtehet. Hierinnen nun beſtehet das meiſte der Notenwiſſenſchaft.

C A P V T   VIII.

Von denen Noten die noch über und unter den Linien durch kleine aparte Linien oder Striche angezeiget werden, nebſt einem Uebungs-Exempel aller Baß- und Diſcant-Noten.

§. 1. Nun fänget aber auf unſerem Clavier der Baß mit groß *C* an und der Diſcant hört mit dreygeſtrichen ë auf, deswegen fehlen uns

F 2   noch

noch die unterſten und oberſten Claviere. Im Baß war groß *F* die tiefſte Note, die wir gelernet haben, daher fehlen uns im Baß noch 3 Töne in der großen Octave nämlich *C D E*, als deren Noten wir noch nicht angezeiget haben; und im Discant ſind wir nur erſt bis ⸗ gekommen, deswegen fehlen uns da noch 5 Noten, nämlich *f g a h c*. zuſammen 8 Noten.

§. 2. Weil dieſe Töne ſowohl im Baß als Discant ſo häufig nicht vorkommen, ſo hat man ihrentwegen die Anzahl der Linien nicht vermehren wollen, ſondern, wenn ein ſolcher Ton vorkömmt, ſo wird noch beſonders eine ihm nöthige kleine oder kurtze Linie gezogen; als im Baß haben wir nur *F* gehabt, welches unter der unterſten Linie ſtehet. vid. Cap. 7. §. 6. und würde dieß *F* in einem Spatio zu ſtehen gekommen ſeyn, wenn wir zu *E* und *C* lange Linien würden gezogen haben.

§. 3. Wenn ich alſo groß *E* in einer Note anzeigen will, ſo mache ich unter den 5 Baß-Linien eine kleine Linie und ſetze die Note darauf, ſo heißt dieſelbe Note *E*. *D* iſt noch um einen Ton tiefer als *E*, deswegen ſtehet es unter der kleinen gezogenen aparten Linie, und *C* iſt wieder einen Ton tiefer als *D*, deswegen muß ich unter den 5 Baß-Linien 2 kleine Linien ziehen und die Note auf der unterſten kleinen Linie ſetzen.

§. 4. Folglich ſteht *C* auf der unterſten von den 2 kleinen gezogenen Linien, *D* unter einer kleinen Linie, die unter den 5 Linien gezogen und *E* auf der einen kleinen Linie die unter den langen Linien gemacht als:

§. 5. So wie nun die Baß-Noten, die uns noch übrig waren, immer einen Grad oder Ton tiefer giengen; ſo gehen die noch nach ⸗ fehlende Discant-Noten immer einen Grad höher, als ⸗ ſtund im Discant über der oberſten Linie, ⸗ muß deswegen auf einer kleinen Linie ſtehen, ⸗ ſteht über dieſer kleinen Linie, ⸗ hat zwey kleine Linien, ⸗ ſteht über die 2 kleinen Linien und ⸗ hat drey kleine Linien, gienge es nun noch höher,

her, ſo müſten immer mehrere kleine Linien gezogen werden, die Noten
von f g a h c ſehen alſo aus:

f g a h c.

§. 6. Und ſo auch wenn der Baß ſeine 2 Octaven überſteiget, davon
Cap. 6. §. 4. geſaget worden, da hat nun c eine kleine Linie über der
oberſten Baß-Linie, d ſtehet dann über der kleinen Linie, einen Ton höher
als c, und e hat zwey kleine Linien, alſo:

c d e.

Denn ſo weit will der Baß wohl zuweilen in der eingeſtrichenen Octave ſteigen, und wird um der Deutlichkeit willen alsdann alſo geſchrieben,
damit man ſehen kann daß es die linke Hand machen ſoll, und auch damit man das große Spatium zwiſchen dem Discant und Baß bey Sin-
ge-Arien zu Unterſchreibung des Textes oder bey einem Choral-Buch
zu Ueberſchreibung der Ziffern mag gebrauchen können, bey andern ſo
genannten Hand-Sachen als Concerten, Sonaten, Suiten, Fugen,
Präludien, Arien und Menuetten ꝛc. gilt es gleich, ob man die Töne,
welche der Baß in der eingeſtrichenen Octave nimmt durch aparte kleine
Linien oder auf den Discant-Linien vorſtellet und ſchreibet, geſchiehe es
nun auf den Discant-Linien, ſo muß der Strich der Note herunter gezogen werden, als woran man denn erkennet, daß die linke Hand ſolche
Noten zu machen hat; ſonſten iſt es einerley ob der Strich einer Note
herauf oder herunter gehet, hierinnen richtet man ſich nach der Folge
der Noten.

§. 6. Weil wir nun weitläuftig gezeiget haben, ſowohl alle Baß-
als Discant-Noten, ſo wollen wir zur Uebung im Herſagen der Noten,
noch ein Exempel herſetzen, darinnen alle Baß- und Discant-Noten
ſollen

ſollen vorkommen, kann einer Noten ſchreiben, ſo ſchreibe er die Exempel
ab und ſetze die Buchſtaben zur Uebung drüber; denn Leuten die kein gut
Gedächtniß haben, kann dieſes Schreiben ſehr förderlich ſeyn.   Hier iſt
das Exempel welches bloß zum Noten ſagen zu gebrauchen.

C A P V T   IX.

Erlernung der Diſcant-Noten auf eine
andere Art.

§. 1. Wer nun etwa die Diſcant-Noten erſtlich allein lernen wollte, der kann es thun, er muß aber auch hernach die Baß-Noten eben
ſo fertig kennen lernen.   Wir wollen alſo um einem Liebhaber die Erlernung der Noten leichte zu machen, uns nicht verdrießen laßen, die
ganze

ganze Noten-Beschreibung nochmals vorzunehmen, aber also, daß wir die Discant-Noten erstlich allein und hernach die Baß-Noten anzeigen wollen.

§. 2. Die 5 Linien im Discant heißen nun, wenn wir nämlich von der untersten zur obersten gehen, c e g h d als:

oder die erste Linie heißet c̄, die zweyte heißt ē, die dritte ḡ, die vierte h̄ und die fünfte d̄, was weiter die kleinen Linien, so im Discant noch über der obersten Linie gemacht werden, betrift, so heißt die erste kleine Linie f̄, (als welches f̄ man in Melodien der Lieder noch oft findet, deswegen habe es mit in dem Exempel der 5 Linien gesetzt) die zweyte kleine Linie ā und die dritte c̄.

§. 3. Diese kleine Linien findet man nicht immer im Discant, so wie die 5 Linien, sondern nur alsdenn wenn solche hohe Töne sollen bemerket werden, bey Liedern trift man, wie schon gesagt, das f̄ auf der ersten kleinen Linie noch wohl an, in Hällischen Melodien kömmt auch zuweilen ā vor auf der 2ten kleinen Linie, das dreygestrichene c̄ auf der 3ten kleinen Linie kömmt in Melodien der Lieder gar nicht vor.

§. 4. Diese 5 Linien lerne man nun nicht eben nach der Reihe, sondern vielmehr außer der Ordnung, also: Die unterste Linie heißt c̄, die 5te oder oberste Linie heißet d̄, die mittelste heißt ḡ, die 2te heißt ē und die 4te heißt h̄, die 2te kleine Linie heißt ā, und die erste kleine Linie heißt f̄. Dieß wären nun die 5 Hauptlinien und die 2 kleinen Nebenlinien.

§. 5. Nun wollen wir die Spatia oder Zwischenräume der Linien auch besehen; das unterste Spatium oder der Raum zwischen der ersten und zweyten Linie heißet d̄, das andere Spatium f̄, das dritte Spatium heißet ā und das vierte Spatium heißet c̄.

§. 6. Wenn eine Note über der obersten Linie stehet, so heißet dieselbe ē, die Note so über einer kleinen Linie stehet, heißet ḡ. Stehet

unter

unter der unterſten Linie im Diſcant eine Note, ſo heißet ſolche ungeſtrichen *h*.   Wir wollen die Spatia nun auch mit Noten beſetzen.

C A P V T   X.

Von Erlernung der Baß-Noten auf eine andere Art.

§. 1. So wie wir jetzo gezeiget haben, wie einer die Diſcant-Noten
allein zuerſt lernen kann, ſo wollen wir nun eben dieſe Art auch bey der
Erlernung der Baß-Noten behalten; weil ich hoffe, daß die weitläuftige Abhandlung von den Noten dienlich ſeyn wird, einem aufmerkſa-
men Leſer faſt durch das bloße Leſen dieſes Unterrichts die Erkenntniß der
Noten zu verſchaffen.

§. 2. Die 5 Baß-Linien heißen alſo, *G H d f a*, oder die unterſte Linie im Baß heißet *G*, die zweyte Linie heißt *H*, die dritte *d*, die
vierte *f* und die fünfte *a*.

§. 3. Was weiter die kleinen Linien betrift, die im Baß ſo wohl
über als unter den 5 Linien oft gemacht werden, ſo heißet die erſte kleine
Linie über die 5 Linien *c̄* und die zweyte kleine Linie heißet *ē*.   Die erſte
kleine Linie unter den 5 Linien heißt *E* und die zweyte heißet *C*, wie aus
den Noten zu erſehen:

§. 4. Dieſe 5 Linien mit ihren beyden kleinen Linien ſo wohl unten
als oben lerne man nun auch außer der Ordnung alſo: Die erſte oder
unterſte Linie heißet *G*. die fünfte oder oberſte heißt *a*. Die mittelſte
oder dritte heißt *d*, die zweyte heißt *H* und die vierte heißt *f*. Die erſte
kleine

kleine Linie über der oberſten von den 5 Linien heißt d̄, die erſte kleine
Linie unter der unterſten von den 5 Linien heißet E, die 2te kleine Linie
über der oberſten von den 5 Linien heißt f̄, und die 2te kleine Linie unter
der unterſten von den 5 Linien heißet C.   Dieß wäre nun die Benennung
aller 5 Linien, wie auch der 2 kleinen Linien ſo wohl über als unter den 5
langen Linien im Baß.

§. 5. Anjetzo beſehen und bemerken wir auch die Spatia im Baß.
Das unterſte Spatium oder der Raum zwiſchen der erſten und zweyten
Linie heißet A.   Das zweyte Spatium heißet c.   Das dritte e und das
vierte Spatium heißet g.   Wenn eine Note über der fünften Linie, oh=
ne einen kleinen Strich durch den Kopf der Note zu haben, ſtehet, ſo
heißet ſie h.   Wenn auf dieſe Weiſe eine Note unter der unterſten Linie
ſtehet, ſo heißet ſie F, eine Note die über der erſten kleinen Linie, die
über die 5 Linien gemacht iſt, ſtehet, heißt d̄, und ſo auch die Note, ſo
unter der kleinen Linie, die unter den 5 Linien gemacht iſt, heißt D.
Dieß wollen wir auch in Noten vorſtellen.

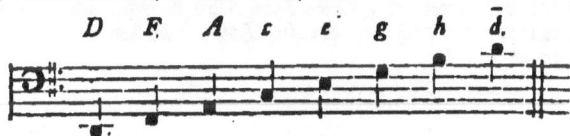

Wie man die Baß = und Diſcant = Noten noch auf eine andere Art zugleich lernen kann.

§. 1.   Du kannſt auch die Baß = und Diſcant = Noten dir auf folgen=
de Weiſe zugleich bekannt machen.   Die erſte Linie im Diſcant heißt f̄,
im Baß aber heißt die erſte oder unterſte Linie G.   Die andere Linie im
Diſcant heißt ā, im Baß aber H.   Die dritte Linie im Diſcant heißt
c̄ und im Baß heißt dieſe dritte Linie d, die vierte Linie im Diſcant heißt
ē, im Baß aber f.   Die 5te Linie heißt im Diſcant ḡ, im Baß a.

§. 2.   Die erſte kleine Linie im Diſcant, die über die 5 langen Linien
gemacht wird, heißt b̄, im Baß aber c̄.   Die zweyte kleine Linie heißt
im Diſcant d̄ und im Baß ē.   Unter der unterſten Linie des Diſcants
findet man keine kleine Linie, (wolte man ſie aber machen, ſo hieße die

Note die darauf ſtünde *a*) im Baß aber macht man oft noch 2 kleine Li=
nien unter den 5 langen Linien, und heißt die erſte oder wenn nur eine klei=
ne Linie drunter ſtehet, *E* und die 2te kleine Linie heißet *C*.

§. 3. Eben ſo wollen wir nun auch kürtzlich die Spatia benennen und
repetiren. Das erſte Spatium im Diſcant heißt *c̄*, im Baß *A*. Das
andere Spatium heißt im Diſcant *f̄*, im Baß aber *c*. Das dritte
Spatium heißt *ā*, im Baß *e*. Das vierte Spatium heißet im Diſcant
d̄ und im Baß *g*.

§. 4. Die Note, welche im Diſcant über der fünften Linie ſtehet
heißt *ē* und im Baß *h*. Die Note ſo im Diſcant unter der erſten oder
unterſten Linie ſtehet heißt im Diſcant *h* (es iſt alſo einerley Noten, näm=
lich die im Baß über der oberſten Linie und die im Diſcant unter der
unterſten Linie ſtehet, denn beydes iſt *h*, die Urſache ſuche aus dem 3ten
Capitel dieſes Abſchnittes zu erkennen) im Baß aber heißet die Note die
unter der unterſten Linie ſtehet *F*. Die Note ſo im Diſcant über der
erſten kleinen Linie ſtehet, heißt im Diſcant *h̄* und im Baß *ā*. Im
Diſcant wird unter den 5 Linien keine kleine Linie gemacht, (wie §. 2.
ſchon erwehnet worden) wohl aber im Baß und da heißet die Note unter
der kleinen Linie *D*.

§. 5. Von allen dieſen ſiehe folgende Noten an:

§. 6. Wenn du das 9te, 10te und dieſes 11te Capitel lieſeſt, ſo be=
ſinne dich jederzeit dabey, ob dir die Stelle einer jeden Note, davon du
in dieſen Capiteln lieſeſt, nicht ſchon aus den vorigen Capiteln bekannt
geworden; unterſuche und prüfe gleichſam dieſe obenbenannten 3 letzten
Capitel nach dem 6ten, 7ten und 8ten Capitel dieſes Abſchnitts, und
ſiehe

ſiehe zu ob auch der Buchſtabe der Note hier und da etwan verdruckt oder verſchrieben iſt; ſo wirſt du hierdurch zu einer perfecten Erkänntniß der Noten kommen.

§. 7. Du kannſt nun auch die Exempel des vorigen Abſchnitts nach Noten ſpielen und die Augen von den darüber ſtehenden Buchſtaben abwenden, oder auch viel lieber mit einem Stück Pappier zudecken, alſo daß die Zahlen, welche die Finger anzeigen, nur bloß und offen bleiben.

C A P V T XII.

Wie die Semitonia durch Vorſetzung eines x oder b in Noten vorgeſtellet werden.

§. 1. Anjetzo hätten wir nun weitläuftig gewieſen, wie die 29 ganzen Töne des Claviers durch Noten bezeichnet oder angezeiget werden: wir haben aber noch nicht geſaget, wie man die halben Töne oder Semitonia (welches die 20 kurze hervortragende Claviere ſind) in Noten vorſtellet, deswegen ſoll dieſes anjetzo geſchehen.

§. 2. Im erſten Abſchnitt Cap. 11. haben wir ſchon angezeiget, wie dieſe Semitonia eine doppelte Benennung haben und ſolche entweder von dem vorherliegendem Claviere oder ganzen Tone oder von dem folgenden Claviere bekommen; wenn ſie ihre Benennung von dem Clavier welches eben davor lieget bekommen, ſo geſchiehet ſolches wenn man zu dem davorliegenden ganzen Tone die Sylbe *is* ſetzet, als von *c* kömmt *cis*, von *d dis*, von *f fis*, von *g gis* und von *a ais*: Wenn ſie aber ihre Benennung von dem folgenden ganzen Ton bekommen, ſo ſetzet man gemeiniglich die Sylbe *es* zu dem ganzen Tone als von *d* kömmt *des*, von *e es*, von *g ges*, von *a as* (nicht *aes*) von *h* kömmt *b* (nicht *hes*). Dieſes alles haben wir, wie gemeldet, ſchon im 11ten Capitel des erſten Abſchnitts bemerket, und auch zugleich angezeiget, wie ein Anfänger ſich die erſte Benennung der 5 halben Töne zuerſt und vornehmlich zu merken hat, nämlich *cis dis fis gis b*. (Denn *cis* und *des*, *dis* und *es*, *fis* und *ges*, *gis* und *as*, *b* und *ais* bedeuten einerley Semitonium).

§. 3. Allhier wird alles nun deutlicher werden, wenn wir anzeigen, wie ſolche doppelte Benennung derſelben in Noten vorgeſtellet wird. Da man ſich dann zweyerley Zeichen bedienet, welche man vor einer Note

ſetzet,

setzet, wenn statt eines ganzen Tones der nächst ihm liegende halbe Ton oder ein Semitonium soll angeschlagen werden.

§. 4. Das erste Zeichen nun ist ein aus vier kleinen Strichen bestehendes Creutz und siehet so aus ♯. Das andere Zeichen ist ein kleines lateinisches b.

§. 5. Wenn nun ein ♯ oder b vor einer Note stehet, so zeiget solches an, daß man statt des ganzen Tones ein Semitonium gebrauchen soll.

§. 6. Von diesen beyden Zeichen ♯ und b bemerke folgende Regel: 1) Das ♯ erhöhet die Note vor der es stehet um einen halben Ton. 2) Das b erniedriget die Note vor der es stehet um einen halben Ton.

§. 7. Dieß ♯ oder b kann nun vor alle 7 Töne c d e f g a h stehen, kann also ein jeder Ton um einen halben Ton erhöhet oder erniedriget werden.

§. 8. Die Erhöhung um einen halben Ton geschiehet, wie schon gesagt, durchs ♯, und wird aus c (wenn nämlich das ♯ davor stehet) cis, aus d wird dis, aus f fis, aus g gis, aus a ais (oder b) und hier hat denn die erste Benennung der halben Töne statt.

§. 9. Die Erniedrigung um einen halben Ton, geschiehet durchs b, und dann wird aus d des, aus e es, aus g ges, aus a as, und aus h, b.

§. 10. Man hat die langen Claviere, deren man 29 hat, ganze Töne und die kurzen Claviere halbe Töne oder Semitonia genennet, aber doch nicht mit allem Recht, der Gebrauch hat ihnen diesen Namen gegeben. Denn ein jeder ganzer Ton muß um einen halben Ton erhöhet werden können, ehe ich zu einem andern langen Claviere wieder komme, dieß kann aber bey e und h nicht angehen, weil zwischen e und f, wie auch zwischen h und c kein halber Ton oder kurtzes Clavier lieget, daher ist die Entfernung von e und f, item von h und c, nicht eine Entfernung um einen ganzen sondern nur um einen halben Ton; allein von c zu d, von d zu e ist die Entfernung eines ganzen Tones oder die sind, in Ansehung der Höhe, einen ganzen Ton von einander, weil die halben Töne cis und dis darzwischen liegen, und so auch von f zu g, von g zu a, und von a zu h, als welche alle einen ganzen Ton von einander liegen, weil die halben Töne fis, gis, b darzwischen liegen, als welche halbe Töne alle um einen halben Ton höher klingen als die Claviere oder Töne welche vor solche sogenannte Semitonia liegen.

§. 11.

§. 11. Weil nun zwiſchen e und f, imgleichen zwiſchen h und c kein halber Ton lieget, ſo wird e und h ſelten durch ein x erhöhet, und f und c ſelten durch ein b erniedriget; geſchähe aber ſolches (wie es in ſchweren Stücken wohl geſchiehet) ſo heißt e wenn es durch ein x erhöhet wird eis (welches f iſt) und h wenn es durch ein x erhöhet, heißt his (welches c iſt). Und ſo auch wenn f ein b vor ſich hat und alſo um einen halben Ton ſoll erniedriget werden, ſo heißet es fes (welches e iſt) und wenn vor c ein b ſtehet, ſo heißet es ces (welches h iſt). Man wird viel öfterer ein x vor e und h finden als ein b vor f und c, als welches mancher Spieler wohl nie geſehen.

§. 12. Haben alſo gemeiniglich die 5 ganzen Töne, welche einen ganzen Ton von einander liegen ein x nämlich folgende c d f g und zuweilen a. Wenn nun vor c ein x ſtehet, ſo wird es cis, vor d ein x wird dis, vor f ein x iſt fis, vor g gis und vor a ais, und alsdann ſind dieſe Töne um einen halben Ton erhöhet.

§. 13. Hinwiederum haben folgende 5 Töne, (welche, wenn man herunter gehet, einen ganzen Ton von einander liegen) ein b und können alſo h g e d durch ein b erniedriget werden. Wenn nun vor h ein b ſtehet, ſo wird es b (nicht hes) vor a ein b wird as, vor g ein b wird ges (welches fis iſt) vor e ein b wird es (welches dis iſt) vor d ein b wird des (welches cis iſt).

§. 14. Es iſt aber dieſe zweyte Benennung der Semitonien, wenn ſolche durch ein b entſtehen, etwas, welches noch nicht lange Mode geweſen, denn vor dieſem hießen die 5 Semitonia nicht anders als cis, dis, fis, gis, b, es mochte nun dieſes Semitonium durch Vorſetzung von einem x oder b entſtehen; nach dieſem und zwar in den jetzigen Zeiten giebt man dem halben Tone eine ſolche Benennung, daraus man zugleich hören kann, ob der halbe Ton durch ein x oder durch ein b entſtanden, oder ob ein ganzer Ton um einen halben Ton erhöhet oder erniedriget worden, als welches auch nützlich iſt, ein Anfänger aber kann ſich dieſes nur zur Nachricht merken.

§. 15. Die gebräuchlichſten Semitonia, in ſo weit ſie bey den gewöhnlichen Lieder-Melodien vorkommen, ſind folgende: vor c ein x iſt cis, vor d ein x iſt dis, vor e ein b iſt auch dis (oder es nach der neuen Art zu reden) vor f ein x iſt fis, vor g ein x iſt gis, vor a ein x iſt b (oder ais) vor a ein b iſt as (oder gis welches eines iſt) vor h ein b iſt b.

Mehr

Mehr darf einer im Anfange nicht davon wiſſen, c, d, f, g, a haben
alſo ein x und e, a, h.ein b vor ſich.

§. 16. Man kann nicht fehlen auf ſeinem Claviere den rechten Ton
zu treffen, wenn man ſich nur merket, daß das x die Note davor es
ſtehet um einen halben Ton erhöhet, ſo wie im Gegentheil das b ſolche
um einen halben Ton erniedriget.

C A P V T XIII.

Was die Creutze oder Been welche zu Anfangs einer Melodie ſtehen bedeuten, item vom b quadrat.

§. 1. In einigen Melodien oder Clavierſtücken müſſen ein, zwey oder
auch wohl drey halbe Töne durchs ganze Lied, ſtatt ihrer ganzen Töne
gemacht werden. Z. E. in einigen ja in vielen wo nicht den meiſten Liedern muß ſtatt f immer fis geſpielet werden, in einigen muß nicht allein
ſtatt f immer fis geſpielet werden, ſondern man muß auch dazu ſtatt c
immer cis ſpielen, ja in etlichen wenigen muß bey Spielung von fis und
cis, auch noch ſtatt g immer gis geſpielet werden, ſo wie denn auch,
ſonderlich in Hälliſchen Melodien, noch wohl das vierte Spatium dazu kömmt, nämlich da ich neben fis, cis und gis auch ſtatt d immer
dis ſpielen muß.

§. 2. Wenn nun eine Melodie oder Stück alſo beſchaffen, daß ich
durchs ganze Stück ein, zwey, drey oder vier halbe Töne ſtatt ihrer
ganzen Töne ſpielen ſoll, ſo werden dieſe zugebrauchende halbe Töne,
gleich im Anfange des Liedes gleich nach Schreibung des Schlüſſels ehe
noch eine Note geſchrieben wird, durch Creutze oder Been angezeiget,
um damit man nicht immer in der Melodie ſelber nöthig habe das x oder
b vor die Note ſelbſt zu ſetzen. Z. E. Soll in einem Liede ſtatt f immer
fis geſpielet werden, ſo könnte ich zwar das x vor der Note f ſetzen, ſo
oft nämlich ſolche in der Melodie vorkäme, allein es iſt doch viel commo-
der, wenn ich ein vor allemal anzeige, wie man ſtatt f in der Melodie
jederzeit fis ſpielen ſoll, deswegen bezeichnet man die Stelle welche f auf
den 5 Linien einnimmt mit einem x und zwar zu Anfangs, als im Discant ſtehet f im 2ten Spatio deswegen nimmt das x das 2te Spatium
ein und wird drauf geſetzt; im Baß iſt die 4te Linie ein f wie auch unter
der unterſten Linie, deswegen ſtehet das x im Baß auf der 4ten Linie

und

und zur Repetition auch wohl ein ♯ unter der untersten Linie.. Dieß Creutz auf f zeiget also an, daß ich statt f immer fis spielen soll.

§. 3. Deswegen einer, wenn er nun so weit gekommen, daß er ein Lied langsam nach Noten zu spielen anfangen darf, wenn es auch nur mit einer Hand, nämlich mit der rechten Hand wäre, erstlich recht zusehen muß, ob auch ein ♯ oder b, ein, zwey oder mehrere derselben, im Anfange der Linien gezeichnet stehet, denn darnach muß er sich im Spielen richten, oder er spielet unrecht. Z. E. Findet er daß im Discant ein Creutz vorgezeichnet stehet, so muß solches im 2ten Spatio f stehen, und dieß machet, daß er im ganzen Liede fis statt f spielen muß. Sind 2 Creutze vorgezeichnet, so stehet solches auf f und c. (es werden alsdenn oft 3 Creutze geschrieben, die doch nur diese beyde Creutze vor f und c bedeuten, denn das ♯ ist im Discant vor c zweymal gesetzt nämlich auf ein- und zweygestrichen c, so wie im Baß das f zweymal, nämlich in der großen und ungestrichenen Octave mit ein ♯ bezeichnet ist). Wo nun f und c vorne an ein ♯ haben, so muß man statt f immer fis und statt c immer cis spielen. Sind drey Creutze vorgezeichnet, so ist zu f und c noch ein ♯ vor g gekommen (hier werden im Discant wohl vier Creutze geschrieben, da nämlich das ♯ wieder vor die beyden Teen stehet, im Baß sind wohl fünf Creutze gemacht weil das ♯ vor f und g in der großen und ungestrichenen Octave stehet) hier muß ich nun weder f noch c oder g sondern statt dieser ganzen Töne die Semitonia fis, cis und gis spielen. Kommen vier Creutze vor, so ist zu obenbemeldten f c und g auch noch ein ♯ vor d gekommen, (in der Vorzeichnung findet man alsdenn wohl 6 Creutze, weil im Discant c und d, und im Baß f und g doppelt bezeichnet ist, welches aber nicht absolut nöthig ist; denn wenn ein Ton auch nur in einer Octave sein ♯ im Anfange vorgezeichnet hat, so gilt es diesen Ton in allen 4 Octaven, daß deswegen eben die Töne die im Discant ein ♯ oder b vor sich haben, solches ♯ oder b auch im Baß haben müssen, hat man also nur nach den Creutzen oder Been die im Discant stehen zusehen, denn eben dieselben gelten auch im Baß). Wo nun eben bemeldte 4 Creutze stehen, da muß man statt f c g und d immer fis cis gis und dis spielen.

§. 4. Von dem Zeichen der Erniedrigung oder vom b gilt eben das, was im vorigen §. 3. so weitläuftig vom ♯ gesaget worden, nur mit dem Unterschied daß ein b um einen halben Ton erniedriget, da ein ♯ um so viel erhöhet hat.

§. 5.

§. 5. Soll nun ſtatt h durchs ganze Lied b geſpielet werden, ſo ſtehet dieſes b vorne an im Diſcant auf der 4ten Linie und im Baß doppelt nämlich auf der 2 ten Linie und über der oberſten Linie, alsdenn muß man im Diſcant und Baß nicht h ſondern b ſpielen. Kommen 2 Been vor, ſo kömmt zu dem b vor h noch ein b vor e, da man denn immer ſtatt h und e, b und dis ſpielen muß. Das dritte b nämlich vor a welches as (oder gis) iſt findet man in wenig Liedern vorgezeichnet, außer in verſchiedenen Hälliſchen Melodien.

§. 6. Hierbey muß ſich ein Anfänger nicht gar zu große Schwierigkeiten machen, und es ſich ſchwer vorſtellen wo etwa 2 bis 3 Creuße oder Been in einem Liede vorkommen. Es iſt ja leicht zu behalten daß ich ſtatt f, fis und ſtatt c, cis nehmen ſoll, oder ſtatt h, b und ſtatt e, dis. Zudem kommen in Liedern ſelten mehr als dieſe beyde Creuße nämlich vor f und c, und die beyden Been nämlich vor h und e vor. Man muß ſich die Vorzeichnung der Creuße und Been eines Liedes nur veſt ins Gedächtniß faſſen, ſo iſt es eben ſo ſchwer nicht.

§. 7. Es kömmt auch wohl im Liede ſelbſt ein ♯ oder b vor, welches im Anfange der Linien nicht vorgezeichnet iſt, weil ſolches ♯ oder b nicht allgemein ſondern nur vor dem Tone gilt, davor es ſtehet und zwar ſo lange als dieſe Note 2 oder 3 mal nacheinander ſich hören laßen ſoll, denn wenn zum Exempel f dreymal oder auch nur zweymal in einem Liede vorkömmt, ohne daß eine andere Note darzwiſchen kömmt, ſo ſetzet man nur vor dem erſten f (wenn es nämlich fis werden ſoll) ein ♯, ſo gilt dieß ♯ allen folgenden Eſſen und machet es zu Fiſſen, ſo lange bis eine oder mehrere andere Noten darzwiſchen kommen, und wenn dieß f oder ein anderer Ton auch 4 bis 8 mal nacheinander folgete. Eben ſolche Beſchaffenheit hat es auch mit den Been.

§. 8. Soll aber ein ♯ oder b, das entweder im Anfange der Linien oder aber in dem Liede ſelbſt vor einer Note geſtanden, aufgehoben werden und nicht mehr gelten, ſo hat man ein ander Zeichen welches man ein Bequadrat oder Hackquadrat nennet und ſo ausſiehet ♮, welches man in dieſem Fall vor einer Note ſetzet.

§. 9. Dieſes ♮ Bequadrat nimmt alſo das ♯ oder b vor der Note weg, und ſetzet den Ton oder die Note in ſeine natürliche Stelle, eben als wenn weder ♯ noch b davor geſtanden. Z. E. Stehet im Anfang des Syſtematis oder der 5 Linien auf f ein ♯, ſo mußt du immer fis ſtatt f ſpielen, ſtehet aber mitten im Liede, es ſey nun im Diſcant oder

oder im Baß, vor f (welches fis geworden) ein Bequadrat ♮, so ist dieses ♯ in Ansehung der Note davor das ♮ stehet, aber nicht in Ansehung aller Essen, aufgehoben und du mußt statt fis vor dasmal f spielen. Kurtz das ♮ wirft das ♯ oder b, welches vor einer Note gestanden, weg, doch nur in Absicht der einzigen Note davor es stehet, wie ich schon gesaget, wenn sonsten das ♯ oder b, welches das ♮ aufhebt, vorne im Systemate vorgezeichnet stehet.

§. 10. Weiter wenn im Anfange des Liedes auf den 5 Linien auf der vierten Linie im Discant ein b stehet, so mußt du in diesem ganzen Liede statt h immer b spielen, es sey denn daß ein ♮ dieses b wieder zu einem h machet.

§. 11. Das Bequadrat ♮ erhöhet und erniedriget also die Note vor welcher es stehet um einen halben Ton: es erhöhet nämlich einen halben Ton, wenn es ein b aufhebet oder wegnimmt, denn durch dieses b ist der Ton um einen halben Ton erniedriget worden, weil nun das ♮ solches Erniedrigungszeichen das b aufhebet, so hat es einen halben Ton erhöhet. Wenn dieß ♮ aber ein ♯ aufhebet, so erniedriget es eben dadurch den Ton um einen halben Ton, denn durch dieses ♯ ist der Ton um einen halben Ton erhöhet worden, weil nun das ♮ ein solches Erhöhungszeichen das ♯ wegnimmt, so erniedriget es eben dadurch einen halben Ton.

§. 12. Wir sehen hieraus, daß das Bequadrat ♮ nur vor einer Note stehen kann, wo entweder kurz vorher oder auch im Anfange des Systematis ein ♯ oder b vorgestanden; denn weil es nur ein Aufhebungs- oder Wegnehmungszeichen ist, so muß sich vorhero ein ♯ oder b befunden haben, welches hat können weggenommen werden.

§. 13. Das ♯, b und ♮ werden auch also genannt. Ein ♯ heißt b cancellatum (oder ein gegittertes b). Ein b heißt b rotundum (das runde b). Das ♮ heißt be quadratum (das viereckigte b). Mit einem Worte heißen diese Zeichen: Versetzungszeichen, weil sie die Noten versetzen, nämlich aus einem ganzen in einem halben Ton, wie das ♯ und b thun, oder aus einem halben in einem ganzen Ton, wie das ♮ be quadratum thut.

§. 14. Die Wirkung dieser 3 Zeichen noch einmal zu wiederholen, so erhöhet das ♯ eine Note um einen halben Ton, ein b erniedriget einen halben Ton, und das ♮ hebt das ♯ oder b von der Note weg, und setzet sie wieder in ihre Stelle die sie hatte, wenn kein ♯ oder b davor stünde.

C A P V T   XIV,
Abbildung eines Claviers nebſt den Noten eines jeden Claviers.

§. 1. Dieſes iſt nun das nothwendigſte, was einer wiſſen muß, wenn er die Melodie eines Liedes will ſpielen lernen: Was die Menſur oder Zeitmaaße der Noten betrift, davon wollen wir handeln im IIIten Abſchnitt.

§. 2. Es hat alſo ein Anfänger allhier nun gelernet, wie ſeine Claviere heißen, imgleichen wie die Noten ausſehen, dadurch die Claviere bezeichnet werden, wir wollen um mehrerer Deutlichkeit willen die Taſtatur oder das Griffbret des Claviers abzeichnen und die Note, die ſolches Clavier anweiſet gleich unter das Clavier oder ganzen Töne ſchreiben, die Noten aber welche die Semitonia nach der gewöhnlichſten Art vorſtellen über dieß abgezeichnete Clavier ſetzen.

§. 3. Hier iſt nun die Abbildung der Taſtatur oder des Griffbretes des Claviers, worauf man ſehen kann, welch ein Ton oder Clavier dieſe oder jene Note erfodert, oder welch ein Clavier man anſchlagen muß, wenn dieſe oder jene Note vorgeſchrieben ſtehet, wie ſolche Beziehung der Noten auf die Claviere durch die Puncte angewieſen wird. Du findeſt hier auch die Semitonia, wie *Gis* und *As*, item *Dis* durch ein ✗ oder b bezeichnet auf deinem Clavier einerley Clavis oder Ton iſt. Die Puncte leiten dich alſo zu das Clavier, das die Note bezeichnet; Du ſieheſt hier ferner die doppelte Eintheilung des Claviers in Baß und Diſcant und in den 4 Octaven. Wie ein jedes Clavier heißet, findeſt du mit Buchſtaben drauf geſchrieben, die Semitonia habe nur allein nach der gebräuchlichſten Art benennet. Die Baß- und Diſcant-Noten kannſt du hieraus lernen und repetiren; du ſieheſt wie einem jeden ganzen Ton eine Note, die weder Creuz oder b vor ſich hat, gehöret, da hingegen alle Noten, die ein Semitonium andeuten ein ✗ oder b vor ſich haben müſſen. Du ſieheſt weiter wie die Semitonia allhier mehr durch Creutze als Been vorgeſtellet ſind, alles wie wir ſolches im vorhergehenden angezeiget haben. Du kannſt alſo bey Betrachtung dieſer Abbildung eine Repetition anſtellen, von allem was bishero in beyden Abſchnitten geſagt worden.

CAPVT

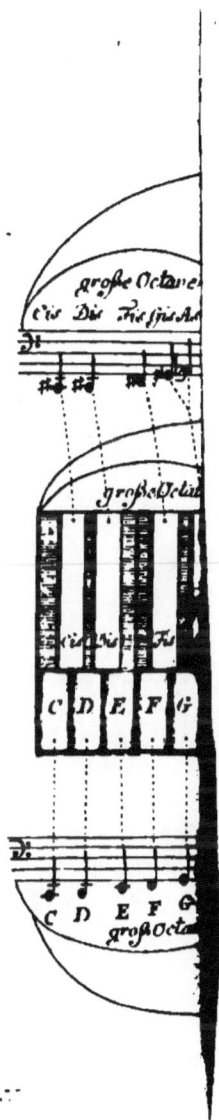

rſche man

ig ſeyn, von
euten.
iscant = und
zogen wor=
le des 17 ten
gleich müſ=
unterſte mit
leichterung,
nmode fällt,

en Schlüſ=
wie davon
ein Capitel

en in einem
den ſie hier

er nach de=
ſes Zeichen
b die Lieder
rentlich und
müſſen, ehe
t abtheilet.
et = Strich

deutet, daß
es zu Ende

hret, das=
: noch ein=
heit gehan=

CAPVT

Ab.

§. 1.
wenn er
sur oder
III ten A

§. 2.
viere heiß
bezeichnet
statur oder
ches Clav
ben, die
vorstellen

§. 3.
des Clavi
oder jene
wenn diese
der Note
findest hie
oder b bej
Puncte le
siehest hie
Discant
du mit
nach der g
kannst du
Ton eine
gegen alle
haben mü
Creuße al
henden an
bildung e
schnitten

C A P V T XV.

Von denen andern Zeichen und deren Deutung, welche man noch bey den Liedern findet.

§. 1. Ehe wir einige Melodien zu Exempeln herſetzen, will nöthig ſeyn, von einigen vorkommenden Zeichen etwas zu ſagen und was ſie bedeuten.

§. 2. Zuerſt und ganz im Anfange ſieheſt du, wie die Discant-und Baß-Linien durch einen Klammer (⌣) zuſammen gezogen wor-den: vide die Exempel des 7. und 8ten Cap. und die Chorale des 17ten Cap. Dieß zeiget an, daß die Noten dieſer beyden Zeilen zugleich müſ-ſen geſpielet werden, die oberſte Zeile mit der rechten und die unterſte mit der linken Hand, es dienet dieſer Klammer den Augen zur Erleichterung, da bey einem ganzen Bogen Noten es dem Geſicht ſehr commode fällt, wenn die Linien paarweiſe zuſammen gekoppelt ſind.

§. 3. Darnach kömmt gleich das Zeichen, welches man den Schlüſ-ſel nennet, nämlich der Discant-und Baß-Schlüſſel, wie wir davon ſchon gehandelt haben und am Ende dieſes Abſchnitts noch ein Capitel ſetzen wollen, von allen muſicaliſchen Schlüſſeln.

§. 4. Wenn nun ein ♯ oder b, oder auch ♮ oder 3 derſelben in einem Liede beſtändig vor einem gewiſſen Tone gelten ſollen, ſo werden ſie hier gleich nach dem Schlüſſel geſetzt.

§. 5. Nun findeſt du bey den meiſten Liedern vorne an oder nach de-nen Verſetzungszeichen folgendes Zeichen ℂ oder ¼. Dieſes Zeichen zeiget den Tact an (davon im 3ten Abſchnitt) denn obgleich die Lieder nicht nach dem Tact geſungen werden, ſo werden ſie doch ordentlich und tactmäßig geſchrieben. ℂ bedeutet, daß 4 Viertel ſtehen müſſen, ehe der gerade Strich folget, als welcher Strich nur den Tact abtheilet. ¼ bedeutet, daß nur 3 Viertel ſtehen ſollen, wo der Tact-Strich kommen ſoll.

§. 6. Ein Punct mit einem Bogen über einer Note, bedeutet, daß man da etwas einhalten ſoll, weil allhier die Reihe eines Liedes zu Ende iſt, es ſiehet ſo aus. ⌒

§. 7. Das Wiederholungszeichen ſiehet ſo aus :||: und lehret, das-jenige was vor dieſem Zeichen geſtanden zu wiederholen oder noch ein-mal zu ſpielen. Von den andern Zeichen wird bey Gelegenheit gehan-delt werden.

H 2 CAPVT

C A P V T XVI.

Anweiſung wie man ein Lied langſam nach Noten ſpielen ſoll.

§. 1. Anjetzo wollen wir einige Lieder herſetzen mit Baß und Diſcant, da alſo beyde Hände zugleich müſſen gebraucht werden, ſie ſind mit Fleiß ſo geſetzet, daß faſt alles ſchon in dieſem Abſchnitte gelehret worden, was darinnen vorkömmt, das übrige wird in denen Anmerkungen bey einem jeden Liede angemerket werden. Ich will zum voraus etwas von der Fingerſetzung dabey erinnern, ob gleich die Finger mit Zahlen darüber ſtehen und im IVten Abſchnitt weitläuftig davon wird gehandelt werden.

§. 2. Nimm einen Satz des Liedes nach dem andern vor; jeder Satz aber iſt aus, wenn das Ruhezeichen über der Note ſtehet, nämlich alſo ⁀ und repetire ihn etliche mal, damit dir die Fingerſetzung im Baß und Diſcant in einem jeden Satze möge bekannt werden.

§. 3. Es iſt ſehr viel daran gelegen, daß du die Noten und Claviere vollkommen inne habeſt, ſo wie ich dir eben destwegen eine ſo deutliche und weitläuftige Anleitung von beyden Stücken gegeben habe. Du wirſt ohne Zweifel wohl ſo viel ſchon daraus gelernet haben, daß du eine jede Note und Clavier nennen und kennen wirſt, wenn man dir nur einen Augenblick Zeit zum Nachdenken läſſet; dieſes Nachdenken nun iſt zwar im Anfang nöthig und gut, allein wenn ich nach Noten ſpiele, ſo habe ich nicht den geringſten Augenblick Zeit zum Nachdenken übrig, ſondern ich ſehe und kenne die Note in einem Augenblick oder Anblick ſo geſchwinde, daß auch an kein Nennen der Noten mehr gedacht wird (wie man im Anfange bey Erlernung der Noten ſolches nöthig hatte). Es gehet mit der Erlernung der Noten eben wie mit der Erlernung der Buchſtaben, des Buchſtabirens und des Leſens, da man die Buchſtaben erſt muß kennen lernen, hernach geſchwinde herſagen und zuletzt im Leſen ſie gebrauchen ohne ſie zu nennen.

§. 4. Die Erlernung der Buchſtaben der Noten muß nun geſchehen ſeyn, es muß nun an ein muſicaliſches Buchſtabiren gehen; um nun einen habitum oder Fertigkeit in der Erkänntniß der Noten und Claviere zu erlangen, ſo nenne erſtlich die Noten eines jeden Liedes, das du ſpielen willſt, ſage erſtlich laut die Diſcant-Note und darauf gleich die darunter ſtehende Baß-Note, als zum Exempel bey der Melodie des erſten Liedes:

Wer

Wer nur den lieben Gott läßt walten ꝛc. ſprich ē (im Discant) und dazu A (im Baß) ā und c, h̄ und H, c̄ und A, h̄ und H, ā und c, h̄
und d, gis und e, ē und E.   Dieß iſt der erſte Satz.

§. 5. Wenn du etliche mal die Noten geſagt, ſo kannſt du erſtlich
mit der rechten Hand den Discant allein ſpielen, und dann auch den
Baß allein, darauf mit beyden Händen zuſammen, erſtlich langſam und
endlich ſo wie man ſinget.

§. 6. Das Spielen mit der rechten Hand alleine, mag ganz im Anfang einmal geſchehen, denn ich rathe es nicht, lange und oft mit einer
Hand anjetzo alleine zu ſpielen, zudem da dieſes in den Exempeln des erſten Abſchnitts ſchon geſchehen; es will einem hernach um ſo viel beſchwer-
licher werden mit beyden Händen zu ſpielen, je leichter man mit einer
Hand damit fertig werden kann. Gewöhne dich alſo viel lieber bey dieſen
Liedern mit beyden Händen bald Anfangs zu ſpielen.

§. 7. Wenn du nun mit beyden Händen zugleich ſpieleſt, ſo gewöhne dich an, am erſten deine Discant-Note zu ſehen, wie auch den Finger der drüber ſtehet, alsdann ſuche den Ton auf dem Claviere und halte
den Finger drüber, ſchlage ihn aber nicht eher an, als bis du die Baß-
Note, die unter deiner Discant-Note ſtehet auch geſehen, den Finger
bemerket, ſie auf deinem Clavier geſuchet, und dann ſchlage mit beyden
Händen Discant und Baß und ſo einen Ton nach dem andern zugleich
an. Erſtlich muß dein Spielen mehr dem Buchſtabiren als dem Leſen
ähnlich ſeyn, darum laß alles im Anfange erſt langſam, aber accurat
und recht zugehen, ſo daß du weder das unrechte Clavier anſchlägeſt, noch
den unrechten Finger nimmſt. Laß dir hierbey keine Mühe verdrießen,
denn wer gut buchſtabieren kann, lernet mit der Zeit auch gut leſen; der
habitus oder eine durch Gewohnheit erlangte Fertigkeit will in und bey
allen Dingen Zeit haben, und kömmt erſt nach vielem Ueben.

§. 8. Ich habe eben geſagt, man ſollte ſich gewöhnen erſt die Discant-Note und hernach die Baß-Note zu ſehen, dieß muß einer wohl
in Acht nehmen, und nicht bald die Discant-Note und bald die Baß-
Note zuerſt ſehen und auf ſeinem Claviere die Note ſuchen, ſondern immer einerley verfahren, nämlich man muß die Discant-Note immer
erſt und hernach die Baß-Note ſehen und auf ſeinem Claviere ſuchen, da-

durch

durch wird man denn unvermerkt gewohnt die Baß = Note gleich zu der
Discant = Note zu ſehen, oder die Note im Discant und Baß zugleich
und nicht zertheilt (wie im Anfange nöthig iſt) zu ſehen.

C A P V T   XVII.

6. Chorale mit nöthigen und nützlichen Anmerkungen.

§. 1. Nun wollen wir einige Chorale ſetzen, man ſchlage aber erſtlich
zurück und leſe was im erſten Abſchnitt Cap. 4. und Cap. 16. von der
Art zu ſpielen allda iſt geſagt worden.

N. 1. Wer nur den lieben Gott läßt walten ꝛc.

NB. Das × welches am Ende des erſten Satzes über groß *E* ſtehet,
zeiget an daß im Schluß = Accord die Tertia major ſoll gemacht
werden, vorjetzo kehrt man ſich noch nicht daran, bis man aus dem
IVten Abſchnitt erſt einen Accord hat lernen machen.

Anmerkungen zu N. 1.

1) Dieß Lied beſtehet aus 4 Sätzen, weil das Ruhezeichen ⌒ vier mal darinnen vorkömmt, eigentlich aber hat es 6 Sätze, weil die beyden erſten Sätze zweymal müſſen geſpielet werden, indem das Wiederholungszeichen am Ende des zweyten Satzes ſtehet.

2) Dieß Lied hat in der Vorzeichnung weder ein ✗ noch b, deswegen darf man die Noten nur ſpielen ſo wie ſie natürlich ſind. Bald am Ende des erſten Satzes, wie auch im zweyten Satze ſtehet vor g ein ✗, deswegen muß man dießmal nicht g ſondern gis ſpielen. Im Anfange des zweyten Satzes aber ſtehet vor g, wovor eben vorher ein ✗ geſtanden, ein ♮, deswegen iſt dieſe Note wieder g, man würde aber gis ſpielen, wenn das ♮ nicht davor ſtünde, denn das hebet das ✗ wieder auf.

3) Das Zeichen ⌒ welches im Anfange des erſten, zweyten und dritten Satzes, wie auch am Ende des zweyten Satzes ſtehet, zeiget einen kleinen Stilleſtand oder ein kleines pauſiren und Aufhören im Spielen an, davon wir noch nicht gehandelt haben, aber im III ten Abſatz Cap. 12. etwas davon ſagen wollen.

4) Die letzte Note im Liede ſiehet wie eine Null aus, ſie muß eben ſo wohl wie die andern Noten geſpielet werden, ſie bedeutet einen ganzen Tact, ſo wie die andern Noten Viertel genennet werden, davon der folgende Abſchnitt ein mehreres lehren wird.

5) Was die Fingerſetzung in dieſem Liede betrift, ſo ſiehet man hier, wie man darinnen beſtändig auf die Folge der Noten geſehen. Der Daum hat gemeiniglich die unterſte oder tiefſte Note eines Satzes, ſo wie der kleine Finger die höchſte Note eines Satzes hat. Im Baß aber iſt dieſes umgekehrt, denn da hat der Daumen gemeiniglich die höchſte Note und der kleine Finger die tiefſte Note eines Satzes, ſiehe vom Daumen im Discant die erſte Note ⌐ welches auch zugleich die letzte und tiefſte Note des erſten Satzes iſt, ſo wie auch im andern Satze das ⌐ die tiefſte Note iſt und deswegen den Daumen hat. Im letzten Satze iſt ⌐ die tiefſte und auch die letzte Note und hat den Daumen. Vom Daumen im Baß, da muß der Daumen die höchſte Note haben, wie
ſchon

ſchon geſagt: Im erſten Satze des Baſſes iſt e die höchſte Note und hat den Daumen.   Im zweyten Satze iſt f die höchſte Note und hat den Daumen, im dritten Satze hat ∓ als die höchſte Note den Daumen, und im letzten Satze iſt a die Note die den Daumen haben muß.

6) Der kleine Finger hat im Discant die höchſte Note eines Satzes, als im erſten Satz iſt ∓ die höchſte Note und hat den kleinen Finger, im vierten Satz iſt ∓ die höchſte Note und hat den kleinen Finger.   Im Baß hat der kleine Finger gemeiniglich den tiefſten Ton eines Satzes, als im erſten Satz war erſt A und dann E der tiefſte Ton und haben den kleinen Finger, im zweyten Satz hat A wieder den kleinen Finger; im dritten Satz iſt c der tiefſte Ton und hat den kleinen Finger, und im vierten Satz hat die letzte als die tiefſte Note nämlich A, den kleinen Finger.

7) Dieſe beyde Regeln vom Daumen im Discant und Baß ſind nicht alſo zu verſtehen, als wenn der Daumen und der kleine Finger ſonſten nicht zugebrauchen ſind, als auf den höchſten und tiefſten Ton eines Satzes; denn es iſt im dritten Satz der zweyte Finger auf ā gebraucht der doch der tiefſte Ton des Satzes war, dieſe Ausnahme machet die Folge der Noten.   Eben wie der kleine Finger im erſten Satze auf ā gebrauchet worden, da doch ∓ der höchſte Ton des Satzes iſt, da er nach unſerer Regel allein hätte ſtehen ſollen.   Eben ſo ſtehet im Baß im andern Satze der Daumen auf e, da doch f der höchſte Ton des Satzes iſt und folglich allein den Daumen haben ſollte.   Im dritten Satze wie auch im vierten hat a den Daumen da doch ∓ der höchſte Ton war; dieß hat aber alles die Folge der Noten verurſachet. Sonſten kann einer ſich die Regeln vom Daumen und den kleinen Finger, die wir in vorigen beyden Anmerkungen gegeben, wohl merken, indem ſie ſehr oft eintreffen.

8) Gehen die Noten gradatim oder nach der Reihe herunter oder herauf, ſo läſſet man die Finger auch in ihrer Ordnung gehen ohne einen Finger auszulaßen, wie in unſerm Liede oft ſolches vorkömmt, als vornämlich im erſten Satze des Baſſes und im letzten Satze des Discants. Sind aber Noten oder Stuffen ausgelaßen, wie hier oft im Baß geſchehen, ſo werden auch Finger ausgelaßen.

§. 2.

§. 2. Nun wollen wir das zwepte Lied herseßen:

N. 2. Nun danket alle Gott rc.

Anmerkungen zu N. 2.

1) Hier haben wir nun im Systemate oder im Anfange des Liedes und auch der Linien ein ✕. Dieß ✕ stehet nun im Discant im zwepten Spatio und im Baß auf der vierten und unter der untersten Linie, als welche drep Stellen wenn eine Note drauf stünde f wären, deswegen muß ich in diesem Liede sowohl im Discant als Baß so oft f kömmt, fis und nicht f spielen. Im Discant kömmt dieß fis nur im letzten Saße vor. Im Baß aber ist es viermal, nämlich in den vier ersten Säßen jedesmal einmal.

Wiedeb. Clav. Spiel   J   2) Die

2) Die beyden erſten Sätze dieſes Liedes müſſen zweymal geſpielet werden, weil das Wiederholungszeichen da iſt, es wird in denen
vier folgenden Melodien auch vorkommen, da denn dieſe Anmerkung
nicht mehr nöthig erachte.

NB. Die Noten welche zwiſchen die beyden geraden Striche ſtehen
machen einen Tact aus, und wenn ich die Tacte eines Liedes zehlen will, ſo fange ich vom Anfange an bis zu einem Strich, und
das iſt denn Ein Tact, nun gehe ich mit meinem Finger wieder bis
zu einem Strich, das ſind denn 2 Tacte, und ſo bis zu Ende, hat
alſo dieſes Lied N. 2. 12 Tacte.   Dieſes zeige deswegen, weil ich
bey den Anmerkungen jedesmal den Tact abzehlen will, darinne
die Note ſtehet, dabey ich etwas anmerke.

3) Bey der zweyten Note des achten Tactes ſtehet vor ꞊ ein ✕,
welches nun nicht mehr ꞊ ſondern ꞊꞊ iſt.   Bey der erſten Note des zehnten Tactes wird aber dieß ✕ durch ein ♮ aufgehoben, iſt es deswegen
wieder ꞊.

4) Was die Fingerſetzung betrifft, ſo ſiehet man, wie die 5. und
6te Anmerkung bey N. 1. hier ſehr oft eintrifft, dabey ich denn dieſes allhier erinnere, daß der kleine Finger im Discant eben nicht nöthig zugebrauchen iſt, wenn die unterſte und oberſte Note nur vier, drey oder
zwey Grade von einander entfernet ſind, deswegen in dieſer Melodie der
kleine Finger im Discant gar nicht vorkömmt, denn der erſte Satz hat
nur zwey Grade, nämlich von ꞊ bis ꞊, der zweyte Satz hat nur vier
Grade, nämlich von ꞊ bis ꞊.   Der dritte Satz hat wieder nur zwey
Grade, nämlich von ꞊ bis ꞊.   Der vierte Satz hat vier Grade, nämlich
von ꞊ bis ꞊, der fünfte Satz hat wieder vier Grade, nämlich von ꞊ bis ꞊,
und der ſechſte Satz hat abermal nur vier Grade, nämlich von h bis fis.
Deswegen der kleine Finger gar nicht nöthig war, weil kein Satz 5
Grade hat.   Willſt du dieſe Grade abzehlen, als welches großen Nutzen
hat bey Erlernung eines Accordes, ſo zehle die Linien und die Spatia.
Beſiehe nämlich einen ganzen Satz und denn ſuche die tiefſte Note des
Satzes, dieſe Note mag nun auf oder zwiſchen der Linie ſtehen, ſo fängſt
du davon mit zehlen an und ſprichſt: Ein, dann zehleſt du ſo lange bis du
deine höchſte Note des Satzes erreichet haſt, z. E. der erſte Satz beſte-
het aus zwey Graden, ꞊ oder die oberſte Linie iſt die tiefſte Note deines
Satzes, darnach kömmt ꞊, dieß iſt der zweyte Grad deines Satzes.

Der

Der andere Satz; in demſelben iſt ꝛ auf der dritten Linie deine tieffſte
Note und alſo fängſt du von ꝛ an, ꝛ aber iſt die höchſte Note deines
Satzes, deswegen ſieheſt du wie viel Grade ꝛ und ꝛ voneinander liegen.
Sprich alſo: g eins, a zwey, h drey, ꝛ vier Grade; und ſo kannſt du
es mit allen Sätzen machen, da du von der tiefſten Note des Satzes
bis zur höchſten deſſelben rechneſt, ſo wirſt du finden, daß kein Satz iſt
der 5 Grade hat, dieß heißet auf lateiniſch oder mit dem gewöhnlichen
Kunſtworte der Ambitus oder Umfang der Töne, hat alſo in dieſem Liede
ein Satz höchſtens vier Töne im Ambitu. Nun ſuche den Ambitum
des ganzen Liedes, ſuche nämlich den tiefſten und höchſten Ton des ganzen Liedes, ſo wirſt du die tieffſte Note im letzten Satze bey fis, und die
höchſte im erſten und fünften Satz bey ꝛ finden, gehet alſo dieſes Lied
von ꝛ bis ꝛ. Nun zehle wie viel Grade ꝛ und ꝛ von einander liegen,
ſprich: fis von g iſt eins, ꝛ von ꝛ iſt zwey, ꝛ von ꝛ iſt drey, ꝛ von ꝛ iſt
vier, ꝛ von ꝛ iſt fünf, ꝛ von ꝛ iſt ſechs, und ꝛ ſelbſt iſt ſieben, oder
auch nur ſo, daß du die Töne zehleſt, als fis eins, g zwey, a drey, h vier,
c fünf, d ſechs und endlich e ſieben. Deswegen hat dieſes Lied eine
Septima (oder eine Zahl von ſieben nach der Reihe gerechneten Töne)
im Ambitu. N. 1. hatte eine Octave im Ambitu, nämlich von ꝛ bis
wieder zu ꝛ.

5) Wenn eine Note drey oder zweymal vorkömmt, wie hier im
erſten, dritten, vierten und ſechſten Satze, ſo verwechſelt man wohl den
Finger, wie hier auch geſchehen, doch hat man in Anſehung der letzten
ſolcher Art Noten auf die Folge zu ſehen, damit man alsdenn den rechten Finger hat, es iſt aber nicht nöthig, daß man zu ſolcher Abwechſelung der Finger, wenn nämlich eine Note drey oder vier oder fünfmal
wiederholet wird, ſich aller fünf Finger bediene, und erſtlich den Daumen, dann den zweyten, und hernach den dritten, vierten und fünften
Finger auf ſolchen oft wiederholten Ton ſetze.

6) Was den Daumen betrifft, ſo wird ſolcher im Discant und
Baß oft gebraucht, ſo wohl zu der tiefſten Note im Discant als im
Baß zu der höchſten Note, weil aber der Daumen kurz iſt, ſo kann gar
bequem ein anderer Finger über denſelben geſchlagen werden, wie hier im
Discant im fünften Satz oder im zehnten Tact bey h der zweyte Finger
über den Daumen geſchlagen wird.

7) Man darf auch nicht denken, daß juſt eben dieſe übergeſchriebene
Fingerſetzung die einzige mögliche und gute wäre, denn man könnte noch

wohl

wohl eine andere darüber setzen, die auch gut wäre, ich habe aber die gebräuchlichste darüber geschrieben, daran man sich wohl halten mag.

§. 3. Nun folget die dritte Melodie. Obgleich die Anmerkungen etwas weitläuftig gerathen, so sind sie doch werth von einem Liebhaber mit Bedacht gelesen zu werden; was ihm vielleicht vorjetzo unnütze zu seyn dünket, wird ihm hernach sehr dienlich seyn, sonderlich was die Abzehlung der Höhe und Tiefe eines Satzes und des ganzen Liedes betrifft; dieß bereitet ihn einen Accord machen zu lernen, als welches einem auch gerne allhier beybringen wollte.

NB. Vom × welches im folgenden Liede über d und A stehet, siehe das NB. unter N. 1. Wer nur den lieben Gott rc.

N. 3. Ach Gott vom Himmel sieh darein rc.

Anmer=

Anmerkungen zu N. 3.

1) Im Anfange dieſes Liedes finden wir nach dem Zeichen des
Schlüſſels im Discant ein und im Baß zwey Been. Dieß muß man
ſich nun wohl ins Gedächtniß prägen, es ſoll alſo durchs ganze Lied ein
gewiſſer halber Ton oder Semitonium gemacht werden. Das b ſtehet im Discant auf der vierten Linie, weil nun die vierte Linie im Discant h heißt, ſo ſoll in dieſem ganzen Liede h immer angeſehen werden,
als ſtünde ein b davor, vor h ein b iſt b das Semitonium, deswegen
muß man hier ja nicht h ſondern an deſſen ſtatt immer b ſpielen. Und
dieß gilt auch im Baß, denn da ſtehet das b über der oberſten Linie und
auch auf der andern Linie als welche beyde Stellen h ſind, deswegen man
im Baß ſtatt h auch b ſpielen muß, welcher Ton im Baß aber nur ein
einzigmal, nämlich bey der vierten Note des ſiebenden Tactes vorkömmt.

2) Sonſten haben wir in dieſer Melodie auch etliche mal ein ⹋
vor f, da man denn fis ſpielen muß, ſolches geſchiehet im Discant nur
einmal, nämlich bey der vierten Note des neunten Tacts. Im Baß aber
kömmt es dreymal vor, nämlich im zweyten, dritten und zehnten Tact.
Wir finden im Baß auch das b zweymal vor e, nämlich im vierten und
neunten Tact, da man denn nicht e ſondern dis (welches nach der neuen
Art zu reden es genannt wird) ſpielen muß. Weiter haben wir auch im
Anfange des eilſten Tactes im Baß das Bequadrat ♮ vor f, welches
das Creuz ſo im zehnten Tact vor f geſtanden, wieder aufhebet und darum
muß man jetzo wieder f ſpielen.

3) Das Repetitionszeichen kömmt hier auch wieder vor.

4) Nun wollen wir auch den Ambitum eines jeden Satzes und
auch des ganzen Liedes, ſo wie bey N. 2. beſehen, oder die Grade eines
jeden Satzes abzehlen. Der erſte und letzte Satz haben beyde 5 Grade
nämlich von e bis ͞r. Das drücket man nach der Kunſt alſo aus: ſie
haben eine Quinte im Ambitu oder Sprengel. Man bedienet ſich in
der Muſic verſchiedener lateiniſchen Wörter, wie wir dann im erſten Abſchnitte und auch in dieſem Abſchnitte ſchon etliche lateiniſche Wörter gehabt und auch ſchon erkläret haben. Hier haben wir nun wieder ein
lateiniſches Wort, nämlich eine Quinta, dieß bedeutet die Fünfte. Wir
wollen hier die lateiniſchen Zahlwörter, ſo weit man ſie in der Muſic gebraucht, herſetzen. Secunda heißt die zweyte, und wenn ein Satz ſo
wie bey N. 2. nur zwey Töne oder Grade im Satze hat, ſo ſpricht man,

der

der Satz hat eine Secunda im Ambitu, und ſo von den folgenden.
Tertia die dritte, Quarta die vierte, Quinta die fünfte, Sexta die
ſechſte, Septima die ſiebente, Octava die achte, Nona die neunte,
und endlich Decima die zehnte. Wer nun kein Latein verſtehet, der
muß ſich dieſes wohl bekannt machen. Wir gehen aber weiter zu den
andern Sätzen unſers Liedes. Der andere Satz hat alſo (um nach der
Kunſt zu reden) eine Quarte im Ambitu, denn von g̅ bis c̅ ſind vier
Grade. Der dritte Satz hat wieder eine Quinte im Ambitu, nämlich
von c̅ bis g̅ ſind fünf Grade. Der vierte Satz hat eine Quarte im
Ambitu, nämlich von fis bis b ſind vier Grade. Das ganze Lied aber
hat eine Octave im Ambitu, denn der tiefſte Ton iſt c̅ und der höchſte
iſt auch c̅ aber zweygeſtrichen; dieſes haben wir ſchon im erſten Abſchnitte
geſehen, wie eine Octave den Ton wo ſie angefangen wieder erreichen
muß, nur mit dem Unterſchiede der Höhe oder Tiefe.

5) Was die Fingerſetzung betrifft, ſo finden wir, daß die Sätze
die eine Quinte im Ambitu haben, im Discant den unterſten Ton mit
dem Daumen und den oberſten Ton, welches der fünfte oder die Quinte
iſt, mit dem kleinen Finger haben, wie hier im erſten, dritten und fünften Satze zu ſehen. Im Baß haben wir den zweyten Finger immer
auf fis geſetzet, hierbey merken wir an, daß man den kleinen Finger ſelten auf ein Semitonium ſetzet, ſowohl weder im Discant als Baß, und
daß der Daumen ſich gerne bey einem halben Tone als hier im Baß
bey g aufhält, es müßte denn die Folge der Noten abſolut einen andern Finger erfodern.

6) Es kommen im Baß dieſes Liedes oft Octaven vor als g G,
d D, da denn immer der Daumen und kleine Finger muß genommen
werden. Davon haben wir im 15ten Capitel des erſten Abſchnitts verſchiedene Exempel gegeben, wer nun eine Octave hat treffen lernen, dem
wird der Baß dieſes Liedes leicht ſeyn zu ſpielen.

7) Wer bey dieſen Liedern ſich übet, die darüber geſchriebene Finger zu nehmen und dieſe Anmerkungen lieſet, der wird unvermerkt das
ſchwereſte der Fingerſetzung lernen. Er leſe aber das 4te, 15te, und 16te
Capitel des erſten Abſchnitts oft durch, damit er ſich nicht unvermerkt
eine üble Spielart angewöhne; dieß gilt vornehmlich, wann man die
Töne ſchon ſo ziemlich nach einander anſchlagen kann. Wer das vorhergehende dieſes Unterrichts nun mit Fleiß ſtudieret, und allen darinne gegebenen

benen Rath gefolget, der wird anjeho bey Spielung dieser Lieder so viele
Schwierigkeiten nicht mehr finden.

8) Ich habe in diesem Abschnitte bekannte Melodien zum Exempel
gegeben, damit einer bald die Lust haben kann, sich auf seinem Claviere
hören zu lassen, was er so oft in den Kirchen hat singen gehöret, und davon ihm die Melodie bekannt geworden.

§. 4. N. 4. Herzlich thut mich verlangen rc.

Anmerkungen zu N. 4.

1) In diesem Liede sind die Semitonia sparsam, denn erstlich
ist weder ♯ noch ♭ vorgezeichnet, zum andern kömmt im Baß nur einmal

mal ein × vor *c* vor, nämlich im siebenten Tacte, da man *cis* statt *c* spielen muß.

NB. Vom × über *e* und *A* im Baß, siehe das NB. bey N. 1.

2) Was den Ambitum dieses Liedes betrifft, so ist im Discant, (denn der Baß wird hier von uns nicht in Erwegung gezogen) die tieffste Note — und die höchste Note auch —. Dahero hat dieses Lied eine Octave im Ambitu, denn von eingestrichen — bis zu zweygestrichen — ist eine Octave. Der erste Satz hat eine Quinte im Ambitu, denn von — bis — ist eine Quinte, oder von — bis — sind fünf Töne. Der zweyte Satz hat nur eine Tertie im Ambitu, nämlich von — bis — sind drey Töne, und wird eine Tertie genannt. Der dritte Satz hat eine Quarte im Ambitu, nämlich von — bis — sind vier Töne und heißt dahero eine Quarte. Der vierte Satz hat auch eine Quarte im Ambitu; denn von — bis — sind vier Töne. Der fünfte hat wiederum eine Quarte im Ambitu, nämlich von — bis — ist auch eine Quarte und begreift vier Töne in sich; so wie auch der letzte Satz eine Quarte im Ambitu hat, nämlich von — bis —, als welches auch eine Quarte ist.

3) Es ist aber nicht genung, wenn einer diese Anmerkungen nur lieset, nein, sondern er muß die Noten der Melodie immer dabey ansehen, und alles selbst suchen zu finden, so wie es hier ist geschrieben worden.

4) Bey der Fingersetzung bemerken wir, daß die höchste Note derer Sätze die eine Quarte im Ambitu haben, gemeiniglich den vierten Finger hat, wo die Folge nicht ein anders fodert, wie die vier letzten Sätze dieses Liedes die alle viere nur eine Quarte im Ambitu haben, solches anzeigen.

5) Die linke Hand hat gemeiniglich mehr Sprünge als der Discant. Sprünge sind, wenn die Noten nicht gradatim herauf oder herunter gehen, sondern ein, zwey, drey und mehr Grade oder Noten auslassen oder überspringen, als da ist der Sprung in die Tertie, da die Note den zweyten Grad ausläßt, als in unserm Liede im Baß gleich im ersten Tacte bey der zweyten und dritten Note *A* und *c*, da ist *H* ausgelassen und übersprungen, weiter zu Anfange des sechsten Tactes *f*, *d*, da ist *e* ausgelassen, und im zehnten Tacte bey der zweyten und dritten Note *H*, *d*, da ist *c* ausgelassen. Im Discant haben wir auch zwey Sprünge

in

in die Tertie, als im fünften Tact ist ein Fall in die Tertie a̅, g̅; da
ist a̅ ausgelassen, und im neunten Tact da f̅ in die Tertie g̅ steiget, und
f̅ ausgelassen worden. Bey diesen Tertiengängen da ein Ton ausgelassen
worden, wird auch gemeiniglich ein Finger ausgelassen; doch macht die
Folge zuweilen auch hierinnen eine Ausnahme. Quartensprünge, da
sind zwey Töne ausgelassen, als gleich im Anfange unsers Liedes im Discant f̅, a̅, da ist f und g übersprungen, wie auch im letzten Discant-
tacte a̅, e̅, da ist f̅, f ausgelassen worden, da nimmt man denn gemeiniglich den Daumen und vierten auch wohl den dritten Finger der rechten Hand, ob man nun den höchsten Ton eines Quartensprunges, wie
hier a̅ und e̅ mit dem vierten oder dritten Finger nehmen soll, das muß
die Folge der Noten lehren. Hier mußte der vierte Finger seyn. Im
Baß wird dieser Quartensprung oft mit dem zweyten Finger und dem
Daumen gemacht, wenn die Folge der Noten so ist, wie hier im dritten
Tact und im fünften Tact; die letzte Note c mit der ersten Note des
folgenden sechsten Tactes f, wie auch im siebenten Tacte zeigen solches.
Zum Quintensprunge, oder wenn drey Noten ausgelassen worden, als hier
im Baß im neunten Tacte bey A und e, allwo H, c, d ausgelassen wor-
den, nimmt man den vierten und ersten oder auch den fünften und ersten
Finger, damit man nicht nöthig habe, die Finger weit auszuspannen.
Gehen die Springe bis in die Sexte, Septime oder wohl gar in die
Octave, so wird im Baß und Discant gemeiniglich der erste und fünfte
Finger genommen.

6) Man wird finden, daß der Daumen der linken Hand vielmehr
gebraucht wird als der Daumen der rechten Hand; doch muß er auch in
der rechten Hand, sonderlich wenn Semitonia vorkommen, fleißig gebraucht
werden, da er denn sich immer nahe an ein Semitonium hält.

7) Man muß sich keinen irrigen Begriff von den Tactstrichen machen, daß man nämlich denken wollte, es wäre ein kleiner Abschnitt in
der Music, so wie das Comma in gedruckten Sachen. Nein, er theilet nur den Tact ab, macht aber keinen Stillstand oder Pause, oder
sonst etwas.

§. 5. Wir schreiten zum fünften Chorale, welches denn das ganz
bekannte Lied seyn soll

N. 5. Freu dich sehr, o meine Seele ꝛc.

Anmerkungen zu N. 5.

1) Hier haben wir wieder auf *f* zu Anfang der Linien ein ×, deswegen muß in diesem ganzen Liede, so wohl im Baß als Discant lauter *fis* statt *f* gespielet werden.

2) Der Discant ist ganz leicht, weil ausser fünf Fällen in die Tertie so in den beyden letzten Sätzen vorkommen, alles gradatim gehet, deswegen man desto besser auf den Baß achten kann. Man gewöhne, sonderlich wenn alles so Stuffen weise gehet, wie hier, seine Augen nach und nach ab vom Claviere, und sehe immer auf die Noten oder werfe nur eben einen Blick aufs Clavier, damit man nicht vergesse oder verliehre, wie weit man in seiner Melodie schon gespielet und was nun folgen soll; gehen

die

die Noten gradatim so folgen die Finger auch gemeiniglich nach ihrer
Ordnung und so viel muß man nun schon gelernet haben, daß man die
gradatim nach einander gehende Claviere im blinden anschlagen kann.
Zeit, Uebung und Fleiß wird einen nach und nach schon dahin bringen,
seine Augen vom Claviere abzugewöhnen.

3) Was den Ambitus dieses Liedes und eines ieden Satzes darinnen betrifft, so ist der tieffste Ton ‾ und der höchste ‾. Hat dieß Lied
also einen ziemlich weiten Ambitum. Der erste Satz hat eine Sexte
im Ambitu, nämlich ‾ und ‾, welches 6 Töne sind, wenn ich die aus-
gelassenen, die darzwischen kommen, mitnehme als ‾ ‾ fis ‾ ‾ ♮. Der
zwente Satz hat eine Quarte im Ambitu, nämlich von ‾ bis ‾. Der
dritte Satz hat auch eine Quarte im Ambitu, nämlich von ‾ bis ‾ ist
eine Quarte, oder ‾ ist von ‾ vier Töne entfernt. Der vierte Satz
hat eine Quinte im Ambitu von ‾ bis ‾. Der fünfte Satz hat auch
eine Quinte im Ambitu als von ‾ bis ‾. Der letzte Satz hat eine
Sexte im Ambitu von fis bis ‾.

4) Die Fingersetzung ist im Discant ganz leicht, es hat aber auf
die Folge gesehen werden müssen, als da ist der erste Tact, welcher eine
Sexte, das ist 6 Töne, in seinem Ambitu hat; ich habe aber nur fünf
Finger, habe also zu jedem Tone keinen aparten Finger, so wie ich bey
einem Quinten, Quarten und Tertiensatz mit meinen fünf Fingern aus-
kommen kann. Deswegen haben die Finger wegen des Semitonii fis
als vor welchem der Daumen sich gerne einfindet, in dieser darüber geschriebenen Ordnung stehen müssen, denn es läßt sich der zwente, dritte und
vierte Finger bequem über den Daumen schlagen, sonderlich wenn beym
Ueberschlagen, wie hier, ein Semitonium, nämlich fis, folget; welchen
Finger man aber überschlagen muß, lehret die Folge, ich muß nämlich den Finger überschlagen, der mir Finger genung läßt zu den folgenden heruntergehenden (im Baß aber zu den folgenden heraufgehen-
den) Tönen zu kommen.

5) Wir haben bey N. 4. in der fünften Anmerkung gesaget, daß
der Baß gemeiniglich mehr Sprünge habe als der Discant, daher denn
manchem die Fingersetzung im Basse schwerer als im Discante fällt. Bey
solchen Sprüngen merke man nun noch, daß man theils auf die folgenden Noten nach dem Sprunge zu sehen, theils bey solchem Sprunge die
Ausspannung der Finger vermeidet und den bequemsten Finger dazu
nimmt; als der Sprung in einer Octave wird mit dem ersten und fünften

Finger

Finger gemacht, der Sprung in einer Septime ebenfalls, wo nicht ein Semitonium statt des Daumens den zweyten Finger erfodert, denn man braucht den Daumen nur allein bey Octavensprungen im Baß auf ein Semitonium, sonsten setzet man den Daumen auf kein Semitonium. Der Sprung in der Sexte, wie hier im siebenten Tacte des Basses *g H*, wird auch gemeiniglich mit dem ersten und fünften Finger gemacht; oder statt des fünften nimmt man auch wohl den vierten Finger, wenn die Folge der Noten so beschaffen ist, wie bey N. 4. in der Mel. Herzlich thut mich verlangen, und zwar daselbst im zweyten Satze im dritten und vierten Tacte: *a e d e A.* Da wird *e* besser mit dem vierten als fünften Finger gemacht, damit man den kleinen zu *A* behalte.

. 6) Das Auslassen eines oder auch mehrerer Finger ist nicht verworfen, sondern oft nöthig, vornehmlich nach einem Sprunge, als hier nach dem Sprunge der Sexte *g H* (im siebenten Tacte) da wird nach dem fünften Finger der zweyte Finger wegen der vier herunter gehenden Noten genommen, da doch der vierte Finger folgete. Das Auslassen der Finger, wenn Töne ausgelassen oder übersprungen worden, folget von selbsten, ob gleich bey Gebrauch des ersten und zweyten Fingers ein Sprung in die Quarte seyn kann, und solcher Sprung oft mit diesen beyden Fingern gemacht wird, wie hier im Baß und zwar im ersten, zweyten und sechsten Tacte bey *g d* zu sehen, die Folge der Finger aber fodert auch statt des zweyten wohl den vierten Finger, wie im eilften Tacte bey *g d* zu ersehen, und dieses kömmt daher, weil das *fis* drauf folget.

7) Bey Liedern kann man bey Anfang eines jeden Satzes den Finger einsetzen, den die Folge des ganzen Satzes erfodert, und hat man den Finger, der auf dem letzten Ton eines Satzes gewesen, nicht zu observiren, daß man nämlich darnach auch den Anfang des neuen Satzes wollte einrichten, als allhier im Discant hatte die letzte Note des dritten Satzes den dritten Finger, und die erste Note des vierten Satzes hat den zweyten Finger auf *g*; dieß könnte nun nicht recht helfen, wenn der Anfang eines Satzes nicht erlaubete, den Finger zu wehlen, den die Folge oder der Ambitus des ganzen Satzes erfoderte, und sollte man auch mit demselben Finger einen neuen Satz anfangen müssen, mit welchem man eben vorhero einen Satz beschlossen, als hier war auf der letzten Note des ersten Satzes nämlich auf *a* der Daumen, und die erste Note des folgenden Satzes, nämlich *a* hat auch wieder den Daumen.

8) Je

8) Je kleiner der Ambitus eines Satzes iſt, je leichter ſind die rechten Finger zu treffen, wie auch wo wenig Noten einen Satz ausmachen, wie im folgenden Liede ein Satz von zwey Noten vorkömmt; je größer aber der Ambitus eines Satzes iſt, und je mehr Noten einen Satz ausmachen, je beſſer muß man acht haben auf die Fingerſetzung, weil man darinnen am erſten fehlen kann.

§. 6. Nun wollen wir noch einen bekannten Choral herſetzen, als den 6ten. Aus welchen 6 Liedern ein Anfänger das muſicaliſche Buchſtabiren (daß ich ſo rede) erlernen kann, und wozu die Erkänntniß der Claviere, der Noten und der zu gebrauchenden Finger gehöret.

N. 6. Wie ſchön leuchtet der Morgenſtern ic.

Anmer-

Anmerkungen zu N. 6.

1) Hier haben wir nun ein Lied, welches im Baß und Discant drey Creutze im Anfange der Linien hat; nun müſſen wir ſehen, wo dieſe Creutze ſtehen, da ſehen wir denn im Discant und Baß, daß auf f und c das ✕ ſtehet, im Discant ſtehet das Creutz auf eingeſtrichen und zwey- geſtrichen c, und im Baß auf groß und ungeſtrichen f. Sind alſo ei- gentlich nur zwey Creutze, nämlich vor c und f. Deswegen muß man in dieſer ganzen Melodie kein c oder f, ſondern ſtatt deſſen cis und fis ſo wohl im Baß als Discant ſpielen: dieß muß man bey Spielung dieſer Melodie wohl in acht nehmen, oder man ſpielet falſch. Es iſt ſehr viel daran gelegen, daß man die vorgezeichnete Creutze und Been wohl in acht nehme, denn es wird ſonſten die ganze Melodie verdorben, deswe- gen drücke dir die vorgezeichnete Creutze (oder Been) tief in dein Ge- dächtniß, damit du daran gedenkeſt, wenn eine ſolche Note in der Melodie vorkömmt, die ein ✕ oder b im Anfange des Syſtematis vor ſich hat. Hier mußt du an fis und cis gedenken, ſowohl wenn du die Noten zu dei- ner Uebung vorhero erſt nenneſt, als wenn du ſie nun ſpieleſt, daß du alſo ſtatt f und c immer fis und cis ſageſt und ſpieleſt.

2) Wie iſt nun der Ambitus dieſes ganzen Liedes beſchaffen? Der tiefſte Ton iſt $\bar{g}$ und der höchſte iſt $\bar{g}$, hat alſo dieſes Lied eine Octave im Ambitu. Der Ambitus eines jeden Satzes iſt folgender: Der erſte und dritte Satz haben beyde eine Sexte im Ambitu, nämlich der tiefſte Ton iſt $\bar{g}$ und der höchſte iſt $\bar{e}$, $\bar{g}$ und $\bar{e}$ aber iſt eine Sexte, denn fange ich von $\bar{g}$ an und zehle alle darzwiſchen liegende Töne, ſo finde ich, daß $\bar{e}$ der ſechſte Ton von $\bar{g}$ iſt, als 1) $\bar{g}$. 2) $\bar{a}$. 3) $\bar{h}$. 4) $\bar{c}$, 5) $\bar{d}$. 6) $\bar{e}$. Der zweyte Satz hat eine Quarte im Ambitu, nämlich von $\bar{d}$ bis $\bar{g}$ iſt eine Quarte. Der vierte und fünfte Satz hat eine Tertie im Ambitu und beſtehet aus $\bar{h}$ und $\bar{d}$, weil hier $\bar{c}$ ausgelaſſen, ſo iſt es eine Tertie. Der ſechſte Satz hat eine Quarte im Ambitu, nämlich von $\bar{d}$ bis $\bar{g}$ iſt eine Quarte. Der letzte Satz hat eine Octave im Ambitu, nämlich von $\bar{g}$ bis $\bar{g}$.

3) Was die Fingerſetzung im Discant betrifft, ſo findeſt du, daß der zweyte und ſechſte Satz, als welche beyde eine Quarte im Ambitu haben, die vier erſten Finger gebrauchen, da der tiefſte Ton den Dau- men und der höchſte den vierten Finger hat. Wo eine Sexte der Inbe- griff eines Satzes iſt, da habe ich nicht Finger genung, deswegen hat

alsdenn

alsdenn die Verwechſelung derſelben ſtatt, und iſt die Fingerſetzung des erſten Satzes, ſo wie ſie darüber ſteht, die bequemſte. Beym dritten Satze finden wir, daß nach dem vierten Finger der dritte Finger ausgelaſſen und gleich auf ā der zweyte Finger geſetzet worden, weil ich nun, wenn ich den fünften Finger auf ä geſetzet hätte, weiter mit meinen Fingern nicht würde haben kommen können, als bis c̄ und folglich ā über geblieben wäre, ſo iſt der fünfte Finger gar nicht gebrauchet; hätte ich aber auf ā den dritten Finger genommen, da ich vorhero den zweyten auf fis hatte, ſo würde es ohne incommode Spannung der Finger nicht haben angehen können, deswegen ſchickt ſich der vierte Finger am beſten; hätte ich weiter nach dem vierten Finger den dritten Finger allhier nicht ausgelaſſen, ſo wäre der Daumen auf das Semitonium c̄ gekommen und c̄ und ā wären übrig geblieben; den Daumen aber ſetzet man, ſonderlich im Discant, nicht gerne auf ein Semitonium, ſondern er iſt gerne auf dem ganzen Tone, der vor das Semitonium liegt, welches hier, wie auch im letzten Satze, c̄ iſt, deswegen iſt die übergezeichnete Fingerſetzung die beſte.

4) Im Baß iſt die Fingerſetzung ganz ordentlich und mit unſern Anmerkungen über die Fingerſetzung übereinkommend, wenn ich den letzten Satz ausnehme, da bey der ſechſten Note der Daumen unter den dritten Finger geſetzet worden, dieß brachte die Folge der Noten nothwendig mit; denn hätte ich nach dem dritten Finger den vierten Finger auf d folgen laſſen, mit welchen Fingern würde ich A und D gemacht haben? hätte ich den Daumen gleich nach dem zweyten Finger auf e eingeſetzt, ſo wäre auf d der zweyte Finger, auf A der dritte oder vierte Finger gekommen, und D mit dem kleinen Finger, dieß wäre nun eine große Spannung der Finger geweſen, und wären die Sprünge von d in A und von A in D ſchwer zu treffen geweſen, nun ich aber den Daumen nach dem dritten Finger auf d eingeſetzt, ſo ſind ſolche Sprünge ganz leicht zu machen.

5) Wer die Anmerkungen bey dieſen ſechs Liedern, die Fingerſetzung betreffend, mit Aufmerkſamkeit geleſen und nachgedacht, ſich auch befliſſen die übergeſchriebene Finger bey Spielung der Lieder zu beobachten, und dieſe Lieder alſo geübet, daß er ſie ordentlich wegſpielen kann, der wird das nöthigſte von der Fingerſetzung, ſo viel ſolche bey Spielung der Liedermelodien nöthig iſt, gelernet haben; ſo oft bey den folgenden Liedern im IIIten Abſchnitte etwas der Finger wegen, welches in dieſen

Anmer-

Anmerkungen noch nicht erwehnet worden iſt, vorkommen wird, ſo ſoll
ſolches angezeiget werden; dazu denn auch noch einige Hauptregeln und
Exempel, die Fingerſetzung betreffend, kommen ſollen, daraus denn einer
hinlängliche Wiſſenſchaft davon wird erlangen können.

§. 7. Weil ich im fünften Capitel, welches von den muſicaliſchen
Schlüſſeln gehandelt, etwas mehreres davon zu ſagen verſprochen, ſo ſoll
ſolches nun im folgenden achtzehnten Capitel geſchehen.

C A P V T XVIII.

Von allen muſicaliſchen Schlüſſeln, oder von den mancher- ley Arten Noten, die in der Muſic üblich ſind, nebſt deren Grund und Urſache.

§. 1. Allhier will ich Grund und Urſache anzeigen, warum man in
der Muſic ſo mancherley Art Noten bedarf. Es iſt dieſes Capitel aber
eigentlich nicht vor einen Anfänger, er kann es aber leſen, hat aber nicht
nöthig, ſich alle dieſe Arten Noten bekannt zu machen, indem er vorerſt
mit Baß und Discantnoten fertig werden kann, es würde ihn auch nur
verwirren, indem er an obbemeldeten Baß- und Discantnoten genung wird
zu erlernen haben, deswegen habe dieſes Capitel nur anfänglich zum Leſen herſetzen wollen; wer keine Luſt hat, kann es auch weglaſſen. Wer
aber mit der Zeit einmal etwas mehr als ein Lied will ſpielen lernen, dem
wird es hernach einmal gute Dienſte thun, wenigſtens wird ihm alsdenn
der Violin, Alt und Tenorſchlüſſel nöthig werden.

§. 2. Wir haben im dritten Capitel dieſes Abſchnitts geſehen, wie
das Clavier wenigſtens zehn Linien bedarf, um die vielen verſchiedenen
Töne, welche man darauf machen kann, in Noten vorſtellen zu können;
weil nun nicht alle andere muſicaliſche Inſtrumente dieſe vier Octaven,
ſo wie ſie auf unſerm Claviere ſind, hervorbringen können, ſo bedürfen ſie
auch nicht zehn Linien, ſondern haben an einmal fünf Linien genung; dieſes
wollen wir anietzo etwas weitläuftiger anzeigen.

§. 3. Man hat allerley Arten muſicaliſcher Inſtrumente, und
dieſe Verſchiedenheit der Inſtrumente verurſachet die verſchiedene Arten
von Noten und muſicaliſchen Schlüſſeln, als da ſind

1) Inſtrumente, die noch tiefer als groß *C* gehen und welche die
Contraoctave machen können, die aber in der Höhe nur etliche Töne in
der

der ungeſtrichenen Octave haben, wie die Poſaunen und Contrabaßgeigen
oder große Violons ſind. In einer Orgel höret man dieſes Contra C,
wenn man Poſaun oder Principal 16 Fuß anziehet und das große C auf
der Taſtatur anſchläget oder im Pedal tritt.

2) Inſtrumente, die nur die große und ungeſtrichene Octave und
noch ein paar Töne in der eingeſtrichenen Octave hervor bringen können,
dergleichen iſt die Baßgeige oder Violoncello und die Baßflöte oder der
Fagott. Wer auf der Orgel Trommet 8 Fuß anziehet und groß C hören
laſſet, der höret die Tiefe von groß C.

3) Inſtrumente, die in der Tiefe die große Octave nur in ein
paar Töne erreichen, dagegen aber in der eingeſtrichenen Octave wohl
bis f̄ kommen können.

4) Inſtrumente, die nur die Hälfte der ungeſtrichenen Octave und
etwa in der zweygeſtrichenen Octave bis ꞊ kommen können.

5) Inſtrumente, die nur die eingeſtrichene Octave und etliche Töne
von der zweygeſtrichenen Octave erreichen können.

6) Inſtrumente, die in der Tiefe nur bis ungeſtrichen g kommen
und dabey in der Höhe wohl zur dreygeſtrichenen Octave kommen können,
dergleichen iſt die Violine, worauf einige wohl bis zu dreygeſtrichen ꞊ und
weiter kommen können: eben wie die Flaute Traverſiere die nur in der
Tiefe eingeſtrichen d̄, in der dreygeſtrichenen Octave aber viele Töne hervorbringen kann. Die Oboe gehet bis eingeſtrichen d̄ und ein Künſtler
machet die Töne der dreygeſtrichenen Octave darauf. Dieſe drey bekannte Inſtrumente haben einerley Noten.

7) Inſtrumente, die nur in der Tiefe bis eingeſtrichen f̄ gehen,
die aber in der dreygeſtrichenen Octave hoch kommen können, dergleichen iſt die Flaute dolce.

§. 4. Und ſolchen Unterſcheid findet man auch in der menſchlichen
Stimme, einige Menſchen nämlich haben eine grobe Stimme im Singen (dieß heißt eine Baßſtimme,) dieſe können aber nicht hoch kommen,
ſondern wer groß C ſingen kann, wird ſelten höher als bis ungeſtrichen f
oder g ſingen können; ſolche Sänger heiſſen Baſſiſten. Die mehreſten
Baſſiſten können nicht tiefer als bis A oder G ſingen, in der Höhe aber
können ſie wohl eingeſtrichen d̄ oder f̄ heraus bringen.

Einige Sänger haben eine Mittelſtimme, das iſt weder grob noch
fein, weder tief noch hoch, weder Baß noch Discant, ſondern ſo zwiſchen beyden, darum heißt es eine Mittelſtimme, darinnen ſind nun wieder

Wiedeb. Clav. Spiel.   L   nicht

nicht alle Sänger einerley; man nimmt in der Muſic zweyerley an, als
die Tenoriſten und Altiſten, die Tenoriſten können nicht tiefer als ungeſtrichen c und nicht höher als eingeſtrichen f kommen und von ſolchen ſagt
man ſie ſingen den Tenor, als welche Stimme die meiſten erwachſenen
Menſchen haben. Die zweyte Art, nämlich die Altiſten ſingen ſelten
tiefer als eingeſtrichen f̅, können aber in der Höhe wohl zweygeſtrichen
f̅ bis f̅ herausbringen, ſolche Stimme haben oft die Jünglinge; kann
auch wohl von erwachſenen Männern durch die Kunſt hervorgebracht
werden, und heißet alsdenn eine Falſetſtimme und wird durch Zuſammen-
zwingen und Dringen des Halſes hervorgebracht, von ſolchen Sängern
ſagt man ſie ſiſtuliren, oder ſie geben, ob ſie gleich natürlicher Weiſe eine
grobe und tiefe Stimme haben, gezwungener Weiſe eine helle und hohe
Stimme von ſich.

　　Nun hat man auch Sänger, ſonderlich Frauensleute und Kinder,
welche hoch und fein ſingen, ſolche ſingen den Discant und heißen Dis-
cantiſten, die können es in der Tiefe nicht bis eingeſtrichen f bringen, allein ſie ſingen bis zweygeſtrichen f̅, ja Caſtraten oder auch künſtliche Sän-
gerinnen können Töne der dreygeſtrichenen Octave hervorbringen.

　　§. 5. Wenn nun jemand einem, der die Violine ſpielete, Noten
wollte vorlegen zu ſpielen und machte immer zehn Linien (hierbey und bey
dem folgenden ſchlage Cap. 3. §. 11. nach, da die zehn Linien mit ihren
Buchſtaben bemerket ſtehen) da doch auf den vier unterſten Linien nie
eine Note zu ſtehen kommen könnte, als welche vierte Linie ungeſtrichen
f heißet, welches f aber die Violine nicht machen kann, die fünfte Linie,
welches ungeſtrichen a iſt, hätte nur ein oder zweymal eine Note, ſo wäre
es ja ganz überflüßig, der Violine zehn Linien vorzuſchreiben, weil die
erſtern vier Linien gar nicht und die fünfte etwa einmal, oder in vielen
muſicaliſchen Stücken wohl gar nicht vorkäme; deswegen hat man nur
fünf Linien für die Violine nöthig. Weil nun ferner bey der Violine
mehr die Höhe als Tiefe üblich iſt, alſo daß ſie gar oft nicht tiefer als
eingeſtrichen a gehet, hingegen aber die zweygeſtrichene Octave und ein
Theil der dreygeſtrichenen Octave deſto öfterer gebraucht wird, ſo hat
man von unſern zehn Clavierlinien nur die ſiebente, achte, neunte und
zehnte Linie genommen und noch eine Linie über der zehnten gemacht, daher es denn gekommen, daß die Violinnoten anders als die Discantnoten heißen, nämlich da heißet die unterſte von den fünf Linien (welche im
　　　　　　　　　　　　　　　　　　　　　　　　　　　　　Dis-

Discant ẽ iſt) in den Violinnoten ẽ, ſo wie denn die ſiebente von unſern zehn Linien (als womit die Violinnoten anfangen,) auch ẽ iſt.

§. 6. Man hat alſo bey allen in der Tiefe und Höhe unterſchiedenen Inſtrumenten und Singeſtimmen der Menſchen eine Anzahl von fünf Linien genommen und behalten, allein man hat aus unſern im dritten Cap. §. 11. bemerkten zehn Linien, diejenigen fünf Linien herausgenom= men, die nach Beſchaffenheit des Inſtruments oder der Stimme des Menſchen am meiſten gebraucht werden; und alſo ſind die vielerley Noten eigentlich nicht vielerley, ſondern einerley, der ganze Unterſchied beſtehet darinnen, daß man von unſern zehn Linien bald die zweyte, dritte, vierte, fünfte, ja bald die ſechs unterſten Linien ausgelaſſen und entweder mit der dritten oder vierten, fünften, ſechſten, ja wohl mit der ſiebenten Linie erſt angefangen; dahero es dann gekommen, daß die unterſte von den fünf Linien ſo mancherley Namen der Buchſtaben hat, als man Arten von Noten hat, nämlich nachdem man zwey, drey, vier und mehr von un= ſern zehn Linien hat weggelaſſen: als im Tenor hat man die beyden un= terſten Linien ausgelaſſen und mit der dritten den Anfang gemacht, welche dritte Linie bey unſern zehn Linien d heißet, und ſo heißet denn auch die unterſte Linie im Tenor d. Im Alt hat man drey Linien ausgelaſſen, und mit der vierten Linie, welche f heißet, angefangen, deswegen heißet die unterſte Linie im Alt f. Im hohen Alt hat man vier Linien wegge= laſſen und mit der fünften Linie unſerer zehn Linien, als welche a heißet, angefangen, deswegen heißet die unterſte Linie im hohen Alt a. Im Discant hat man, (wie wir im dritten Cap. gezeiget) die fünf erſten Linien abgetheilet und alſo erſt mit der ſechſten Linie angefangen, welche ẽ heiſ= ſet, heißt alſo die unterſte Linie im Discant ẽ. In den Violinnoten hat man ſechs Linien ausgelaſſen und mit der ſiebenten Linie welche ẽ heißet, angefangen, darum heißt die unterſte Linie in dem Violinſchlüſſel (welchen man auch den teutſchen Schlüſſel nennet) ẽ. Im franzöſiſchen Schlüſſel hat man ſieben Linien ausgelaſſen, und erſt mit der achten Linie welche g̃ heißet angefangen, deswegen heißt die unterſte von den fünf Linien im franzöſiſchen Schlüſſel g̃. Eben ſo, nämlich g, hieße auch die unterſte von den fünf Linien im Baß (oder die erſte von unſern zehn Linien) doch beſtehet der Unterſchied hierinnen, daß die unterſte Linie im Baß groß G, im franzöſiſchen Schlüſſel aber eingeſtrichen g iſt.

§. 7. Gleich wie man nun im Violinſchlüſſel, da man mit der ſie= benten Linie, und im franzöſiſchen Schlüſſel, da man ſo gar erſt mit der

F 2   achten

achten Linie anfieng, im erſtern Falle nur vier und im andern Falle nur
drey von unſern zehn Linien übrig behielte, ſo man über der zehnten Linie
noch eine oder zwey Linien gezogen, damit die Anzahl der fünf Linien
völlig wäre; eben ſo will ich ſagen, hat man auch noch einen Schlüſſel
in der Muſic, da man, ehe man die erſte von unſern zehn Linien ſetzet,
erſtlich noch eine Linie darunter ziehet und alſo von unſern zehn Linien nur
die vier unterſten abgenommen, da denn die unterſte Linie groß E heißet,
dieß iſt der tiefe Baß, und da die Linie, welche im Violinſchlüſſel die
unterſte iſt auch ⁻ heißet, ſo ſind dieſe beyden Schlüſſel nur darinnen unterſchieden, daß im Violinſchlüſſel die unterſte Linie eingeſtrichen ⁻, im
tiefen Baß aber die unterſte Linie groß E iſt.

§. 8. Hier haben wir nun neunerley Arten Noten bemerket, nämlich
1) Diſcant. 2) Baß. 3) Tenor. 4) Violin oder teutſchen Schlüſſel.
5) Alt. 6) hoher Alt. 7) hoher Baß. 8) niedriger oder tiefer Baß und
9) den franzöſiſchen Schlüſſel. Eigentlich aber ſind nur ſiebenderley
Arten Noten, weil, wie §. 6. und §. 7. geſagt worden, der franzöſiſche
und Baßſchlüſſel, wie auch der Violinſchlüſſel und der tiefe Baß einerley, und nur in der Octave unterſchieden ſind.

§. 9. Das möchte einem bange machen, ſo vielerley Arten Noten
zu lernen, allein man hat ein Mittel gefunden, um denen, die ſolche zu
erlernen nöthig haben, die Erkenntniß derſelben zu erleichtern. Man hat
nämlich die neun Schlüſſel in drey Theile getheilet und ſie in ⁻, ⁻ und f
Schlüſſel eingetheilet, das iſt, man hat ein gewiſſes Zeichen erdacht,
welches auf der Linie die ⁻, ⁻ oder f heißen ſoll, ſtehet. Nun könnte
dieß Zeichen aus den Buchſtaben ⁻, ⁻ oder f ſelbſten beſtehen, dieß wäre
das einfältigſte und deutlichſte, wie man denn auch vermuthlich im Anfange ſolche Buchſtaben dazu wird gebrauchet haben, welches man noch
am g Schlüſſel ſehen kann, da man hernach zwar den Buchſtaben g behalten, ihm aber einen ſolchen Zug angehänget, daß das weſentlichſte Zeichen des Buchſtabens g faſt iſt verdunkelt worden, alſo 𝄞.

§. 10. Damit wir nun den ganzen Notenkram (daß ich ſo rede)
hier bey einander haben, ſo will ich die Bezeichnung und Benennung dieſer
mancherley Arten Noten herſetzen. ⁻ Schlüſſel hat man viere, nämlich
Diſcant, Alt, Tenor und hoher Alt, ⁻ Schlüſſel hat man nur zwey,
Violinſchlüſſel (welchen man auch wohl den teutſchen nennet) und den
franzöſiſchen Schlüſſel. f Schlüſſel hat man dreye, nämlich den ordi-
nairen

nahen Baß, den hohen Baß und den tiefen Baß. Die unterschiedene
Zeichnung oder Schreibung dieser Schlüssel siehet aus, wie solche Cap. 5.
schon angemerket, wir wollen sie noch einmal hersetzen.

c̄ Schlüssel.

Discant.   Alt.

c d e f g a h c̄ d̄ c̄.   f g a h c̄ d̄ ē f̄ ḡ ā.

Tenor.   hoher Alt.

d e f g a h c̄ d̄ c̄ f̄.   a h c̄ d̄ ē f̄ ḡ ā h̄ c̄.

g Schlüssel.

Violinschlüssel.

g a h c̄ d̄ ē f̄ ḡ ā h̄ c̄ d̄ ē f̄ ḡ ā h̄ c̄.

französischer Schlüssel.

ḡ ā h̄ c̄ d̄ ē f̄ ḡ ā h̄ c̄.

f Schlüssel.

ordinärer Baß.   hoher Baß.

C D E F G A H c d e f g a h.   H c d e f g a h c̄ d̄.

tiefer Baß.

E F G A H c d e f g.

§. 11. Der ē Schlüssel zeiget mir, welche Linie eingestrichen ē heißen soll, der g Schlüssel zeiget mir, welche Linie eingestrichen ḡ heißen soll, so wie der f Schlüssel mir zeiget, welche Linie ungestrichen f heißen soll, nämlich die Linie welche durchs Zeichen umschlossen oder eingeschlossen worden. Habe ich also eingestrichen ē im Discant auf der untersten Linie, im Alt auf der dritten, im Tenor auf der vierten und im hohen Alt auf der zweyten Linie; das eingestrichene ḡ habe ich im teutschen oder Violinschlüssel auf der andern Linie und im französischen Schlüssel auf der ersten oder untersten Linie. Das ungestrichene f wird in den drey Baßschlüsseln angewiesen, im ordinären Baß auf der vierten Linie, im hohen Baß auf der dritten und im tiefen Baß auf der fünften Linie.

§. 12. Unter diesen Noten sind die Violin- Alt- und Tenornoten die nöthigsten, der hohe Alt, der hohe und tiefe Baß, wie auch der französische Schlüssel kommen selten vor. Die Violinnoten sind einem Clavieristen zu wissen nöthig, weil viele ja fast die meisten Claviersachen in diesem Schlüssel stehen. Die Alt- und Tenornoten sind einem Liebhaber der Melodien der Psalmen der Reformirten nöthig, weil solche Psalmmelodien in den gedruckten Psalmbüchern im Alt oder Tenor stehen; will einer nun die Melodie eines solchen Psalmen spielen, so muß er vor allen erst sehen, ob es Alt, Discant oder Tenornoten sind, welches ihm der gedruckte Schlüssel anzeiget.

§. 13. Ein Anfänger kann, wie gesagt, dieß ganze Capitel auslassen, damit es ihm nicht verwirre, hernach kann es ihm nützen.

Dritter

Dritter Abschnitt.
Von der Mensur oder Zeitmaaße der Noten.

C A P V T I.
Von der Zeitmaaße überhaupt.

§. 1.

Nun ist es Zeit, daß wir auch etwas von der Mensur, oder von der Geltung der Noten in Ansehung der Zeitmaaße reden. Es wird freylich bey Spielung eines Chorals oder Liedes eben so wenig auf den Tact und die Zeitmaaße gesehen, als wenig eine Gemeine solches Lied nach dem Tacte singet; es kömmt bey Liedern in diesem Stücke auf den Gebrauch an, nach welchem dann einige Lieder langsam, andere etwas geschwinder gesungen werden, als wornach sich einer im Spielen richtet. Dem allen aber ohngeachtet, muß man doch etwas vom Tacte wissen, und nicht ganz unwissend darinnen seyn.

§. 2. Wir haben bishero nur bloß mit dem Klange eines Tones zu thun gehabt und gezeiget, wie die verschiedenen Klänge unsers Claviers in und durch die Noten vorgestellet und angezeiget werden. Nun weiß ein jeder, wie ich einen Ton oder Klang lang ausdehnen und aushalten, oder ihn auch kurz abbrechen kann, um gleich zu einem folgenden Tone zu gehen.

§. 3. Deswegen muß auch die Zeit eines jeden Tones, oder wie lange sich ein jeder Ton hören lassen soll, durch die Noten angezeiget werden können, und dieses kann bey dem Gebrauche der Noten viel bequemer, als bey der Tabulatur, geschehen; als wovon im ersten Capitel des IIten Abschnitts etwas gedacht.

§. 4. Die fünf Linien und die vier Spatia zeigen also bloß den Ton an, die verschiedene Zeichnung und Schreibart der Noten zeiget gar schön
und

und deutlich die Zeitmaaße an, oder ob eine Note kurz oder lang soll ausgehalten werden. Deswegen man bey Nennung der Noten nur bloß zu sehen hat, auf welch einer Linie oder Zwischenraume sie stehet; wie viel sie aber gelte, oder wie lang oder kurz sie soll tönen oder aushalten, solches sage ich, siehet man an der verschiedenen Schreibart derselben.

C A P V T   II.
Wie bey einer Hang-Uhr der Tact bequem zu erlernen.

§. 1. Wir haben oben im IIten Abschnitte Cap. 15. §. 5. schon etwas weniges vom Tacte gesaget, hier aber wollen wir sehen, ob wir einem Unwissenden etwas vom Tacte beybringen können, damit er sich einen rechten Begriff davon möge machen können.

§. 2. Ich nehme hierbey eine Hang-Uhr (allein keine englische große Uhr) zu Hülfe, als welche mancher sonderlich hier zu Lande hat. Eine solche Uhr hat in Ansehung der Unruhe oder der Perpendicul einen egalen Schlag, indem sich die Unruhe auf eine gleiche egale Weise zur rechten und zur linken Hand wendet und sich hören läßet.

§. 3. Wie nun eine solche Uhr in ihrem Schlag egal seyn muß, das ist, nicht einmal geschwind und dann wieder einmal langsam, sondern immer einerley, eben so muß auch die Zeitmaaße oder der Tact bey der Music egal seyn, das ist, was geschwind angefangen, muß in der Mitte eines Stückes nicht langsam und dann wieder geschwind gespielet werden.

§. 4. Willst du nun in Ansehung des Tactes einen Nutzen von deiner Hang-Uhr haben, so zehle ihre Schläge, die der Perpendicul macht von 1 bis 8, und gleich wieder von 1 bis 8, und so oft du anfängst wieder 1 zu zehlen, so gieb ein Zeichen mit deiner Hand auf den Tisch, nämlich schlage deine Hand auf den Tisch, und lasse sie so lange liegen, bis du bey 8 kömmst, dann hebe sie auf, und wenn du 1 sagest, so schlage sie wieder auf den Tisch. Dieß thue so lange, und wiederhole so oft, bis du merkest, daß dir diese Egalität der Schläge der Perpendicul eigen wird. Dieß wäre dann die Zeitmaaße eines ziemlich langsamen vollen Tactes. Wir wollen die Uhr weiter zur Erläuterung gebrauchen, indem sie einem Unwissenden alles deutlich zeigen kann.

C A P V T III.

Gebrauch dieſer Uhr, bey der verſchiedenen Zeitmaaße der Noten.

§. 1. Nun will ich die verſchiedenen Arten der Noten in Anſehung der Zeitmaaße beſchreiben, damit man die Bezeichnung des Tactes, wie ſolche in den Noten bemerket wird, könne erkennen lernen.

§. 2. Erſtlich hat man eine Note, die zeiget an, daß man nicht eher zu einer andern gehen ſoll, bis man an der Uhr 8 Schläge des Perpendiculs gezehlet, und dieſe Note ſtellet einen ganzen Tact vor und ſiehet aus wie eine Nulle doch mehr länglich als rund, als: ◯

§. 3. Soll dein Ton ſich nun ſo lange hören laſſen, als bis du vier Schläge der Uhr zehleſt, ſo ſiehet die Note, die ſolches anzeiget alſo aus ⌐♩. Bekömmt alſo der ganze Tact einen Strich, dieſe Note gilt einen halben Tact oder du zehleſt vier Schläge der Uhr, dann geheſt du gleich mit dem fünften Schlag deiner Uhr zum folgenden halben Tact, und zehleſt wieder vier Schläge an deiner Uhr, oder fängſt von fünfe an und zehleſt bis achte incluſive. Iſt alſo die Zeitmaaße von zwey halben Tacten gleich der Zeitmaaße von einem ganzen Tacte, oder zwey halbe Tacte gehen auf oder zu einem ganzen Tact.

§. 4. Soll weiter deine Note um die Hälfte kürzer als ein halber Tact klingen, oder ſich nur ſo lange hören laſſen, bis du zwey Schläge der Uhr zehleſt, ſo heißen ſie Viertel, weil viere derſelben auf einen ganzen Tact und folglich zwey auf einen halben Tact gehen, ein Viertel ſiehet ſo aus: ♩

§. 5. Willſt du nun zu jedem Schlag deiner Uhr einen Ton haben, ſo kommen Achtel heraus (weil wir acht Schläge auf einen ganzen Tact gerechnet haben) folglich gehen achte derſelben auf einen ganzen und viere auf einen halben Tact, und zwey auf ein Viertel. Wenn ein Achtel allein vorkömmt, ſo wird an den Strich eines Viertels ein Haacken gemacht, als ♪ ♩. Kommen aber 2. 3. oder 4. nach einander vor, ſo werden die Viertel mit einem Strich zuſammen gezogen, eben dieſer Strich nun machet, daß es keine Viertel mehr ſind, ſondern Achtel, als:

§. 6. In Liedern kommen selten geschwindere Noten vor, vornemlich was den Discant oder die Melodie betrifft; weil aber der Baß doch wohl zuweilen Sechzehntheile hat, so will ich auch zeigen, wie die Sechzehntheile aussehen, sie sehen also aus:

Solche kannst du auf deiner Uhr also bemerken: du mußt nämlich die Benennung deiner Zahlen zweysylbig machen, nämlich wie folget: Eine, Zwoye, Dreye, Viere, Fünfe, Sechse, Sieben, Achte. Dadurch bekömmst du 16 Sylben und rechnest auf jedem Schlag deiner Uhr 2 Töne. Gilt deswegen ein ganzer Tact 16 Sechzehntheile, ein halber halb so viel, nämlich 8 Sechzehntheile, ein Viertel wieder halb so viel als ein halber Tact, nämlich 4 Sechzehntheile, und ein Achtel hat 2 solcher Sechzehntheile.

§. 7. Nun will ich sie in Noten auf Linien vorstellen.

ganzer Tact.   halber Tact.   Viertel.

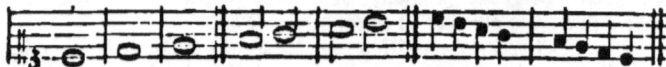

Achtel.   Sechzehntheile.

CAPVT

CAPVT IV.

Von der Fertigkeit im Tacte, oder wie ſolcher ſich an den Schlägen der Uhr zeiget. Item eine leichte Arie.

§. 1. Stelle dir vor, es wären 5 Perſonen da, die da mit einander ſpieleten oder ſangen, und des erſten Ton dauerte einen ganzen Tact (das machte nach unſerer Uhr 8 Schläge des Perpendiculs aus), und der andere hätte halbe Tacte, der dritte hätte Viertel, der vierte hätte Achtel und der fünfte hätte Sechzehntheile. Dieſe 5 Perſonen nun hätten unter ſich verabredet, daß ein ganzer Tact ſo lange klingen und ſich hören laſſen ſollte, oder man wollte das Tactzeichen mit dem Fuß nicht eher geben, bis ſich der Perpendicul an einer Uhr 8 mal hätte hören laſſen; ſo wäre es zwar nicht nöthig, daß ſie ſich nach dem Schalle der Uhr richteten, denn die 5 Töne dieſer 5 Perſonen würden den Schlag oder Schall der Uhr alſo übertäuben, daß man nichts davon hören könnte; dieß aber wäre doch nöthig, daß alle 5 Perſonen auf ſolche egale Weiſe von 1 bis 8 zehleten, als die Uhr ſolche Schläge egal hören läſſet, und dieſes geſchiehet auch wirklich bey allen denen, die da tactmäßig zuſammen ſpielen und mit einander in ihren verſchiedenen Tönen harmoniren, ſo egal und gleich, als wenn ſie alles nach der Uhr abgemeſſen hätten.

§. 2. Denn gleichwie bey der Uhr die Räder machen, daß alles egal iſt, ſo iſt gleichſam in denen, die (wie man ſagt) tactveſte ſind, ein Uhrwerk, daß ſie nicht anders als ganz abgemeſſen in ihren Tönen ſeyn können. Es ſind aber nicht alle Menſchen von Natur gleich geſchickt den Tact zu lernen, ſondern nur die, denen er gleichſam angebohren oder in der Natur lieget. Dieſes kannſt du ſehen bey einer Verſammlung vieler Leute, die alle ihre Freyheit haben nach den Bewegungen und Trieben ihrer Natur zu handeln, wenn ſolche eine Menuet ſpielen hören, und die Zuhörer luſtig oder frey ſind, ſo wirſt du einige unter ihnen ſehen, die es faſt nicht laſſen können zu hüpfen oder den Tact zu ſchlagen, andere aber die ſtille ſtehen und unbewegt bleiben. Denen erſtern iſt der Tact angebohren, die andern aber wiſſen nichts davon; dieß geſchiehet aber gemeiniglich bey Tripel oder Dreyviertel Tact, bey Vierviertel Tact, als welcher ſo lebhaft nicht iſt, findet man es ſo nicht. Dieſes dienet nur zu zeigen, wie einige von Natur mehr Geſchicklichkeit den Tact zu erlernen haben, als andere.

M 2

§. 3.

§. 3. Damit wir uns aber nicht zu weit entfernen, so wenden wir uns wieder zu den §. 1. erwehnten 5 Personen die mit einander spielen sollen, und von welchen eine jede Person Noten von verschiedener Geltung oder Zeitmaaße hatte, so müßte dann der erste von diesen Spielern, der nur eine Note hat in seinem ganzen Tact, diese Note, die einen ganzen Tact ausmacht, so lange klingen, schallen und tönen lassen, bis die Uhr 8 Schläge geschlagen hätte, wie er denn auch in sich selbst von 1 bis 8 zehlen müßte, ehe er zu einem andern Tone gienge, der andere aber der 2 halbe Tacte gegen des erstern ganzen Tact zu spielen hätte, müßte zu jedem halben Tacte oder Tone in sich 4 Schläge der Uhr abzehlen, ehe er zu seinem zweyten halben Tone gienge, als welchen er anfienge, wenn er anfienge 5 zu zehlen, und müßte damit wieder so lange aushalten, bis er von 5 bis 8 gezehlet hätte, dieser machet also in der Zeit da die Uhr 8 mal angeschlagen, zwey Töne.

§. 4. Der dritte nun der Viertel hat, muß auch 8, als die angenommene Zahl des Tactes zehlen, und muß bey Zehlung der 1. 3. 5. 7. seinen Ton verändern oder ein neues Viertel hören lassen; wenn er nun mit den andern egal 8 weggezehlet, so wird er 4 Noten gegen des erstern Einen ganzen Tact, und 2 Noten gegen des zweyten zwey halbe TactNoten haben hören lassen, und zwar so accurat wie die ihre Schläge thut. Der vierte der Achtel zu spielen hat, der läßt bey jedem Schlage von den 8 Schlägen der Uhr einen Ton hören, und macht also 2 Noten, indem der dritte Eine, 4 indem der andere 2, und acht Noten indem der erste seinen Einen Ton hören lässet; der fünfte aber, der Sechzehntheile hat, ist am geschwindesten in seinem Spielen, damit er seine 16 Noten in der abgemessenen Zeit von 8 zehlen, hören lassen kann, er muß aber nicht geschwinder seyn als nöthig, sondern wenn er seine sechzehnte Note hören lässet, so muß er im egalen Zehlen zu der letzten Sylbe von Achte (nämlich te) gekommen seyn.

§. 5. Hieraus kann einer sehen den Unterschied der Ganzen, Halben, Viertel, Achtel und SechzehntheiltactNoten, wie auch die große Accuratesse, die in Ansehung der Zeit bey dem Spielen mit andern muß beobachtet werden, da nichts einen Augenblick zu spät oder zu früh gespielet werden muß.

§. 6. Wer keine Uhr hat, der muß sich anders helfen und sich üben auf eine egale Weise von Eins bis Achte zehlen zu lernen, und wenn er Achte gesagt, gleich wieder von Eins anfangen; ich will eine kleine Arie

hersetzen

herseßen und die Zahlen von Eins bis Achte darunter seßen, da er denn
finden wird, daß bey einem Viertel immer eine Zahl genennet oder gezehlet wird, ohne daß ein Clavier angeschlagen wird, bey Achteln aber,
je eines zu einer Zahl, und zu dem leßten halben Tact eines Theils dieser Arie vier Zahlen.   Ich will einen Baß dazu seßen, man übe sich
aber nur vorerst den Discant nach dem Tacte zu spielen, alsdenn auch
den Baß allein, damit man den Unterschied eines Viertels von einem
Achtel möge recht erkennen, nachhero kann man sehen, ob man mit beyden Händen diese kleine Arie tactmäßig kann spielen lernen; ich will die
Finger darüber schreiben.

C A P V T V.

Anmerkungen über die vorhergehende Arie.

§. 1. Bey dieser Arie will ich ein und anders, so wohl was den Tact als was die Fingersetzung betrifft anmerken. Ich habe mit Fleiß einen leichten Ton erwehlet, dessen Vorzeichnung weder x oder b hat, nämlich C dur (Ich habe zwar von der Bedeutung dieses Ausdrucks noch nichts gesaget, es soll aber hernach solcher deutlich gemacht werden, man merke sich aber hierbey zum voraus, daß wenn die letzte Baßnote ein C ist und weder ein x oder b vorgezeichnet stehet, man alsdenn saget das Stück sey aus C dur.) damit ein Anfänger auf die Hauptsache, welche ich ihm in dieser Arie zeigen will, nämlich auf den Tact oder auf die von einander unterschiedene Zeitmaaße eines ganzen Tactes, eines halben Tactes, eines Viertels und eines Achtels, desto besser möge acht haben können. Es kommen also in dieser Arie keine andere Semitonia vor, als diejenigen, welche mitten in der Arie durch Vorzeichnung eines Creutzes sind gemacht worden.

§. 2.

§. 2. Die meiſten Noten dieſer Arie in Anſehung der Menſur ſind die Viertel und die Achtel, indem der halbe und ganze Tact nur zwey mal darinnen vorkommen. Achtel und Viertel findet man in leichten Arien und Liedern auch am meiſten, deswegen der Unterſcheid dieſer beyden Arten Noten auch am erſten und beſten zu erlernen iſt.

§. 3. Man findet unter jedem Tact die Zahlen von 1 bis 8, dieß zeiget nicht die Anzahl der Noten eines Tactes an, ſondern giebt nur zu erkennen, daß dieſe Arie im ganzen Tact ſtehet, wie ſolches das Zeichen C welches vorne an ſtehet auch zeiget, und wird man befinden, daß der Tactſtrich jedes mal nach der Zahl 8 ſtehet, indem ſich mit Eins immer ein neuer Tact anfängt.

§. 4. Nun würde es einem ſchwer fallen, immer von 1 bis 8 laut zu zehlen, weil hier kein Stilleſtand Platz hat, deswegen gewöhne man ſich in Gedanken von 1 bis 8 zu zehlen, da man denn bey einem Viertel die zwote Zahl ohne Anſchlag eines Claviers läßt vorbey gehen, bey einem Achtel aber zu jeder Zahl eine Note anſchläget, zu einem halben Tact gehören 4 Zahlen und zu einem ganzen Tact 8 Zahlen, wie ſolches die Unterſchrift der Zahlen von 1 bis 8 deutlich lehret.

§. 5. Wer nun in ſich egal zehlet, und wohl Achtung giebt, denn fremde Gedanken müſſen allhier verbannet ſeyn, der wird aus dieſer Arie viel lernen, inſonderheit was die Menſur oder den Tact betrifft; er kann, wie ſchon erinnert, den Discant erſt allein und hernach den Baß auch allein tactmäßig, das iſt nach einer egalen Zehlung in Gedanken von 1 bis 8 ſpielen, kann er nun dieſes ſchon ohne viele Mühe thun, ſo kann er dieſe Arie mit beyden Händen zugleich üben;

§. 6. Da er denn wohl Acht haben muß, daß er immer 2 Achtel zu einem Viertel macht, es mögen nun im Discant 2 Achtel zu einem Viertel im Baß, oder im Baß 2 Achtel zu einem Viertel im Discant ſtehen, die untergeſchriebene Zahlen zeigen dieſes deutlich, denn da findet man über die Zahl 3. 4 und 7. 8. im erſten Tact dieſer Arie eine Note (welche ein Achtel iſt) hingegen ſtehet im Baß nur über 3 und 7 eine Note (welche ein Viertel iſt) und 4 und 8 hat keine Note, deswegen muß im Discant die Note über 4 und 8 alleine ohne Baß gehen, man läßt alſo die Baßnote über 3 und 7 ſo lange liegen, bis der Discant die Achtelnote über 4 und 8 gemacht hat; denn 2 Achtel haben die Zeitmaaße Eines Viertels, oder Ein Viertel dauert ſo lange als 2 Achtel. Dieß meyne begreiflich genung gemacht zu haben. Die Information vermag

nicht

nicht mehr; Fleiß, Zeit und Uebung muß die Geſchicklichkeit und den Habitum bringen. Welches alles auch durch die accurate Untereinanderſetzung
der zuſammen anzuſchlagenden Baß- und Discantnoten erleichtert worden.

§. 7. Was die Fingerſetzung dieſer Arie betrifft; ſo iſt ſolche ſo wohl
im Baß als Discant über jeder Note angezeiget. Weil allhier nicht
wie bey Liedern die Eintheilung in Sätze gilt, ſondern nur die Eintheilung in 2 Theile, nämlich da das Repetitionszeichen ſtehet und das Ende, ſo ſcheinet die Fingerſetzung etwas mehr Schwierigkeit zu haben, als
bey Liedern, allein die Schwierigkeit iſt allhier nicht groß, weil die Gänge
dieſer und vieler ſolcher leichten Arien ganz natürlich und bequem nach den
Fingern eingerichtet ſind. Jedoch wollen wir über ein und anders etwas
bey dieſer Gelegenheit erwehnen, denn je mehr wir die Regeln der Fingerſetzung bey den gegebenen Exempeln wiederholen, je beſſer behält man
ſie, und je beſſer werden wir den IVten Abſchnitt verſtehen.

§. 8. Das Ueberſchlagen des zweyten Fingers über den Daumen
kömmt in den beyden erſten Tacten des Discants, wie auch im erſten
Tact des Baſſes allhier vor. Weil der zweyte Finger ſowohl in der
rechten als linken Hand ſehr bequem zum Ueberſchlagen iſt, ſo wird dieſes Ueberſchlagen des zweyten Fingers über den Daumen im Discant
im Heruntergehen, und im Baß im Heraufgehen oft gebraucht. Der
berühmte C. Ph. Em. Bach, Königlicher Preußiſcher Cammermuſicus
ſchreibet in ſeinem Verſuch über die wahre Art das Clavier zu ſpielen
p. 26. §. 35. alſo davon: „Das Ueberſchlagen, welches mit dem zweyten
„Finger über den Daumen, und mit dem dritten Finger über den vierten
„geſchiehet, hat ſeinen eigentlichen Nutzen bey Paſſagien ohne halben
„Töne; allda geſchiehet es auch, wenn es nöthig iſt, oft hintereinan-
„der.“ Wy das Ueberſchlagen des dritten Fingers über den vierten geſchehen kann, wollen wir bey Gelegenheit, wo nicht eher, doch im IVten
Abſchnitte zeigen. Die Folge der Noten und die vorige Lage der Hand
hat verurſachet, daß wir dieſes Ueberſchlagen des zweyten Fingers über
den Daumen im Baß zweymal gebraucht haben, ungeachtet es kein
Gang oder gehende Paſſagie geweſen, ſondern ein Sprung in die Tertie,
ſolches iſt bey d und fis im fünften und ſiebenten Tact im Baß geſchehen;
denn hier war keine bequemere Fingerſetzung anzubringen. Im fünften
Tact mußte ſie abſolut ſo und nicht anders ſeyn. Im ſiebenten Tact hätte
ich nun wohl auf d den dritten Finger ſetzen können, allein dieß hätte eine
gar zu große Spannung der Finger verurſachet.

§. 9.

§. 9. Das Untersetzen des Daumens kömmt im Discant zweymal nämlich im neunten und zwölften Tacte vor, nämlich im neunten Tacte nach dem dritten Finger und im zwölften nach dem zweyten Finger. Im Baß aber kömmt dieß Untersetzen des Daumens nur einmal vor, nämlich in den beyden letzten Tacten bey 8 und 1. oder bey *d* und *c*, da der Daumen unter den zweyten Finger gesetzet worden. Kein anderer Finger als allein der Daumen beschäfftiget sich mit dem Untersetzen, und solches kann nach allen Fingern, nur nicht nach dem fünften oder kleinen Finger, geschehen. Weil der Daumen sich gerne nahe an den halben Tönen aufhält, so mußte auch im neunten Tacte der Daumen nach dem dritten Finger (der auf *gis* stund) untergesetzt werden, hätte ich das nach *gis* folgende *a* mit dem vierten Finger bezeichnet, und den Daumen alsdenn nach dem vierten Finger auf *h* untergesetzt, so hätte ich wider die Regel des Gebrauchs des Daumens gehandelt, denn der berühmte Hr. Bach giebt für den Daumen l. c. pag. 25. §. 33. folgende Regel: „Es „wird der Daumen, der rechten Hand, im Auffsteigen nach einem oder „mehrern (wie hier in unserer Arie geschehen) halben Tönen, im Ab- „steigen aber vor einem oder mehrern halben Tönen, und der linke Dau- „men im Absteigen nach, und im Auffsteigen vor den halben Tönen ein- „gesetzt. Wer diese Hauptregel in den Fingern hat, dem wird es allezeit „fremde fallen, bey Gängen, wo halbe Töne vorkommen, den Daumen „etwas entfernt von selbigen einzusetzen. "

§. 10. Das Auslassen gewisser Finger (ich meyne allhier, alsdenn wenn die Noten gradatim gehen, denn im Sprunge versteht es sich von selbsten, daß ich nach Beschaffenheit des Sprunges 2 bis 3 oder wohl gar 4 Finger auslasse) ist eine der nöthigsten Freyheiten, die wegen der Folge der Noten erlaubt ist, und da man die Hand zusammen ziehen muß. Solches Auslassen der Finger haben wir hier zweymal, als im fünften und achten Tact im Discant; und im Baß einmal im neunten Tacte. Im fünften Tacte des Discants ist der vierte Finger, und im achten Tacte ist der zweyte, dritte und vierte Finger ausgelassen worden; im fünften Tacte hätte man auch auf ⁊ den vierten Finger setzen können, so wäre kein Finger ausgelassen worden, im achten Tact aber hat dieses Auslassen der Finger nothwendig wegen der Folge geschehen müssen, eben wie solches auch im neunten Tacte des Basses nöthig war, da der dritte und vierte Finger ausgelassen worden.

§. n. Dieß wäre, was bey Gelegenheit der Arie des vierten Capi
tels habe anmerken wollen.   Wir gehen jetzo weiter; da ſich denn keiner
daran ſtoßen wolle, daß bey dieſem Unterrichte vieles ſo oft wiederholet
wird, denn dieſes iſt mit allem Fleiße geſchehen, eben wie bey mündlichem
Unterrichte einerley Ding manchem Scholaren wohl mehr als zwanzigmal
muß vorgeſaget werden, ehe er es faſſen und behalten kann.   Es wird
dieſe Wiederholung auch keinem, der ſich ſelbſt aus und nach dieſem Unterricht informiren will, umangenehm oder verdrießlich, ſondern vielmehr
nützlich und angenehm ſeyn, ſonderlich ſolchen, die die Gabe nicht haben
etwas bald und geſchwinde zu faſſen.   Die beyden folgenden Capitel haben nun vieles in ſich, was ſchon geſaget worden; ich ſchreibe vor Anfänger, und ſtelle mir hierbey nicht lauter kluge Köpfe vor, ſondern gemeiniglich ſolche, die ein Ding ſchwer faſſen können, doch aber Luſt zum
Clavierſpielen haben.

C A P V T VI.
Von der verſchiedenen Geltung der
Noten.

§. 1. Beym Clavierſpielen ſind die rechte und linke Hand gleichſam
zwey Perſonen, die zuſammen ſpielen, und da eine jede Hand in Anſehung der andern zur rechten Zeit eintreffen muß, wenn es anders recht
geſpielet heißen ſoll.

§. 2. Beym Choralſpielen nun hat die accurate Abzehlung und Be-
obachtung des Tactes nichts auf ſich, und iſt ſo nöthig nicht, wie bey
Arien und andern Sachen, denn gemeiniglich werden die Lieder nicht
tactmäßig geſpielet, nur muß ein Anfänger die verſchiedene Geltung der
Noten wohl inne haben.

§. 3. Zu einem ganzen Tacte gehören 2 halbe Tacte, 4 Viertel,
8 Achtel und 16 Sechzehntheile. Zu einem halben Tact aber gehören
2 Viertel, 4 Achtel und 8 Sechzehntheile. Zu einem Viertel gehören 2 Achtel oder 4 Sechzehntheile, und endlich zu einem Achtel gehören 2 Sechzehntheile.

§. 4. Dieß heißt, einfältig zu ſagen, ſo viel: ſtehet im Discant ein
Viertel und der Baß hat 2 Achtel, ſo wird die Viertelnote des Discants
zu dem erſten von den zwey Achteln angeſchlagen oder geſpielet, das andere

dere Achtel aber gehet allein hinten nach; und ſo auch umgekehrt, ſtehen im Discant zwey Achtel und im Baß ein Viertel, ſo wird das erſte Ach= tel des Discants zwar gleich zu dem Viertel des Baſſes angeſchlagen, allein das zweyte Achtel des Discants gehet allein, da indeſſen das Vier= tel des Baſſes ſo lange liegen bleibet.

§. 5. Wenn deine Noten, die du ſpielen willſt, accurat geſchrieben ſind, oder wenn Baß und Discant gut untergelegt ſind, ſo ſpieleſt du zu deiner Discantnote, diejenige Baßnote, die gerade darunter ſtehet, wo aber keine Note darüber oder darunter ſtehet, ſo gehet ſolche Note alleine, es ſey nun im Baß oder Discant.

§. 6. Weil man aber wohl Notenbücher findet, da alles nicht accu= rat geſchrieben und unter einander ſtehet, was mit einander zugleich klin= gen ſoll, ſo kannſt du dich nicht immer auf die §. 5. gegebene Regel ver= laſſen; die aber in allen Melodien und Exempeln dieſes Unterrichts gilt, denn ich habe mich befliſſen, die Noten, die zugleich ſollen geſpielet wer= den, gerade unter einander zu ſetzen.

C A P V T   VII.
Wie ein Lied von unterſchiedener Menſur mit beyden Händen zu ſpielen.

§. 1. Findeſt du, daß die Noten im Baß in Anſehung der Menſur eben der Art ſind, wie im Discant, ſo gehet immer Note zu Note, das iſt, zu Einer Discantnote gehöret die darunter ſtehende Eine Baßnote, wie du in den 6 Melodien der Lieder, die in dem zweyten Abſchnitte ſte= hen, findeſt, daß beydes im Discant und Baß lauter Viertel ſtehen, und am Ende des Satzes oder Liedes gemeiniglich ein halber Tact im Discant und Baß ſtehet.

§. 2. Es könnten nun alle Lieder mit ſolchen Bäſſen geſetzet werden, ſo wäre von der Menſur nichts nöthig zu wiſſen, weil aber die Verän= derung ſonderlich in der Muſic ſehr herrſchet und geliebet wird; ſo würde einem dieſe Art zu ſpielen auch bald verdrießlich werden, wenn nicht zu= weilen der Baß ein oder zwey Noten noch hören ließe nach dem Discant, als welches anmuthig und ſchön iſt.

§. 3. Dahero findest du nun oft in Liedern, daß zu Einer Discantnote, die ein Viertel ist, zwey Baßnoten stehen, welche Achtel sind, da
denn das letzte Achtel (als worüber auch keine Discantnote stehet) hinten
nach alleine gehet, du lässest aber den Finger auf dem Discantclaviere
so lange liegen.

§. 4. Und so findest du auch oft, daß im Discant 2 Achtel stehen,
und im Baß unter dem ersten Achtel des Discants stehet ein Viertel, da
denn das zweyte Achtel des Discants alleine ohne Baß gehet, die Baßnote aber bleibet so lange liegen.

§. 5. Dieses muß man merken, wenn Achtel und Viertel vorkommen, denn da gehet immer das letzte Achtel alleine.   Sind aber in beyden Händen Achtel, so gehet Note zu Note.

§. 6. Wann im Baß oder Discant, vornehmlich aber im Baß
mehr als 2 Achtel zusammen gezogen sind, nämlich wenn 4 Achtel zusammen gezogen sind, so machet dieses gar keine Veränderung, sondern
es bleibt immer vest, daß 2 Achtel (nicht mehr auch nicht weniger) zu
einem Viertel gehören.

§. 7. Im folgenden achten Capitel wollen wir nun einige Melodien
zur Uebung hersetzen, da man denn in acht zunehmen, daß 2 Achtel zu einem Viertel gehören, die Finger will ich wieder darüber setzen, und wo es
nöthig ist eine oder die andere Anmerkung dabey machen.

C A P V T   VIII.
6. Lieder mit Anmerkungen.

N. 1. Durch Adams Fall ist ganz verderbt ꝛc.

1)* Wenn ein Ton zwey, drey oder mehrmal hinter einander vorkömmt, so ist bey langsamen Noten nicht immer nöthig die Finger zu
verwechseln, so wie solches bey geschwinden Noten, als bey Sechzehn-
theilen geschehen muß, wenn man aber bey langsamen Tönen abwechselt,
so muß man dahin sehen, daß man das letzte mal denjenigen Finger ein-
setze, den die Folge der Noten haben muß.   Wir haben diese Abwechselung im ersten Tacte des Discants gebraucht, und zwar mit dem dritten
und zweyten Finger.   Im sechsten Tacte haben wir den vierten Finger
dreymal behalten, ohne Abwechselung der Finger, als welches, wie eben
erwehnet, bey langsamen Noten nicht immer nöthig ist.

N 3   2)Sonst

2) Sonst ist die Fingersetzung in diesem Liede so wohl im Discant als Baß leicht und natürlich. Im zwölften Tacte des Basses habe ich den Daumen unter den zweyten Finger gesetzt. Wenn man auf *e* den Daumen gesetzt hätte, so wäre man mit seinen Fingern noch bis *A* ausgekommen, weil nun das *d* im dreyzehnten Tacte in die Octave fällt und deswegen den Daumen haben muß, so würde man einen Finger, nämlich den vierten haben auslassen müssen, und den dritten Finger auf *h* haben setzen müssen, welches auch gut gewesen wäre. Bey dem Untersetzen des Daumens aber hat man dieses nicht nöthig gehabt.

N. 2. Nun freut euch, lieben Christen g'mein rc.

3) Bey

3) Bey N. 2. Nun freut euch lieben Christen gemein ꝛc. kömmt das Auslassen der Finger, das Untersetzen des Daumens, und das Ueberschlagen des zweyten Fingers über den Daumen vor, sonst ist die Fingersetzung ordentlich.

Das Auslassen der Finger ist im Discant geschehen im achten Tact bey ♯ und ♯ da der vierte Finger ausgelassen worden, und nach dem fünften Finger gleich der dritte genommen worden, dieses wäre nun wieder nicht absolut nöthig gewesen, allein weil der Ton, der vor dem letzten Tone eines Satzes hergehet, gemeiniglich einen Triller hat (von welcher unentbehrlichen Manier wir hernach Cap. II. §. 6. noch etwas reden wollen) und dazu der zweyte und dritte Finger am bequemsten ist, so habe darnach in den Liedern dieses Capitels die Fingersetzung eingerichtet, damit man, wenn man nun einen Triller hat machen lernen, die Fingersetzung mag behalten können.   Weiter findet man auch im zweyten und eilften Tacte des Basses, daß allda gleich nach dem vierten Finger der Daumen auf d eingesetzet worden, und also der dritte und zweyte Finger ausgelassen worden, dieß war nöthig, weil d in seiner Octave in groß D fiel, als welche Octaven allezeit mit dem Daumen und kleinen Finger müssen gespielet werden.

Das Untersetzen des Daumens kömmt im vierzehnten Tacte des Discants vor, da die letzte Note des Tactes, nämlich fis, den zweyten Finger hatte, weil nun der Daumen sich gerne nahe an den halben Tönen hält, und die Folge der Noten solches auch erfoderte, so ist hier der Daumen unter den zweyten Finger gesetzt.

Das Ueberschlagen des zweyten Fingers über den Daumen, kömmt hier im Discant im eilften Tacte vor, bey ꞏ̄ und ꞏ̄.

4) Sonsten verstehet einer nun schon aus dem Vorhergesagten, daß weil hier ein ♯ auf f im Anfange der Linien stehet, in diesem Liede immer fis statt f muß gespielet werden; wie auch daß zwey Achtel zu einem Viertel müssen gemacht werden.

N. 3.

N. 3. Lobt Gott, ihr Christen allzugleich :c.

5) Dieß Lied hat in der Vorzeichnung vor *h* ein *b*, deswegen muß ich statt *h* immer *b* spielen, es sey denn, daß ein Bequadratum dieses *b* aufhebet, welches im zweyten Satze zweymal geschiehet.

6) Die Fingersetzung ist in diesem Liede abermal ganz leichte und natürlich. Wir finden allhier, daß ein Ton mehr als einmal nach einander vorkömmt, als gleich im ersten Satze kömmt ⸗ viermal, im zweyten Satze kömmt *deß* ⸗ zweymal, und im dritten Satze kömmt ⸗ dreymal vor, so wie im vierten Satze ⸗ und im fünften Satze ⸗ zweymal vorkömmt, davon siehe, was bey dem Liede: Durch Adams Fall ist ganz verderbt, in der ersten Anmerkung ist gesaget worden.

7) Das

7) Das Ueberschlagen des zweyten Fingers über den Daumen kömmt im fünften Satze bey ī vor. So wie das Auslassen eines Fingers im Baß im zweyten Tacte bey B und c vorkömmt, da nach dem vierten Finger gleich der zweyte Finger genommen worden, dieß verursachte die folgende Note, nämlich F.

8) Die Achtel haben wir hier im Discant alleine, da der Baß fast lauter Viertel hat. Im vierten Satze hat der Discant vier Achtel und der Baß einen halben Tact, weil nun vier Achtel zu einem halben Tacte gehen, so wird zum ersten Achtel ī im Baß groß F angeschlagen und bleibt so lange liegen, bis der Discant die drey Achtel ī ī ī alleine gemacht.

9) Wir finden nicht allein in diesem Liede, sondern auch in den beyden vorhergehenden zuweilen, daß zwey Noten (welches gemeiniglich Achtel sind) einen kleinen Bögen über sich haben, ja im Ende des vierten Satzes unsers Liedes: Lobt Gott ihr Christen allzugleich rc. sehen wir daß der Bogen von ī bis ī gehet und also fünf Noten in sich schließet, was bedeutet nun dieser Bogen? Antwort: Stehet dieser Bogen über zwey, drey oder mehr Noten im Discant, und die Noten verändern ihre Stelle, wie hier geschiehet, entweder auf oder herunterwärts, so zeiget solcher Bogen eine Schleifung an, oder es sollen so viel Noten, als durch diesen Bogen eingeschlossen werden, zu einer Sylbe des Liedes gesungen oder geschleifet werden. Findest du aber diesen Bogen über zwey oder auch mehrern Noten, die ihre Stelle nicht verändern, sondern auf eben der Linie oder Zwischenraume, darauf die vorige gestanden, bleiben, so wird solcher Bogen ein Band oder ligatura genannt und zeiget an, daß die beyden Noten zusammen gebunden seyn sollen, also daß man bey der zweyten Note, die durch diesen Bogen oder Band mit der ersten Note verbunden geworden, den Finger nicht aufheben, oder wieder von neuem anschlagen soll, dahero denn die zu dieser gebundenen Note gehörige Baßnoten oder Note allein gehen muß und die gebundene Note bleibt liegen.

10) Wenn auf einer Zeile der Tact aus Mangel des Raums nicht ganz hat ausgeschrieben werden können (wie solches in den beyden andern Zeilen von N. 3. auch nicht hat geschehen können) so machet man ein Zeichen auf der Linie oder auf dem Spatio, darauf die erste Note der folgenden Zeile stehen muß, dieses Zeichen heißt ein Custos oder Stellbewahrer, er siehet so aus ᷆, wie solches denn bey N. 3. am Ende der beyden

Wiedeb. Clav. Spiel.   O   andern

andern Zeilen zu sehen.   Hier merke, daß du, wenn du Noten schreibest die im Dreyvierteltact stehen, diesen Dreyvierteltact nicht abkürzen mußt, sondern den wenigen übrig behaltenen Raum deiner Linien lieber ledig lassen kannst, hingegen bey Noten, die im ganzen oder Viervierteltacte stehen, kannst du abbrechen, wenn du die Hälfte des Tactes, das ist zwey Viertel, darauf geschrieben, wie wir es hier auch so gemacht haben.

N. 4. O wie selig sind die Seelen rc.

n) Ehe

11) Ehe man dieses Lied spielet, schlage man das dreyzehnte Capitel des zweyten Abschnitts nach, und lese §. 1. 2 und 3. was daselbst von der Vorzeichnung der Creutze gehandelt werden, daraus man denn ersehen wird, wie in diesem Liede statt f c und g immer fis, cis und gis muß gespielet werden; deswegen ich mich hier nicht länger dabey aufhalten will.

12) Beym letzten Satze haben wir ein Repetitionszeichen, welches noch nicht ist vorgekommen. Wir haben im IIten Abschnitte Cap. 15. §. 7. schon von einem Wiederholungszeichen geredet, welches bey Liedern sehr oft vorkömmt, und macht daß zwey bis drey Sätze eines Liedes zweymal müssen gespielet werden. Außer diesem findet man auch noch wohl in der Mitte oder am Ende eines Liedes ein Wiederholungs- zeichen, da nur ein Satz soll repetiret werden, deswegen mag man es das kleine Wiederholungszeichen nennen, da denn der Tactstrich, bey dem die Wiederholung angehen soll, mit vier Puncten hinterwärts des Striches, und derjenige Tactstrich, wo diese Wiederholung sich endet, wieder mit vier Puncten vorwärts bezeichnet wird. Die Noten also, die zwischen diesen Strichen mit Puncten stehen, müssen zweymal gespielet werden. Man findet auch statt dieser Puncte folgendes Zeichen ·/. oder ·∫. oder :∫: oder :§: (welches man einen Rückweiser nennen kann) da denn die Noten die über der Linie mit diesem Zeichen ·/. ·∫. :∫: :§: eingeschlossen sind, zweymal müssen gespielet werden. Ich habe mich der Puncte und des Rückweisers zugleich bedienet, damit es einem An- fänger besser in die Augen fallen möge, wie man denn auch wohl findet einen Bogen über die zu repetirende Tacte und das lateinische Wörtchen bis (zweymal) und dieß um mehrerer Deutlichkeit willen.

13) Was die Fingersetzung betrifft, so merke hierbey an, daß die Lieder, welche in ihrer Vorzeichnung drey bis vier Creutze oder Been ha- ben, von manchem schwer genannt werden, die ganze Schwierigkeit aber dieser Lieder bestehet darinnen, daß man die darinnen vorkommen- den halben Töne wohl behalten muß, worinnen ein Anfänger auch frey- lich oft fehlet: allein dieß wird durch die Uebung leichter, wegen der Fingersetzung aber kann man solche Lieder nicht schwer nennen, indem die- selbe allhier leichter ist, als bey Liedern die gar kein x oder b in ihrer Vor- zeichnung haben, wenn ich nur die Regel vom Gebrauche des Daumen,

welche

welche Cap. 5. §. 9. in diesem IIIten Abschnitte stehet, wohl behalte
und übe, so wird der Daumen sich bald von selbsten in seinen ordentlichen Platz eindringen, nämlich in der rechten Hand im Absteigen
vor Einem (wie hier im sechsten und zehnten Tact bey $\mp$) oder mehrern halben Tönen (wie hier im vierten und achten Tact auf - worauf
die beyden halben Töne gis und fis folgen). Im Aufsteigen nach Einem
oder mehrern halben Tönen, und in der linken Hand umgekehrt, nämlich
im Absteigen nach und im Aufsteigen vor den halben Tönen.

14) Man braucht also zu den halben Tönen gemeiniglich nur den
zweyten, dritten und vierten Finger so wohl im Baß als Discant,
denn der Daumen wird bey Liedern im Discant auf den halben Tönen gar nicht und im Baß nur bey Octaven gebraucht, und dieß gilt
auch vom kleinen Finger. Da ich denn leicht sehen kann, welchen unter diesen dreyen Fingern die Folge der Note erfodert, und welchen Finger ich nach dem Gebrauche des Daumens überschlagen muß, nämlich
folgen zwey halbe Töne, so muß es der dritte seyn, es sey denn daß die
Folge der Noten nicht also ist, wie hier im vierten und achten Tacte.
Folget ein halber Ton nach dem Daumen, so muß die Folge lehren,
ob ich den zweyten oder dritten Finger überschlagen muß, im sechsten
Tact hat es mit dem zweyten, im zehnten Tact aber hat es der Folge
wegen mit dem dritten Finger geschehen müssen.

15) Im Baß ist die Fingersetzung leichte, im vierten Tacte in
den beyden ersten Achteln habe ich nach dem zweyten Finger den Daumen untergesetzt, und im siebenten Tacte habe ich den dritten Finger
über den Daumen geschlagen.

16) Die Abwechselung der Finger wenn Ein Ton etliche mal
nach der Reihe vorkommt, ist hier im ersten, fünften, siebenten und
neunten Tacte auch vorgekommen, wovon die erste Anmerkung wie auch
die sechste Erwehnung gethan.

17) Sonsten merken wir uns auch noch, wie bey Sprüngen der kleine Finger im Discant wohl auf einen halben Ton kommen kann, wie hier
im dritten Tacte. Doch hätte man hier auch auf $\overline{fis}$ den vierten Finger
und alsdenn auf - den Daumen nehmen können.

N. 5.

N. 5. Seelen-Bräutigam ꝛc. oder: Wer ist wohl, wie du ꝛc.

NB. Was das ✗ im Baß über *d* betrifft, davon siehe im zweyten Abschnitte Cap. 17. §. 1.

18) Anjetzo haben wir ein Lied, welches in der Vorzeichnung vor *h* und *e* ein *b* hat, deswegen muß man statt *h* immer *b* und statt *e* immer *dis* (oder vielmehr nach der neuen Art zu reden *es*) spielen, siehe Cap. 13. im IIten Abschnitte §. 4. 5. 6.

19) Wenn

19) Wenn ich hier im Discant zu Anfangs eines jeden Satzes nur den Finger gesetzet hätte, so würde man die andern Finger im Satze von selbsten haben finden können, weil in diesem Liede alles gradatim gehet und die Finger von selbsten folgen nach ihrer Ordnung, ohne einen auslassen oder überschlagen zu dürfen. In solchem Falle hat man nur zu sehen, daß man auf der ersten Note eines Satzes den rechten Finger setzet und zwar nach Beschaffenheit des Ambitus eines jeden Satzes vide II. Abschn. Cap. 17. die siebente und achte Anmerkung bey N. 5. Freu dich sehr o meine Seele 2c. und das ganze 17te Capitel.

20) Der erste und letzte Ton dieses Liedes ist im Discant und Baß ein Semitonium nämlich b. Man findet im Baß auf das Semitonium b weder den Daumen noch den kleinen Finger, wo es die Octave nicht erfodert hat, als im fünften und letzten Tact. Denn die Regel des Daumen Cap. 5. §. 9. in diesem Abschnitte gilt so wohl vor halbe Töne, die durch ein x gemacht, als vor die, welche wie hier geschehen, durch ein b gemacht worden. Deswegen dann im ersten, vierten und siebenten Tact der zweyte Finger auf b zustehen kommen. Man merke sich den vierten Tact im Baß da der Daumen unter den zweyten Finger gesetzt worden.

21) Es giebt hier im Basse verschiedene Sprünge, da man denn zusehen muß, daß man den rechten Ton ergreifet, die Fingersetzung ohne Spannung erleichtert das Treffen derselben. Wir haben im Baß dieses Liedes allerley Art Sprünge, nämlich kleine und große. Hiervon lese man vorher wieder die fünfte Anmerkung über das Lied: Herzlich thut mich verlangen 2c. welches im II ten Abschnitte Cap. 17. stehet, wie auch die vierte Anmerkung über: Ach Gott vom Himmel sieh darein 2c. so in eben dem 17ten Capitel zu finden. Wenn du das 17te Capitel des II ten Abschnitts wohl durchstudieret, so wirst du das folgende leicht verstehen.

Wir wollen sehen, was wir vor Sprünge haben; man nennet auch diese Sprünge, oder wenn die Töne nicht nach einander gradatim gehen, ein Intervallum oder Zwischenraum; da man denn sein Auge richtet auf die Töne die zwischen der ersten und letzten Note eines Sprunges sich befinden, also was wir vorhero im 17ten Capitel eine Secunda, Tertia, Quarta, Quinta, Sexta, Septima, Octava und Nona genennet haben, nennet man auch mit einem Wort ein Intervallum. Das 17te Capitel hat auch schon gelehret, wie die Grade eines Sprungs

oder

oder Intervalli abzuzehlen ſind. Unter allen dieſen Intervallen merke
man ſich vornehmlich die Tertie , Quinte und Octave. Wir werden
hernach ihren Gebrauch bey einem Accorde ſehen, als wozu das 17te Capitel und auch dieſe Anmerkung einen Anfänger nach und nach bereiten
will. Nun wollen wir die Sprünge unſers Baſſes anzeigen, ein Anfänger aber muß allhier die Grade abzehlen, um zu ſehen, ob ſich alles
auch alſo befinde, als welches ihm in dem ſchon oft erwehnten 17ten Capitel iſt gelehret worden.

Wir haben hier das Intervallum einer Tertie im Baß nur Einmal, nämlich im erſten Tact bey d und f. Dieß iſt eine Tertie (weil
dis als die Secunde von d fehlet). Die Quarte kömmt hier öfterer vor,
als 1) im dritten Tacte B und dis, welches eine Quarte iſt, ſo wie du
ſolches leicht auf deinen Linien ausrechnen kannſt, wenn du ſprichſt, die
zweyte Linie B iſt ein Grad. Das andere Spatium c iſt zwey Grad,
die dritte Linie iſt drey Grad, und das dritte Spatium iſt vier Grad,
darauf denn unſer dis als eine Quarte zu B ſtehet. 2) Im fünften Tact
f und b, da iſt b wieder eine Quarte zu f, wie du ſehen wirſt, wenn
du die Grade abzehleſt, als die vierte Linie iſt ein, das vierte Spatium
zwey, die oberſte Linie drey, die Note über der oberſten Linie (welches
unſer b iſt) iſt viere. 3) Im neunten Tacte c und f iſt auch eine Quarte,
denn die Quarte zu c iſt f, wie du ſolches nach vorgeſchriebener Art abzehlen kannſt. Nun wollen wir auch ſehen, wie oft die Quinte in dieſen unſerm Baßſprüngen vorkömmt, ſie iſt 1) am Ende des erſten und im
Anfange des zweyten Tactes bey B und f, denn von B fünf Töne in
die Höhe gerechnet kömmt f. 2) Am Ende des neunten und im Anfange
des zehnten Tactes kömmt eben dieſe Quinte B und f wieder vor. Die
Quinte zu B iſt alſo f, man muß aber nicht meynen, daß die Quinte
zu groß B allein ungeſtrichen f iſt, nein ein- und zweygeſtrichen f (ob es
gleich ſo weit von groß B entfernet iſt) iſt auch eine Quinte zu B. Sexten
und Septimenſprünge ſind in unſerm Baſſe nicht; kann ich aber eine
Quarte oder Quinte zu einer Baßnote abzehlen, ſo kann ich auch leichte
eine Sexta und Septima abzehlen, und zehle ich bey einer Sexta ſechs
Grad und bey einer Septima ſieben Grad.

22) Die erſte Note des achten Tactes hat im Diſcant einen halben Tact und im Baſſe ſtehen Achtel, weil nun, wie ſchon bekannt,
vier Achtel zu einem halben Tacte gehen, ſo muß ich im Baß A B c
alleine gehen laſſen.

N. 6.

N. 6. Es kostet viel ein Christ zu seyn rc.

NB. Vom ♯ über e im Baß siehe II. Abschn. Cap. 17. §. 1.

23) Hier

23) Hier haben wir nun in der Vorzeichnung weder ✕ noch b, und beſtehet der Ambitus oder der Sprengel dieſes Liedes in einer Octave, da nämlich der tiefſte Ton eingeſtrichen – und der höchſte Ton zweygeſtrichen – iſt. Im Liede ſelbſt kömmt oft, ja im Discant allezeit, vor g ein ✕ vor, ſo wie im Discant im dritten Tacte vor f ein ✕ ſtehet; denn mehrmal kömmt es im Discante nicht vor, im Baſſe kömmt f nur einmal, nämlich im neunten Tacte vor.

24) Ein Nachdenkender möchte bey dieſem Liede ſagen, wie kömmt es doch, daß allhier in der Vorzeichnung vor g nicht lieber ein ✕ geſetzet worden, weil doch in dieſem ganzen Liede ſtatt g immer gis muß geſpielet werden, nur allein das vierte Viertel des vierten Tactes im Baß ausgenommen, da das g ohne ✕ ſtehet, es iſt wahr, im II ten Abſchn. Cap. 13. §. 1. 2. ſtehet, daß wenn halbe Töne beſtändig durchs ganze Lied ſtatt ihrer ganzen Töne ſollen geſpielet werden, daß alsdenn ſolche Semitonia durch Vorzeichnung eines ✕ oder b gleich im Anfange des Stückes bemerket werden, damit man nicht in der Melodie ſelber nöthig habe, das ✕ vor der Note immer wieder hinzuſetzen. Es würde zu weitläuftig ſeyn, einem Leſer die rechte Urſache zu zeigen, warum man in dieſem Liede das ✕ vor g nicht zu Anfangs vorgezeichnet, ſondern es im Liede ſelbſt immer vor g geſetzet hat, denn dieſes hat was zum Grunde, was ich in meinem Unterrichte noch nicht gelehret und auch, weil es meinem Zwecke zuwider iſt, vorietzo nicht zeigen werde: Sollte aber dieſer Unterricht den gewünſchten Nutzen haben, ſo würde ich wohl den zweyten Theil dazu verfertigen, als worinnen denn dieſes würde erörtert werden. Indeſſen merke ſich ein Anfänger bey dieſer Gelegenheit folgendes: Wenn Ein ✕ vorgezeichnet ſtehet, ſo muß es immer vor f (und alſo nicht vor g) ſtehen, ſo wie Ein b immer vor h ſtehen muß. Wenn zwey Creutze vorgezeichnet ſtehen, ſo kömmt zu dem erſten ✕ vor f noch ein ✕ vor c, und wenn zwey Been vorgezeichnet ſtehen, ſo muß zu dem erſten b vor h noch ein b vor e kommen. Wenn drey Creutze vorgezeichnet ſtehen, ſo muß nebſt fis und cis das dritte ✕ vor g ſtehen (man findet alſo kein muſicaliſches Stück, da allein vor g ein ✕ vorgezeichnet ſtehet, ſondern wenn vor g ein Creutz vorgezeichnet ſtehen ſoll, ſo muß f und c auch ein Creutz haben, wie bey der Mel. O wie ſelig ſind die Seelen, ſolches zu erſehen, weil nun in unſerm Liede immer c und nicht cis muß geſpielet werden, ſo hat im Anfange des Schlüſſels auch vor c kein ✕ ſtehen dürfen, und auch nicht vor g, denn wenn vor g ein ✕ vorgezeichnet

Wiedeb. Clav. Spiel.   P   zeichnet

zeichnet stehen soll, so ist solches erstlich vor *f* und vor *c* nöthig. Es ist also zu merken, daß die x x wachsen wie auch die b b in der Ordnung wie ich solche im dreyzehnten Capitel angezeiget) und wenn drey Been vorgezeichnet stehen sollen, so muß das dritte b vor *a* stehen. Genung hiervon.

25) Was im Discant die Fingersetzung betrifft, so ist sie ganz natürlich und leichte. Im zweyten Satze gehen acht Noten nach der Reihe in die Höhe, nämlich von, bis ⸗. Weil ich nun zu diesen acht Tönen nicht so viel Finger habe, um einem jeden seinen Finger zu geben, so muß man sich des Ueberschlagens oder des Untersetzens bedienen, weil nun in diesem Satze zwey halbe Töne, nämlich *fis* und *gis* sich befinden, so hat, nach der Hauptregel für den Daumen, der Daumen nach diesen beyden halben Tönen untergesetzet werden müssen. Eben wie auch im neunten Tacte nach *gis* mit dem zweyten Finger der Daumen wieder hat untergesetzet werden müssen; dieß hat die Folge der Noten erfodert, so wie es im achten Tacte die Folge der Noten nicht erfoderte.

26) Die letzte Note des zwölften Tactes im Basse, nämlich *A* hat den fünften Finger, und die erste gleich drauf folgende Note des dreyzehnten Tactes hat wiederum den kleinen oder fünften Finger, ist dieses nicht wider die Regel, welche mir schon im I ten Abschnitt Cap 16. am Ende des 15 ten paragraphi ist gegeben worden, allwo es ja heisset: Es ist nicht erlaubt, einen oder eben denselben Finger oft oder auch nur zwey mal nach einander zu gebrauchen oder fortzusetzen. Ja es wäre freylich nicht erlaubt, wenn der große Sprung in die Sexte und die folgende Note *a* hier nicht eine Ausnahme machte. Dieser Satz läßt sich hier durch die Fortsetzung des kleinen Fingers am commodesten spielen, wir wollen dieses näher untersuchen. Die letzte Note *A* mußte nothwendig den fünften Finger haben, hätten wir nun den folgenden Ton *H* mit dem vierten Finger, der natürlich folgte, gemacht, mit welchem Finger hätten wir denn das folgende *gis* machen wollen? es hätte entweder mit dem zweyten Finger oder mit dem Daumen gemacht werden müssen, wollte man es mit dem zweyten Finger machen, so müßte man die Finger sehr ausgespannet haben, wenn man auf *H* den vierten und auf *gis* den zweyten Finger setzte: wollte ich aber das *gis* mit dem Daumen nehmen, womit wollte ich dann das gleich nach *gis* folgende *a* nehmen, dieß muß auch den Daumen wegen der Octave haben, alsdenn hätte ich ja auch wider eben diese Regel gefehlet; ja ich hätte auch wider die Regel
für

für den Daumen gefehlet, nach welcher nicht erlaubt iſt den Daumen
auf einen halben Ton zu ſetzen (es müßte denn die Folge der Noten ſonderlich bey Bindungen ſolches erfodern) deswegen iſt hier die Fortſetzung
des kleinen Fingers am geſchickteſten und beſten.

27. Im zehnten Tacte haben wir im Baſſe den dritten Finger über
den vierten geſchlagen und hernach bey *c* den dritten Finger über den Daumen, welches die bequemſte Fingerſetzung war.   Ich hätte allhier auch
zur Noth nach dem vierten Finger den fünften auf *gis* ſetzen können und
hernach dieſen fünften Finger herunter auf *A* glitſchen laſſen können, als
welches die Folge der Noten auch zuweilen wohl erfodert, allein allhier
wurde dieſe außerordentliche Fingerſetzung durch die Folge noch nicht nöthig gemacht; denn dergleichen Freyheit, einen Finger zweymal nach einander fortzuſetzen, iſt erſt erlaubt im Nothfalle, das iſt, wenn die Folge der Noten es nicht anders erlaubt.

28) Wenn ein Anfänger dieſe 6 Lieder wohl ſpielen kann, ſo wird
es ihm nicht ſchwer werden, die meiſten Lieder ſpielen zu können, denn
dergleichen Art Bäſſe, wie die 6 Lieder dieſes Capitels haben, kommen
am meiſten vor.   Man kann auch die Anmerkungen über jedes Lied, ſo
wohl dieſes 8ten als auch des 17ten Capitels des IIten Abſchnitts vorhero
leſen, ehe man anfänget das Lied ſelbſt zu ſpielen; es ſind dieſe Anmerkungen einem Anfänger ſehr nöthig und nützlich, ſonderlich kann einer die
rechte Fingerſetzung daraus lernen.   Im IVten Abſchnitte wollen wir bey
den vorkommenden Choralen die Finger nicht mehr darüber ſchreiben und
einem Liebhaber dadurch Gelegenheit geben, zu probieren, wie weit er
in der Erkänntniß der Fingerſetzung gekommen.   Wir müſſen aber noch
etwas weniges von der Menſur der Noten ſagen.

C A P V T   IX.
Was der Punct hinter einer Note anzeige.

§. 1. Im dritten und ſechſten Capitel dieſes Abſchnitts habe ich die
unterſchiedene Geltung der Noten, und wie ſolche in Noten vorgeſtellet
wird, angezeiget, da man denn geſehen, daß immer eine Art Noten um
die Hälfte kürzer geweſen als die vorhergegangene: nämlich ein halber
Tact iſt halb ſo lang als ein ganzer Tact, oder zwey halbe gehören zu
einem ganzen, item Ein Viertel iſt halb ſo lang als ein halber Tact oder

zwey

zwey Viertel machen einen halben Tact. Ein Achtel ist halb so lang als ein Viertel, oder zwey Achtel gehen auf ein Viertel. Ferner Ein Sechzehntheil ist halb so lang als ein Achtel, oder zwey Sechzehntheile machen Ein Achtel. Wir haben die Länge der Zeitmaaße einer jeden Art Noten auch an den Schlägen der Uhr angezeiget, aus welchem allen ein Liebhaber die unterschiedene Zeitmaaße der Noten schon wird gefasset haben.

§. 2. Nun wollen wir noch bemerken, wie diese Noten aussehen müssen, wenn sie noch um die Hälfte länger sollen gemacht werden. Zum Exempel. Wenn ein ganzer Tact 3 halbe, Ein halber 3 Viertel, Ein Viertel 3 Achtel und ein Achtel 3 Sechzehntheile gelten soll. Dieß geschiehet nun, wenn ein Punct hinter der Note stehet, als: Ein Punct hinter einem ganzen Tact macht, daß der ganze Tact mit seinem Puncte 3 halbe Tacte gilt; item wenn ein halber Tact 3 Viertel gelten soll, so stehet ein Punct hinter den halben Tact; weiter; soll ein Viertel 3 Achtel gelten, so muß ein Punct hinter dem Viertel stehen, und endlich, soll ein Achtel 3 Sechzehntheile gelten, so stehet ein Punct hinter dem Achtel.

§. 3. Man giebt also diese Regel: Ein Punct hinter einer Note gilt halb so viel als die vorhergehende Note gegolten hat, und macht, daß die Note, hinter welcher der Punct stehet, sich noch um die Hälfte länger (als ohne Punct) muß hören lassen, oder, daß das Clavier um die Hälfte länger mit dem Finger liegend gehalten wird. Z E. Ein halber Tact mit einem Punct dauert 6 Schläge an der Uhr (siehe Cap. 4.) da er sonst nur 4 Schläge währete; Ein Viertel mit einem Puncte dauert 3 Schläge an der Uhr, da es sonst nur 2 währete; Ein Achtel mit einem Puncte dauert 1 ½ Schlag, oder es gehören drey Sylben von den Zahlen deiner Uhr dazu, da sonst ohne Punct nur zwey Sylben dazu gehören, schlage hierbey nach das dritte Cap. §. 6.

§. 4. Ob nun zwar, wie schon erwehnet worden, der Tact bey Liedern nicht sonderlich observiret werden darf; so hat man doch auch auf diesen Punct oder Tüttel bey Spielung eines Liedes mit dem Baß und Discant acht zu geben; Man findet ihn mehr im Discant als Baß und gemeiniglich hinter einem Viertel, da denn nach dem Viertel mit dem Puncte gemeiniglich ein Achtel folget. Im Baß stehen hierzu gemeiniglich zwey Viertel, daher denn zu dem Viertel mit dem Puncte das Baßviertel

zwar

zwar zugleich angeſchlagen wird, weil aber das Viertel im Discant einen
Punct hinter ſich hat, ſo gehet das zweyte Baßviertel, welches unter
dem Punct geſchrieben ſtehet allein, und das nach dem Puncte folgende
Achtel im Discante ſchläget nach.

§. 5. Dieſes durch den Punct um ein Achtel länger gewordene Viertel findet ſich gemeiniglich, wenn der Satz eines Liedes zu Ende gehet
und die Sylbe, die vor der letzten Sylbe eines Satzes hergehet, geſungen wird; da man denn dieſe vorletzte Note eines Satzes langſamer ſpielet, wie mitten in jedem Satze geſchehen: Man hat desweegen Zeit bey
der Note da der Punct im Discant darhinter ſtehet, einen Triller (wovon hernach noch etwas weniges vorkommen wird) zu machen, den man
allda ziemlich lang machen kann.

§. 6. Dieſe beyden letzten Noten machen die Cadenz aus, wie man
denn den Schluß eines Satzes, oder vielmehr wenn der Satz nun zu Ende gehen will, eine Cadenz nennet, da denn die vorletzte Note eines
Satzes die einen Triller hat, langſam gehet, als wornach ſich der Baß
denn auch richten muß. Die Cadenz iſt gleichſam das Punctum in der
Muſic, womit ſich die muſicaliſche Rede oder ein Satz endiget.

CAPVT X.
Vom Tripeltacte.

§. 1. In den vorhergehenden Capiteln, worinnen vom Tacte gehandelt worden, haben wir immer 4 Viertel oder 8 Achtel auf einen Tact
gerechnet, und den Tactſtrich erſt nach den vier Vierteln geſetzet, dieſe
Tactart nennet man den gleichen Tact; weil man nun auch Lieder hat,
in welchen allezeit nach 3 Viertel der Tactſtrich folget, ſo wollen wir auch
etwas davon erwehnen.

§. 2. Stehet im Anfange des Liedes $\frac{3}{4}$ oder $\frac{3}{2}$ ſo zeiget es an, daß es
im ungleichen oder ſo genannten Tripeltacte ſtehet, das iſt, der Tactſtrich muß gemacht werden wenn 3 Viertel oder 3 halbe Tacte geſchrieben
worden. $\frac{3}{4}$ heißt Dreyvierteltact. $\frac{3}{2}$ heißt Dreyzweiteltact:

§. 3. Hier merke: ist dein Lied dactilisch oder vielmehr ist die Poesie deines Liedes, oder die Versart, dactilischer Art, so findest du die Melodie auch im Tripeltact gesetzet, nämlich in $\frac{3}{4}$ oder $\frac{3}{2}$. Dieser Tripeltact muß alsdenn etwas nach dem Tacte gespielet werden; dergleichen Art sind nun unter mehrern folgende Lieder, nämlich: Lobe den Herren, den mächtigen König der Ehren ꝛc. Höchster Prophete mein Herze begehret ꝛc. Es glänzet der Christen inwendiges Leben ꝛc. O Ursprung des Lebens, o ewiges Licht ꝛc. Diese vier Lieder müssen ein wenig lebhaft und nach dem Tacte gespielet werden.

§. 4. Man hat auch einige Lieder (sonderlich im Hallischen Gesangbuche) die im Anfange im 4 Vierteltacte stehen, in der Mitte oder am Ende $\frac{3}{4}$ oder $\frac{3}{2}$ werden, als da ist das Lied: Eins ist noth, ach Herr dieß Eine ꝛc. Da denn der Anfang, oder so lange es in 4 Vierteltacte stehet, langsam gespielet wird, fängt aber $\frac{3}{4}$ Tact an, so wird es nach dem Tacte und zwar etwas geschwinder gespielet, so wie sich in solchen Liedern denn auch die Art der Poesie ändert.

§. 5. Stehen Lieder in $\frac{3}{4}$ oder $\frac{3}{2}$ Tacte, und die Poesie oder die Verse sind nicht dactilischer Art, so wird abermal auch bey diesem Tripeltacte nicht viel auf den Tact geachtet, es gehen alsdenn nur zwey Sylben des Liedes auf Einen Tact, da sonst wenn die Verse dactilisch sind, drey Sylben auf einen Tact gehen, wie in den vier oben bemeldeten Liedern §. 3. geschiehet. Wenn der Tripeltact bey Liedern eben nicht tactmäßig darf gespielet werden, so findet man gemeiniglich einen halben Tact und ein Viertel, ehe der Tactstrich kömmt, und das in allen Tacten des Liedes; sind aber doch 3 Viertel im Tacte, so sind doch die beyden ersten Viertel durch einen Bogen zusammen geschleifet und gehören zu einer Sylbe des Liedes. Als so findet man oft folgende Lieder im Tripeltacte, deren Poesie doch nicht dactilisch ist, und die auch deswegen nicht nach dem Tacte dürfen gespielet werden, nämlich unter andern: Allein Gott in der Höh sey Ehr ꝛc. Aus meines Herzens Grunde ꝛc. Christ unser Herr zum Jordan kam ꝛc. Erschienen ist der herrliche Tag ꝛc. Herr Jesu Christ dich zu uns wend ꝛc. Jehova ist mein Licht und Gnaden Sonne ꝛc. In dich hab ich gehoffet Herr ꝛc. Nun laßt uns Gott den Herren ꝛc. Alle diese Lieder dürfen nicht nothwendiger Weise im Tripeltacte stehen, sondern können auch bey einer kleinen Veränderung der

Mensur

Menſur der Noten in 4 Vierteltact geſetzet werden, deswegen iſt auch nicht nöthig, daß ſie tactmäßig geſpielet werden.

§. 6. Es ſind die Melodien, die nothwendig im Tripeltacte wegen ihrer muntern dactiliſchen Versart ſtehen müſſen, ſo wie die §. 3. erwehnten vier Lieder, einem Anfänger am ſchwereſten, und muß er ſchon einige Fertigkeit erlanget haben, ehe er ſolche Melodien ein wenig tactmäßig ſpielen lernet.

§. 7. Um dieſen Tripeltact nun auch aus den Schlägen der Uhr zu lernen, wie wir ſolches vorhero beym ganzen Tacte gezeiget haben, und acht Schläge der Uhr auf einen ganzen oder Viervierteltact rechneten; ſo nimmt man beym Tripeltacte nur ſechs Schläge der Uhr auf einen Tact, und ſtellet ein jeder Schlag ein Achtel in ziemlich langſamer Zeitmaaße vor; Es iſt dieſe Tactart an ſich etwas munter und will einem, der nicht unmuſicaliſch, daß ich ſo rede, gebohren, gar leicht ein, wie wir Cap. 4. §. 2. davon ſchon geredet haben; es wird dieſe Tactart auch bey Menuetten gebraucht, da dann aber wäre die Zeitmaaße von ſechs Schlägen etwas zu langſam. Man kann um das Tempo einer Menuet nach der Uhr zu treffen, 3 Schläge auf jeden Tact, alſo zu jedem Viertel einen Schlag rechnen, kommen Achtel vor, ſo müſſen zwey derſelben auf einen Schlag gehen.

§. 8. Der Unterſchied von ¾ und von ⅜ iſt in Anſehung der Zeitmaaße bey Liedern ſehr geringe. ⅜ Tact kann etwa ein wenig langſamer als ¾ geſpielet werden; wer ſich aber nach der Uhr richtet, der macht unter ¾ und ⅜ keinen Unterſchied.

C A P V T XI.

6. Chorale mit Anmerkungen.

§ 1. Wir wollen wieder einige Lieder herſetzen, und dasjenige, was im neunten und zehnten Capitel iſt gemeldet worden, alſo durch Exempel erläutern.

N. 1.

N. 1. Allein Gott in der Höh sey Ehr ic.

§. 2. Dieß ist nun ein solcher Choral der zwar in Dreyvierteltacte stehet, aber eben nicht sehr nach dem Tacte darf gespielet werden, wie im vorigen Capitel §. 5. ist erwehnet worden. In der Vorzeichnung stehe vor h ein b, deswegen muß statt h immer b gespielet werden, wo nicht

nicht das Bequadrat ſolches b aufhebet, wie hier zweymal geſchiehet, dieß Bequadrat betrifft nur allein die Note vor der es ſtehet, um deſto gewiſſer darinnen zu ſeyn, hat man gleich vor das folgende h wieder ein b geſetzet.

§. 3. Was die Menſur der Noten betrifft, ſo finden wir hier dreyerley Arten, als halbe Tacte, Viertel und Achtel, da denn zwey Viertel zu einem halben Tacte gehören, dergleichen hier etlichemal vorkömmt, ſtatt zwey Viertel ſtehen hier im dritten und funfzehnten Tacte, ein Viertel und zwey Achtel, da denn die beyden Achtel müſſen alleine gehen. Im eilften Tacte ſtehen im Baß vier Achtel zu einem halben Tacte, weil nun vier Achtel zu einem halben Tacte gehören, ſo müſſen die drey letzten Achtel von den vier Achteln alleine gehen. Daß zwey Achtel zu einem Viertel gehen, wird einem nun ſchon bekannt ſeyn, und kömmt ſolches hier auch vor.

§. 4. Was die Fingerſetzung betrifft, ſo habe anjetzo nicht mehr nöthig zu ſeyn erachtet, einer jeden Note ihren Finger überzuſchreiben, ſondern ich habe hier nur diejenigen geſetzt, die man zum Anfange und am Ende des Satzes nehmen muß. Als im erſten Satze habe ich gleich Anfangs den Daumen unter den zweyten Finger geſetzt, wer dieſen Satz mit dem Daumen anfienge und die Finger in der Ordnung fort gebrauchte, der würde bey h ſchon den kleinen Finger haben und alſo keinen Finger mehr zu = übrig haben, deswegen nun war der Daumen auf g nöthig, ich habe die folgenden Noten dieſes Satzes nicht bezeichnet, weil man die Finger nur nach der Reihe weg gebrauchen kann, nämlich den zweyten Finger auf a, den dritten auf b, den vierten auf h, den fünften auf c, dieß war der höchſte Ton unſers Satzes, nun gehets nach der Ordnung der Finger auch wieder herunter, als den vierten Finger auf b, den dritten auf a, den zweyten auf g (darüber der Triller ſtehet) und endlich den dritten (wie ich ſolchen auch drüber geſchrieben) wieder auf a. Dieſes habe bey dem erſten Satze ſagen wollen, als welches bey den andern Sätzen auch gilt; du mußt nämlich einen jeden Satz mit dem Finger anfangen, den ich drüber geſchrieben, und dann läßt du die Finger nach Beſchaffenheit der Noten und ihrer Folge nach einander gehen. Im zweyten Satze, ſo wie auch im dritten und fünften oder letzten Satze habe ich, um bequeme Finger zum Triller zu haben, den zweyten Finger über den Daumen geſchlagen. Dieß wäre die Fingerſetzung des Diſcants, darinnen alles gradatim oder Stuffenweiſe gegangen.

Wiedeb. Clav. Spiel. Q §. 5.

§. 5. Was die Fingerſetzung im Baß betrifft, ſo merke, daß die Octaven mit dem fünften Finger und dem Daumen gemacht werden, dahero ich die Finger einer Octave nicht mehr drüber ſchreiben will. Es gehet dieſer Baß auch ziemlich Stuffenweiſe, alſo daß eben nicht viele Sprünge darinnen vorfallen, die drüber geſchriebenen Finger werden dir ſchon zeigen, welche Finger über die unbezifferten Noten zu nehmen, dann brauche nur deine Finger ſo wie ſie folgen; genung von der Fingerſetzung vor dießmal.

§. 6. Wir haben in dieſem Liede den Triller immer über die Diſcantnote, die vor der letzten eines Satzes hergehet, geſetzet, weil hier die Cadenz einfällt und dieſe Note gerne einen Triller hat, wie Cap. 9. §. 5. und 6. nachzuſehen. Indeſſen iſt es nöthig, ein und anders vom Triller und wie er muß gemacht werden, anzuzeigen. Merke alſo folgendes hierbey.

1) Wer ein Lied ſpielet, und machet vor der letzten Note nicht einen Triller bey der Cadenz (wie wir bishero ſolches in den vorhergegangenen zweymal ſechs Liedern auch nicht gethan, weil es noch nicht Zeit war) der kann wohl ſelber hören, daß ſeinem Spielen noch etwas fehlet. Iſt alſo der Triller eine nöthige und ganz unentbehrliche Manier; wer auch bis hieher gekommen und die vorigen Lieder hernach repetiret, der muß alsdenn jedermal auf der Note, die vor der letzten Note eines Satzes hergehet, einen Triller machen, ob gleich das Zeichen des Trillers, nämlich ＋ nicht drüber ſtehet.

2) Der Triller nimmt ſeinen Anfang und wird gemacht mit der Note, die einen Grad höher iſt als die ausgeſchriebene Note darüber der Triller geſchrieben iſt. Es gehören alſo zum Triller zwey Töne oder Claviere, die ich ſehr geſchwinde und etliche mal nach einander hören laſſen muß, als zum Exempel im erſten Satze ſtehet über f ein Triller, desivegen muß ich a und f etliche mal geſchwinde nach einander hören laſſen, und endlich den Finger auf g liegen laſſen, wenn man ihn ausſchreiben wollte ſo würde er ſo ausſehen:

Dieſe

Dieſe dreymal geſchwänzten Noten heißen 32 Theile, weil 32 derſelben erſt einen ganzen Tact machen.   Manchem wird es ſchwer einen
Triller machen zu lernen, manchem aber iſt es leicht.   Bey der Uebung
eines Trillers muß man die Finger nicht zu hoch aufheben von den Clavieren, man kann im Anfange ihn langſam, hernach aber immer geſchwinder machen, man muß aber dahin ſehen, daß der Triller bey Liedern etwas lang (obgleich nicht langſam) gemacht werden muß, und
daß der Schlag gleich ſey.   Wer Gelegenheit hat, wie denn wohl keiner iſt, der ſolche nicht haben ſollte, einen ſpielen zu hören, der kann gar
bald hören und ſehen, wie ein Triller gemacht werden muß.

3) Man brauchet gemeiniglich nur den Triller in der rechten Hand,
und wann einer mit dem zweyten und dritten Finger, wie auch mit dem
dritten und vierten Finger der rechten Hand einen ordentlichen, egaalen,
geſchwinden und etwas anhaltenden Triller ſchlagen oder machen kann,
der hat eben nicht nöthig ſolchen in der linken Hand auch machen zu lernen, denn das wird eben beym Choralſpielen nicht viel erfodert, und
fällt es einem Anfänger auch ſchwer, ihn geſchickt zu machen und anzubringen.   Mache alſo den Triller mit dem zweyten und dritten Finger,
wenn die Note ſo nach dem Triller folget, nur einen Grad höher oder tiefer gehet, mit dem dritten und vierten Finger wird er gemacht wenn die
Noten die darauf folgen herunter gehen.   Weil nun hier in unſern Liedern immer der erſte Fall ſtatt hat, ſo wird hier der Triller immer mit
dem zweyten und dritten Finger gemacht.

4) Wer eine Gabe hat einen guten Triller zu ſchlagen, der kann
ſolchen auch wohl zuweilen mitten im Satze machen, allein er laſſe
ſich lieber alsdenn von einem Verſtändigen die Noten mit einem Tril-
lerzeichen bemerken, als daß er nach ſeinem Gefallen trillert, wo es ihm
beliebet; denn wenn die Triller zur unrechten Zeit angebracht werden,
ſo machen ſie die Melodie dunkel und unangenehm.   So viel mag einem
Anfänger genung ſeyn vom Triller zu wiſſen.

§. 7. Nun wollen wir auch ein Lied ſetzen, daß im Tripeltact ſtehet
und ein wenig tactmäßig muß geſpielet werden.

N. 2. Lobe den Herren, den mächtigen König der Ehren ꝛc.

§. 8. Was wir §. 6. in der dritten Anmerkung vom Triller mit dem
dritten und vierten Finger geſagt haben, das kann im zweyten und dritten Tacte dieſes Liedes gelten, da die erſte Note des zweyten und dritten Tactes einen Triller über ſich hat, welcher mit dem dritten und vierten Finger muß gemacht werden.

§. 9. Wenn mitten im Satze Viertel mit einem Puncte vorkommen,
ſo hat ein ſolches Viertel oft gerne einen Triller.

§. 10. Sonſten muß hier im zweyten, fünften, achten und letzten
Tacte in acht genommen werden, was Cap. 9. ſonderlich §. 4. vom
Puncte hinter einer Note iſt gelehret worden. Im zweyten Tacte wird
ē und g zuſammen angeſchlagen, weil aber im Discant hinter h ein
Punct

Punct ſtehet, welches hinter g im Baß nicht ſtehet, ſo muß das d im
Baß zum Punct alleine gehen, und das Achtel = geht hinten nach. Und
ſo mache es auch im fünften, achten und leßten Tacte. Denn weil dieß
Viertel mit einem Puncte drey Achtel gilt, das Baßviertel aber, welches keinen Punct hat, nur zwey Achtel gilt, ſo folget daß das d im
Baß eher klingen muß, als das Achtel = im Discant und daß = im
Discant nachhero allein gehen muß. Man könnte auch ſtatt des Punctes,
die Noten binden, welches eben ſo würde geſpielet werden müſſen; weil
man hieraus nun ſehen kann, wie gebundene Noten müſſen tractiret werden, ſo will zu dem, was ich im achten Capitel dieſes Abſchnitts in der
neunten Anmerkung von dem Bogen, dadurch die Noten zuſammen gebunden werden, geſaget, die Tacte unſers Liedes, welche einen Punct
hinter der Note haben, hieher ſetzen, und zwar erſtlich mit dem Punct
hernach mit der Bindung, da man denn ſehen kann, wie die gebundene Note ſo wenig als der Punct angeſchlagen wird, und wie der Baß
wenn er Viertel ohne Puncte hat, eben ſo als bey der Bindung der Noten alleine gehen muß.

Tact 2.   oder   Tact 5.   oder

Tact 8.   oder   leßte Tact.   oder

Hieraus iſt zu ſehen, ſowohl wie die Noten mit Puncten als die gebundenen Noten müſſen behandelt werden, oder wie ſich der Baß wenn
er in Viertel ohne Puncte gehet, zu verhalten. Man könnte alſo ſtatt des
Punctes hinter einer Note, ſich der Bindung bedienen, weil aber ein

Q 3   Punct

Punct geschwinder als eine Note zu schreiben ist, so hat man den Punct behalten. Man kann aber statt der Bindung sich des Punctes nicht allezeit bedienen, denn oft wird nur ein Sechzehntheil an ein Viertel gebunden, welches durch den Punct nicht angezeiget werden kann, weil ein Sechzehntheil nur der vierte Theil eines Viertels ist, und das Punct verlängert die Note nicht um ein Viertel, sondern um die Hälfte.

§. 11. Bey der Fingersetzung im Discant merke an, daß ich wegen der Folge im dritten Tacte den dritten Finger über den Daumen, der auf der letzten Note des zweyten Tactes auf f̄, der Ordnung nach, gekommen, habe schlagen müssen; im vierten Tacte wird der dritte Finger bey ḡ über den vierten Finger geschlagen; ich hätte auch auf f̄ den zweyten Finger setzen können, dieß wäre eben so gut gewesen, und dann hätte ich nicht nöthig gehabt, den dritten über den vierten Finger zu schlagen, allein weil das Ueberschlagen des dritten über den vierten Finger erlaubt ist, so habe diese Fingersetzung erwehlet, weil das Ueberschlagen des dritten Fingers noch nicht vorgekommen ist, und doch auch muß geübet werden, um es auf eine geschickte Weise ohne Verdrehung der Hand zu lernen. Im fünften Tacte ist der dritte Finger ausgelassen, und um des Trillers willen der zweyte Finger genommen, wer nun mit dem dritten und vierten Finger einen guten Triller machen kann, der hat dieß Auslassen des dritten Fingers nicht nöthig, sondern kann die Finger nach der Ordnung gebrauchen.

§. 12. Bey der Fingersetzung des Basses kömmt es nur an, auf die Folge oder Beschaffenheit der Noten eines Satzes zu sehen, so geben sich die Finger gleichsam von selbsten an. Eine Tertie als hier im neunten und zwölften Tacte fis und d, wird gemeiniglich mit dem zweyten und vierten Finger gemacht, im zwölften Tacte habe die Tertie fis, d nicht bezeichnet, weil es im neunten Tacte geschehen.

§. 13. Was eine Tertie sey, wird einer aus dem vorhergehenden sonderlich aus der 21ten Anmerkung des achten Capitels schon gelernet haben, allwo davon gehandelt worden. Eine Tertie bestehet aus drey Graden, als die Tertie zu c ist e, denn e ist der dritte Grad zu c, nämlich 1) c. 2) d. 3) e. Die Tertie zu d ist f, die Tertie zu e ist g, zu f ist a, zu g ist h und die Tertie zu a ist c, endlich zu h ist d. Welches du beym Abzehlen befindest.

§. 14. Nun wollen wir das im vorhergehenden zehnten Capitel §. 4. angeführte Lied: Eins ist noth re. hersetzen, dieses fängt mit vollem oder ganzen Tacte zwar an, wird aber hernach ¾ oder Tripeltact, da es denn
etwas

etwas munterer muß gespielet werden; es ist diese Abwechselung des Tactes was Angenehmes, und man muß sehen, dieselbe im Spielen und Singen auch auszudrücken.

NB. Vom x über *a* und *d* im Baß, siehe II. Abschn. Cap. 17. §. 1.

N. 3. Eins ist Noth! Ach Herr dieß Eine ꝛc.

§. 15. In diesem Liede haben wir Noten im Baß und Discant, welche bishero noch nicht sind vorgekommen, nämlich da über der fünften Linie eine kleine Linie gemacht worden, darauf im zweyten Tacte des Discants eine Note stehet, diese Note heißt zweygestrichen ⸗, und im siebenten und sechzehnten Tacte des Basses haben wir auch eine kleine Linie, darauf eine Note stehet, welche eingestrichen ⸗ ist. Weil solche hohe Noten im Discant und Baß nicht oft, doch wohl zuweilen vorkommen, so wollen solche Noten wohl unbekannter bleiben, um so viel mehr aber hat man sich das achte Capitel des IIten Abschnitts bekannt zu machen.

§. 16. Der Ambitus des ganzen Liedes ist eine Octave, nämlich von ⸗ bis ⸗. Die Noten gehen im Discant alle gradatim, nur daß der Anfang des vierten und sechsten Satzes einen Sprung in die Quarte ⸗, ⸗ thut. Denn die Quarte zu ⸗ ist ⸗, wie nachzuzehlen.

§. 17. Es ist vor h ein b gezeichnet, deswegen muß man statt h immer b spielen im Discant und Baß.

§. 18. Die Fingersetzung ist leicht, wenn man beym Spielen die darüber geschriebenen Finger nimmt, so gehen die andern nach der Reihe. Man merke, daß im dritten Tacte der vierte Finger bey ⸗ über den Daumen geschlagen worden, dieß erfoderte die Folge der Noten. Weiter ist im dritten Tacte des letzten Satzes nach dem Daumen auf ⸗ gleich der vierte Finger auf ⸗ genommen, und sind also zwey Finger ausgelassen worden. Im Basse findet man bey der vierten Note des ersten Tactes den vierten Finger, und bey der ersten Note des zweyten Tactes ist dieser vierte Finger wieder gesetzt, kömmt also der vierte Finger zweymal nach der Reihe vor, dieß kann wohl angehen, wenn, wie hier, der erste Ton ein Semitonium ist, denn da darf ich den Finger nur herunter glitschen lassen, sonst ist es ohne Noth nicht erlaubt; man könnte auch auf d den dritten Finger nehmen, alsdenn aber käme, weil auf f der zweyte Finger kommen muß, eine kleine Spannung. Im dritten Tacte des Basses haben wir den Daumen unter den zweyten Finger gesetzt, und hernach auf f wieder den Daumen genommen, woher denn gekommen, daß zwey Finger ausgelassen worden, weil auf e der vierte Finger folgete. Sonst ist die Fingersetzung bey Octaven, welche hier im Baß viel vorkommen, bekannt.

§. 19. Weil wir im zehnten Capitel auch den Dreyzweyteltact mit angeführet haben, so wollen wir auch ein Lied, welches ¾ Tact ist hersetzen.

N. 4.

N. 4. O Ursprung des Lebens, o ewiges Licht ꝛc.

§. 20. Man findet oft, daß es Anfängern etwas unangenehm fällt, Lieder aus ¾ Tact zu spielen, und dieß daher, weil sie mehrentheils Lieder gespielet die in Viertelnoten stehen, daher sind ihnen die halben Tacte etwas fremde, und ihnen deucht, die Noten besser zu kennen, wenn es Viertel, als wenn es halbe Tacte sind, um so viel besser wird es seyn, daß ich dießmal dieß Lied hieher gesetzt, denn die Uebung und Gewohnheit bringet in allen Dingen Leichtigkeit.

§. 21. Im Baß kömmt dreymal eine Note vor, die wir noch nicht gehabt, nämlich die Note, die über der kleinen Linie stehet, welches eingestrichen $\bar{a}$ ist, siehe den 15. §. dieses Capitels.

§. 22. Bey ¼ Tact kommen selten Achtel vor, sondern hier findet man den ganzen Tact, halben Tact und die Viertel am meisten; und hat man sich deswegen zu erinnern, wie zwey halbe Tacte zu einem ganzen und zwey Viertel zu einem halben Tacte gehören.

§. 23. In der Vorzeichnung haben wir vor f und c ein # deswegen muß man statt f und c immer fis und cis spielen.

§. 24. Dieß Lied hat einen großen Ambitum, nämlich eine Decima, das heißt zehn Grad, nämlich von $\bar{a}$ bis fis, wie solche zehn Grade oder Noten im siebenten Satze Stuffenweise herunter gehen. Da denn die Fingersetzung und die Abwechselung der Finger durch Ueberschlagen hat geschehen müssen, und zwar muß in diesem Satze einmal der dritte und einmal der vierte Finger über den Daumen geschlagen werden, dadurch denn dieser Satz sehr leicht zu spielen wird.

§. 25. Weil ausser diesem siebenten und dem folgenden letzten Satze, die Sätze nur klein sind, so ist die Fingersetzung leicht zu erkennen. Im vierten Satze hätte man auch auf $\bar{a}$ den kleinen Finger setzen können, so hätte man nicht nöthig gehabt den dritten Finger über den Daumen zu schlagen. Weil aber die letze Note des dritten Satzes nach der Ordnung den vierten Finger gehabt, so würde der Anfang des vierten Satzes etwas schwer zu treffen gewesen seyn, wenn man den kleinen Finger brauchen wollte; nun ist zwar wahr und gilt auch was im II ten Abschnitte Cap. 17. in der siebenten Anmerkung über das Lied N. 5. Freu dich sehr, o meine Seele ꝛc. gesagt worden; weil es aber leichter ist mit dem zweyten als mit dem fünften Finger die erste Note dieses Satzes zu treffen, und weil eben dadurch der Daumen auch eine bequeme Stelle vor einen halben Ton findet, und das Ueberschlagen des dritten Fingers über den Daumen nie leichter ist, als wenn ein Semitonium folget, so ist diese Fingersetzung allhier vor einen Anfänger die beste; und ist nichts nöthiger bey der Fingersetzung, als der öftere Gebrauch des Daumens, wenn es die Folge der Noten erlaubet und nicht andere Finger fodert. Im letzten Satze ist der Daumen unter den dritten Finger nach dem halben Ton $\overline{\overline{gis}}$ untergesetzet,

setzet, sonsten ist die Fingersetzung nach den darüber geschriebenen Fingern leichte zu treffen.

§. 26. Im Baß mercke man sich sonderlich die Fingersetzung des siebenten Satzes, da Sprünge oder vielmehr Fälle in die Quarte vorfallen, da man denn am bequemsten mit dem Daumen und dem zweiten Finger fertig werden kann.   Im fünften Satze ist der zweyte Finger über den Daumen geschlagen.

§. 27. Nun wollen wir ein Lied nehmen in ¾ Tacte, darinnen vor h und e ein b stehet, deswegen statt h und e, b und dis zu nehmen.

N. 5. Es glänzet der Christen inwendiges Leben ꝛc.

§. 28. Unter allen bis hieher in dieſem Unterrichte vorgekommenen Choralen, mag dieſes wohl das ſchwereſte ſeyn, ſowohl wegen der Fingerſetzung, als wegen ſeines Tripeltactes, zugeſchweigen daß vor *h* und *e* ein
b ſtehet; es muß etwas tactmäßig geſpielet werden. Im zweyten Tacte
des Discants und im vierzehnten Tacte im Baß haben wir ein Exempel
von dem, was wir im zweyten Abſchnitte Cap. 13. §. 7. geſaget haben,
welches derowegen nachzuſchlagen. Sonſten finden wir hier auch das
Bequadratum vor *e* etlichemal im Discant und Baß, dadurch denn
das b vor *e* aufgehoben wird, und dießmal nicht *dis* ſondern *e* muß geſpielet werden. Das on ebenfalls das dreyzehnte Capitel des zweyten
Abſchnitts nachzuſehen.

§. 29. Bey Abzehlung der Tacte von N. 1. 4 und 5 der Lieder dieſes
Capitels findet man, daß in erwehnten Liedern der erſte Tact nur aus dem
dritten Theil eines Tactes beſtehet, denn bey N. 1. Allein Gott in der Höh
ſey Ehr 2c. wie auch bey dieſem Liede N. 5. ſtehet der Tactſtrich, gleich
nach den zwey Achteln, welches erſtlich ein Viertel iſt, da er doch hernach jedesmal erſt nach drey Viertel ſtehet, und bey N. 4. ſtehet er gleich
nach einem halben Tacte, da doch drey halbe Tacte hier zu einem Tact
gehen ſollen, hierbey wiſſe, daß du dieſen aus einem Viertel beſtehenden
Tact, welchen man einen Auftact nennet, auslaſſen muß, wenn du die
Tacte abzehlen willſt, ſo wie ſolches unſere Anmerkungen die wir zu jedem Liede ſetzen, erfodern. Der letzte Tact des erſten Theils eines Liedes, wo nämlich das Repetitionszeichen ſtehet, hat alsdenn nur zwey
Viertel oder einer halben Tact, alſo ein Viertel zu wenig, dafür wird
nun dieſer Auftact von einem Viertel gerechnet. Wenn es ein ander muſicaliſches Stück wäre, ſo dürfte ich bey *b* als die letzte Note des erſten
Theils unſers Liedes, nicht länger warten als es die Zeitmaaße eines halben Tactes erfordert, und würde alsdenn gleich wieder von Vorne anfangen, und den Auftact mit dieſem halben Tacte verbinden, und einen
einzigen Tact daraus machen. Bey *b* würde man 1. 2. 3. 4. zehlen, und
dann bey 5 gleich die erſte Note des Auftacts nehmen.

§. 30. Zu Anfange des zweyten Tactes ſtehen zwey ſolcher Zeichen
nacheinander ~ ~ ſowohl im Baß und Discant, dieſes ſind Zeichen
die einen Stillſtand oder Pauſe anzeigen, und iſt ein jedes dieſer Zeichen
eine Viertelpauſe, wir haben bey N. 3. Eins iſt noth 2c. dieſe Zeichen
auch gehabt, aber zu erklären vergeſſen, doch findeſt du ſchon etwas davon geſaget im zweyten Abſchnitte Cap. 17. in der dritten Anmerkung über
N. 1.

N. 1. Wer nur den lieben Gott läßt walten. Wir werden bald ein ganzes Capitel von den Pauſen finden. Sonſten geſchiehet es bey Liedern
nur, um der accuraten Eintheilung oder Völligmachung eines Tactes
willen, und hat allhie weiter nichts zu bedeuten, weil man ohne dem,
wenn ein Satz des Liedes aus iſt, etwas wartet, ehe man zum folgenden
gehet, gemeiniglich länger als die Pauſen beſtimmen.

§. 31. Was die Fingerſetzung betrifft, ſo finden wir, wie im Discant im Anfange des zweyten und dritten Satzes der Daumen unter den
zweyten Finger geſetzt worden, dieß konnte nun nicht anders ſeyn, denn
hätte ich den dritten Finger auf ♯ geſetzet, ſo wäre der kleine Finger auf
das Semitonium dis gekommen, welches aber ohne Noth nicht erlaubt
iſt, und durch das Unterſetzen des Daumens verhütet wird, und zugleich
die Applicatur oder Fingerſetzung in der Folge, ſonderlich im dritten Satze,
leicht und commode macht. Im fünften Satze haben wir gleich Anfangs den dritten Finger über den Daumen, der nach der Regel ſeine
Stelle gerne bey den halben Tönen hat, geſchlagen, wer andere Finger
nehmen wollte, dem könnte es leicht betriegen, daß er mit ſeinen Fingern
nicht auskäme, er müßte denn auf ♯ den fünften Finger genommen haben, es wird aber dieſer Finger überall wenig im Discante gebrauchet,
wovon anderswo ſchon etwas geſaget habe. Das Ueberſchlagen des
zweyten Fingers über den Daumen im Heruntergehen iſt im Discant
im zweyten Tacte. Das Ueberſchlagen des dritten Fingers über den
Daumen kömmt im vierten Satze vor, wie auch im letzten Satze, als
wo auch der Daumen unter den zweyten Finger geſetzet wird, um den
kleinen Finger, als welcher wegen ſeiner Kürze oft unbequem iſt, zu
verſchonen.

§. 32. Im dritten Tacte des vierten Satzes finden wir über ♯ zwey
Finger, nämlich den fünften und dritten, allhier wird der zuerſt einge-
ſetzte Finger, welchen die erſte Ziffer, nämlich die 5. anzeiget, nicht eher
aufgehoben, als bis der dritte Finger da iſt, weil dieſes mit zwey Ziffern
bezeichnete ♯ nur einmal angeſchlagen werden darf; es muß alſo allhier
der dritte Finger den kleinen Finger ablöſen, den Ton aber nicht nochmals niederſchlagen; man könnte auch, wenn man die Spannung nicht
vermeiden wollte, den vierten Finger auf ♯ geſetzet haben, allein damit
ich die mehreſten Regeln der Fingerſetzung in den zur Uebung beygefügten
Melodien anbringen und nach und nach zeigen und lehren könne, habe
ich dieſes Ablöſen der Finger erwählet; welches man auch im Nothfall,

wenn

wenn man zu ſpät ſiehet, daß man die unrechten Finger erwehlet, gebrauchen kann.

§. 33. Wir haben endlich im vierten Satze ein Punct hinter dem
Viertel *f* im Discant, und gleich darunter im Baß *d* mit einem Punct
zu dieſem *f*. Weil nun die Puncte in beyde Hände oder vielmehr im
Baß und Discante zugleich ſtehen, ſo geht allhier Note zu Note. Sonſt
iſt die Fingerſetzung im Baße leichte, und hat man im letzten Satze nur
die Finger nach ihrer Folge zu gebrauchen.

§. 34. Nun wollen wir noch ein Lied ſetzen, das ¾ Tact iſt.

N. 6. Jehova iſt mein Licht und Gnaden-Sonne ꝛc.

§. 35. Dieß Lied ſtehet im Tripeltacte, nämlich in ¾ Tacte, und die
Verſe ſind nicht dactiliſcher Art, hier gilt was im zehnten Cap. §. 5.
geſaget worden, denn es gehen nur zwey Sylben des Liedes auf Einen
Tact, deswegen findet man hier in einem Tacte entweder einen ganzen
und einen halben Tact, oder drey halbe Tacte, von welchen aber die
beyden erſten geſchleifet ſind durch einen Bogen und zu einer Sylbe gehören, folglich gehet es langſam. Siehe hierbey auch §. 22. dieſes eilften Capitels nach.

§. 36. Bey der Fingerſetzung im Discante merken wir an, daß zweymal im Discante wegen der Folge ein Finger ausgelaſſen worden, nämlich im erſten Satze iſt nach dem dritten Finger auf ⌃ gleich der fünfte
Finger auf ⌐ geſetzet worden, und alſo der vierte Finger ausgelaſſen, eben
dieſer

dieſer Finger iſt auch im zweyten Satze im dritten Tacte bey ⹀ und ⹀ geſchehen.   Im dritten Satze iſt der dritte Finger über den vierten geſchlagen; Im vierten und fünften Satze iſt der vierte Finger vom dritten
Finger abgelöſet worden, nämlich bey ⹀, und im fünften Satze bey ⹀,
damit man den zweyten Finger zum Triller bekömmt, wer aber ſo gut
mit dem dritten und vierten Finger als mit dem zweyten und dritten Finger den Triller ſchlagen kann, der kann den vierten Finger behalten.
§. 32. wurde der fünfte Finger vom dritten abgelöſet, dieſes Ablöſen iſt
nur darinnen vom Ablöſen der Finger in dieſem Liede unterſchieden, daß
allhier 2 aparte Noten ſind, da bey N. 5. nur eine Note war, und man
hier den Ton wieder aufs neue anſchläget, welches nach §. 32. bey dem
Liede N. 5. nicht geſchehen darf.

§. 37. Im Baß wird der Daumen im erſten Satze unter den vierten Finger, im letzten Satze aber unter den dritten Finger geſetzt, und
im dritten Satze wird bey e der zweyte Finger über den Daumen geſchlagen, ſonſten gehen die Finger nach ihrer Ordnung.

§. 38. Dieß Lied hat verſchiedene Wiederholungen, nur allein der
dritte Satz wird nur einmal geſpielet, ſonſten werden alle Sätze zweymal geſpielet, wir haben hier das große Wiederholungszeichen, welches
anzeiget, daß die beyden erſten Sätze zweymal ſollen geſpielet werden.
Der vierte Satz iſt durch das kleine Wiederholungszeichen und durch
den Rückweiſer eingeſchloſſen, muß alſo auch dieſer vierte Satz zweymal
geſpielet werden, ehe man zum fünften Satze gehet, und dann wird endlich der letzte Satz auch zweymal geſpielet, welches das kleine Wiederholungszeichen mit dem Rückweiſer anzeiget.   Siehe hiervon die eilfte
Anmerkung im achten Cap. dieſes Abſchnittes.

§. 39. Nun übe dich auch dieſe ſechs Lieder ſo ordentlich zu ſpielen,
daß du oder ein anderer zu deinem Spielen ſingen kann; und wenn du
nun anfängſt die Lieder im Tripeltacte etwas tactmäßig ſpielen zu können,
ſo hüte dich, daß du dir keine unanſtändige Geberden angewöhneſt, als
welche Geberden ſich bey ſolchen alsdenn wohl einſtellen wollen, welche
von Natur eine tactmäßige Bewegung haben, denn dieß iſt ſchon im
I ten Abſchnitt Cap. 4. §. 1. 3. abgerathen.

CAPVT

CAPVT XII.
Von den Pauſen.

§. 1. Was in der dreyßigſten Anmerkung des eilften Capitels verſprochen worden, da von den Viertelpauſen etwas erwehnet worden, das
ſoll anjetzo geſchehen; weil in dieſem Capitel von den Pauſen wird gehandelt werden.

§. 2. Man hat Zeichen, die da anzeigen, daß einer ſchweigen oder
mit Spielen oder Singen einhalten ſoll, und wie lange ſolches geſchehen
ſoll. Dieſe Zeichen heißen Pauſen.

§. 3. Wenn einer ein Lied ſpielet oder ſinget, ſo giebt er auf keine Pauſen acht, ſondern er macht bey Endigung eines jeden Satzes eine Pauſe, ſo
lang oder kurz wie es ihm gefällt, oder er ruhet ein wenig, wie ſolches das
Ruhezeichen, bey Endigung eines jeden Satzes anzeiget.

§. 4. Wir wollen aber doch alle Arten der Pauſen herſetzen und ihre
Geltung anzeigen. Soll die Pauſe einen ganzen Tact dauren, ſo ſtehet
ein kleiner dicker Strich unter der Linie, alſo — ſoll ſie einen halben
Tact dauren, ſo ſtehet ein kleiner dicker Strich über der Linie, alſo —,
ſoll die Pauſe nur ein Viertel gelten, ſo findet man dieſes Zeichen ,
eine Achtelpauſe ſiehet ſo aus 7 und eine Sechzehntheilpauſe alſo . Wir
wollen dieſe Pauſen auf den fünf Linien ſetzen und ihre Geltung darüber
ſchreiben.

Pauſe eines ganzen Tactes.   Eines halben Tactes.

Eines Viertels, Achtels und Sechzehntheils.

§. 5. Einiger dieſer Pauſen, ſonderlich der Viertelpauſe bedienet man
ſich bey Liedern, und zwar nur bloß um die Lieder ordentlich im abgezeich-
neten Tacte ſchreiben zu können, daher denn wohl gleich im erſten Tact
eine Pauſe geſchrieben wird, und ſo oft ein neuer Satz anfängt.

Vierter Abschnitt.
Von der Fingersetzung und vom Accorde.

C A P V T I.
Vom Nutzen einer guten Fingersetzung.

§. 1.

Ob ich gleich hin und wieder, sonderlich in den Anmerkungen über die Lieder des zweyten und dritten Abschnitts, von der Finger-setzung schon so viel erwehnet und gelehret habe, daß einer fast schon ge-nung daran haben könnte, so will ich doch in diesem Abschnitte selbige wieder vornehmen, da man denn hier zusammen finden wird, was im vorigen nur zerstreuet vorgekommen ist.

§. 2. In den ältern Zeiten gab man keine Regeln von der Finger-setzung, sondern ein jeder nahm die Finger, die ihm am bequemsten zu seyn schienen; man fand zu denen Zeiten aber auch ganz andere Melo-dien und Claviersachen. In den ietzigen Zeiten aber erfodern, sonder-lich viele Hallische Melodien und die neuern Claviersachen eine gründliche und nach Regeln erlernte Fingersetzung.

§. 3. Nun hat man zwar verschiedene Anleitungen zum Clavierspie-len, welche Regeln von der Fingersetzung gegeben, allein unter allen die-sen ist wohl keine gründlicher, als welche der berühmte Königl. Preuß. Cammermusicus Carl Philipp Emanuel Bach in dem ersten Haupt-stücke seines Buchs von der wahren Art das Clavier zu spielen gegeben. Weil ich nun alles, was schon in diesem Tractate von mir von der Fin-gersetzung gezeiget und gesaget worden, nach dieses berühmten Musici er-fundenen Fingersetzung verfasset und eingerichtet habe, so werde ich in die-sem Abschnitte die ganze Bachische Fingersetzung, so viel nämlich zu mei-nem Zwecke gehöret, vortragen, und mir die Freyheit nehmen, gemeiniglich

niglich mit ſeinen eigenen Worten zu reden, ohne das Buch ſelbſt jederzeit anzuführen.

§. 4. Der rechte Gebrauch der Finger hat mit der ganzen Spielart einen unzertrennlichen Zuſammenhang ; denn ob ſchon das meiſte
auch mit einer falſchen Applicatur herausgebracht werden kann, ſo geſchiehet es doch oft mit entſetzlicher Mühe und dazu ungeſchickt, ja man
verliert bey einer unrichtigen Fingerſetzung mehr, als man durch alle mögliche Kunſt und guten Geſchmack erſetzen kann. Die ganze Fertigkeit
hängt hiervon ab, und, man kann aus der Erfahrung beweiſen, daß ein
mittelmäßiger Kopf mit gut gewöhnten Fingern allezeit den größten Mu-
ſicum im Spielen übertreffen wird, wenn dieſer letztere wegen ſeiner falſchen Applicatur gezwungen iſt, wider ſeine Ueberzeugung ſich hören zu
laſſen. Denn wer die rechte Applicatur nicht hat, in deſſen Spielen ver-
mißt man das runde, deutliche und natürliche, hingegen trifft man an
deſſen Statt lauter Gehacke, Poltern und Stolpern an.

§. 5. Nun iſt freylich wahr, daß bey Spielung eines Liedes, weil
ſolches langſam geſchiehet, vieles wegbleiben könnte, was man ſonſten
von der Fingerſetzung ſagt und dazu erfodert, allein dieſes kann doch nicht
von allen Liedern geſaget werden; denn daß ich nichts erwehne von ſolchen Liedern, die tactmäßig und mit einer anſtändigen Geſchwindigkeit
müſſen geſpielet werden, ſo nehme man nur die Hälliſchen Melodien, die
aus c moll, dis dur, a dur, b dur, f moll und e dur ſind, dieſe erfodern
gewiß ſchon eine gute Fingerſetzung, wo man ſie geſchickt ſpielen will.

§. 6. Wer ſich nun bey Spielung der Lieder eine gute Fingerſetzung
angewöhnet, dem wird es hernach gewißlich nicht ſchwer fallen, allerley
hübſche Arien, Menuetten und andere Clavierſachen nach eben dieſer
Fingerſetzung zu lernen. Ja die Fingerſetzung nach der Bachiſchen Art
machet oft die ſchwereſten Paſſagien oder Sätze ſo leicht, daß es eine
Luſt iſt zu ſpielen, wie auch dem Zuſeher eine Luſt, einen ſolchen ſpielen
zu ſehen, weil alles leicht, frey, ungezwungen und angenehm zugehet
oder geſpielet wird.

CAPVT II.
Von der Fingerſetzung überhaupt.

§. 1. Es ſind, ehe wir zu den Regeln der Fingerſetzung ſelbſt ſchrei-
ten, noch gewiſſe Dinge zu erinnern, welche man Theils vorher wiſſen

muß, Theils von der Wichtigkeit sind, daß ohne sie auch die besten Regeln unkräftig bleiben würden. Als:

§. 2. Ein Clavierist muß mitten vor der Tastatur seines Claviers sitzen, damit er mit gleicher Leichtigkeit so wohl die höchsten als tiefsten Töne anschlagen könne. Ferner:

§. 3. Hängt der Vördertheil des Armes etwas weniges nach dem Griffbret herunter, so ist man in der gehörigen Höhe.

§. 4. Man gewöhne, besonders die noch nicht ausgewachsenen Hände der Kinder, daß sie bey Sprüngen und Spannungen an statt des Hin- und Herspringens mit der ganzen Hand, wobey wohl noch oft dazu die Finger auf einen Klumpen zusammen gezogen sind, die Hände im nöthigen Falle so viel möglich ausdehnen. Hierdurch werden sie die Tasten leichter und gewisser treffen lernen, und die Hände nicht leichte aus ihrer ordentlichen und über der Tastatur horizontalschwebenden Lage bringen, welche bey Sprüngen gerne bald auf diese bald auf jene Seite sich zu verdrehen pflegen.

§. 5. Man spielet mit gebogenen Fingern und mit schlaffen Nerven; jemehr insgemein hierinnen gefehlet wird, desto nöthiger ist hierauf zu achten. Die Steife ist aller Bewegung hinderlich, besonders dem Vermögen die Hände geschwind auszudehnen und zusammen zu ziehen, welches alle Augenblicke nöthig ist. Alle Spannungen, das Auslassen gewisser Finger, das Einsetzen zweyer Finger nach einander auf Einen Ton, selbst das unentbehrliche Ueberschlagen und Untersetzen erfodert diese elastische Kraft oder dieses Vermögen die Hände geschwind ausdehnen und zusammen ziehen zu können.

§. 6. Wer mit ausgestreckten Fingern und steifen Nerven spielet, erfähret außer der natürlich erfolgenden Ungeschicklichkeit, noch einen Hauptschaden, nämlich er entfernt die übrigen Finger wegen ihrer Länge zu weit von dem Daumen, welcher doch NB. so nahe als möglich beständig bey der Hand seyn muß, und benimmt diesem Hauptfinger, wie wir hernach sehen werden, alle Möglichkeit, seine Dienste zu thun. Dahero kömmt es, daß derjenige, welcher den Daumen nur selten braucht, mehrentheils steif spielen wird, da hingegen einer durch dessen rechten Gebrauch dieses nicht einmal thun kann, wenn er auch wollte. Es wird ihm alles leichte; man kann dieses im Augenblick einem Spieler ansehen, verstehet er die wahre Applicatur, so wird er, wenn er anders sich nicht

nicht unnöthige Geberden angewöhnet hat, die ſchwereſten Sachen ſo
ſpielen, daß man kaum die Bewegung der Hände ſiehet, und man wird
vornehmlich auch hören, daß es ihm leicht fällt; dahingegen ein anderer die leichteſten Sachen oft mit vielem Schnauben und Grimaſſen ungeſchickt genung ſpielen wird.

§. 7. Es iſt aber diejenige Fingerſetzung die beſte, welche nicht mit
unnöthigem Zwang und Spannungen vergeſellſchaftet iſt, ſondern die
auf der Natur gegründet iſt. Die Geſtalt unſerer Hände und des Griffbrets bildet uns gleichſam den Gebrauch der Finger ab. Jene, die Geſtalt der Hände, giebt uns zu erkennen, daß beſonders drey Finger an
jeder Hand um ein anſehnliches länger ſind, als der kleine Finger und
der Daumen; Nach dieſer, nämlich nach der Geſtalt des Griffbrets,
finden wir, daß einige Taſten tiefer liegen, und einige vor den andern
vorſtehen. Die erhabene und vorſtehende heißen gemeiniglich halbe Töne oder Semitonia. Daraus folgt nun natürlich, daß dieſe halben
Töne eigentlich für die drey längſten Finger gehören. Hieraus entſtehet
die erſte Hauptregel, daß der kleine Finger ſelten und die Daumen nicht,
als im Nothfalle, die halben Töne berühren.

§. 8. Der Gebrauch des Daumen giebt nicht nur der Hand einen
Finger mehr, ſondern zugleich den Schlüſſel zur ganzen möglichen guten
Applicatur. Dieſer Hauptfinger macht ſich noch überdem dadurch ver-
dient, weil er die übrigen Finger in ihrer Geſchmeidigkeit erhält, indem
ſie ſich allezeit biegen müſſen, wenn der Daumen ſich bald bey dieſem
bald bey jenem Finger eindringet. Was man ohne ihn mit ſteifen und
geſtreckten Nerven beſpringen mußte, das ſpielet man durch ſeine Hülfe
anjetzo rund (das iſt, aneinander hangend) deutlich, mit ganz natürlichen Spannungen, folglich leichte.

§. 9. Wer den Daumen nicht braucht, der läßt ihn herunter han-
gen, damit er ihm nicht im Wege iſt; ſolcher Geſtalt fällt die mäßigſte
Spannung ſchon unbequem, folglich müſſen die Finger ausgeſtreckt und
ſteif werden, um ſolche herauszubringen. Der regel- und naturmäßige
Gebrauch des Daumen iſt die Hauptveränderung und der größte Unterſchied der alten und dieſer neuen Fingerſetzung, und iſt der Daum haupt-
ſächlich in den Tonarten, welche viele Creuze und Been haben ganz un-
entbehrlich. Iſt alſo der Daumen von ſeiner bisherigen Unthätigkeit zu
der Stelle des Hauptfingers bey der Fingerſetzung erhoben worden.

S 3   CAPVT

C A P V T   III.

Regeln der Fingersetzung.

§. 1. Man muß bey dem Spielen beständig auf die Folge sehen, indem diese oft Ursache ist, daß wir andere als die gewöhnlichen Finger nehmen müssen. Vornehmlich bey gehenden Passagien muß man wegen der Folge die Finger so eintheilen, daß man just damit auskömmt. Bey Liedern hat man nur die Folge und den Ambitum eines jeden Satzes zu bemerken.

§. 2. Wir können aber mit unsern fünf Fingern nur fünf Töne nach einander anschlagen; folglich merke man vornehmlich zwey Mittel, wodurch wir bequem gleichsam so viel Finger kriegen, als wir brauchen. Diese zwey Mittel bestehen in dem Untersetzen und Ueberschlagen, davon hernach zur Gnüge melden will.

§. 3. Der Daumen mag sich gerne nahe an den halben Tönen aufhalten, wenigstens ist diese Hauptregel zu merken, daß der Daumen der rechten Hand im Aufsteigen nach Einem oder mehrern halben Tönen; im Absteigen aber vor Einen oder mehrern halben Tönen eingesetzt wird. Der linke Daumen aber wird im Absteigen nach, und im Aufsteigen vor den halben Tönen eingesetzt. Wer diese Hauptregel in den Fingern hat, dem wird es allezeit fremde fallen, bey Gängen, wo halbe Töne vorkommen, den Daumen etwas entfernt von selbigen einzusetzen. Diese sonst so gewisse Regel leidet nur ein paar Ausnahmen, welche gegen den Nutzen, den diese Regel übrigens in der ganzen Lehre der Applicatur hat, nichts bedeuten wollen. Ich will diese beyde Ausnahmen gleich in Noten vorstellen.

Wenn

Wenn das erste Exempel nach der Regel des Daumen sollte gespielet werden, so müßte der Daumen auf der dritten Note, nämlich g eingesetzet werden, alsdenn aber käme man mit den Fingern nicht aus, und eben so würde es im zweyten Exempel ergehen, wenn man den Daumen auf der dritten Note d wollte setzen. Darum geben diese beyde Exempel eine unvermeidliche Ausnahme.

§. 4. Wir müssen wissen, daß, außer der Nothwendigkeit beständig auf die Folge zu sehen, der kleine Finger allezeit gleichsam zum Hinterhalt in gehenden Passagien bleibt und hierbey nicht eher gebraucht wird, als entweder im Anfange, oder wenn derselben Umfang just mit ihm zu Ende gehet. Ein mehreres wird aus den Exempeln zu ersehen seyn.

§. 5. Vom Untersetzen ist zu merken, daß hier der Daumen seine Dienste thun muß, denn da die Natur keinen von allen Fingern so geschickt gemacht hat, sich unter die übrigen andern so zu biegen, als den Daumen, so beschäfftiget sich dessen Biegsamkeit sammt seiner vortheilhaften Kürze ganz allein mit dem Untersetzen an den Oertern und zu der Zeit, wenn die Finger nicht hinreichen wollen. Den rechten Gebrauch des Untersetzens werden wir aus den folgenden Exempeln aufs deutlichste ersehen. Wir werden allda bemerken, daß der Daumen niemals auf einen halben Ton gesetzt wird, und daß er bald nach dem zweyten Finger alleine, bald nach dem zweyten und dritten, bald nach dem zweyten, dritten und vierten Finger, niemals aber nach dem kleinen Finger eingesetzt oder vielmehr untergesetzt wird; darum ist denn das Untersetzen des Daumens nach dem kleinen Finger verwerflich. Beym Aufsteigen mit der rechten Hand und beym Absteigen mit der linken Hand kömmt nun das Untersetzen vor. Uebt man sich so lange, bis der Daumen auf eine mechanische Art sich von selbst auf diese Weise am gehörigen Orte ein- oder untersetzt; so hat man das meiste in der Fingersetzung gewonnen. Doch muß dieses Untersetzen des Daumens so gebraucht werden, daß alle Töne dadurch gut können zusammen gehänget werden.

§. 6. Das Ueberschlagen, als das zweyte Hauptmittel in der Abwechselung der Finger, geschiehet von denen andern Fingern, und wird dadurch erleichtert, indem ein größerer Finger über einen kleinern oder über den Daumen geschlagen wird, wenn es gleichfalls an Fingern feh-

len

len will. Beym Abſteigen mit der rechten Hand und beym Aufſteigen mit der linken Hand wird dieſes Ueberſchlagen gebraucht. Dieſes Ueberſchlagen muß durch die Uebung auf eine geſchickte Art ohne Ver- ſchrenckung oder Verdrehung der Hand geſchehen, und zwar alſo, daß alle Töne dadurch gut zuſammen gehänget werden können ; denn Ue- berſchlagen heißt: Wenn ein Finger über den andern gleichſam weg- klettert, indem der andere noch über der Taſte ſchwebet, welche er nie- der gedrücket hat: Den rechten Gebrauch des Ueberſchlagens werden wir wiederum am deutlichſten aus den Exempeln ſehen, da wir denn finden werden, daß das Ueberſchlagen, welches mit dem zweyten Fin- ger über den Daumen, und mit dem dritten Finger über den vierten geſchiehet, ſeinen eigentlichen Nutzen bey Paſſagien ohne halben Tö- ne hat, allda geſchiehet es auch, wenn es nöthig iſt, oft hinter ein- ander ohne Gefahr des Stolpern. Wir ſehen ferner aus den Exem- peln, daß das Ueberſchlagen bald mit dem zweyten Finger, bald mit dem zweyten und dritten, bald mit dem zweyten, dritten und vierten über den Daumen, und mit dem dritten Finger über den vierten ge- ſchiehet. Sonſten iſt das Ueberſchlagen des zweyten Fingers über den dritten, item des dritten über den zweyten, des vierten über den kleinen, imgleichen des kleinen Fingers über den Daumen verwerflich.

§. 7. Wenn ein Ton mehr als einmal hinter einander in mäßi- ger Geſchwindigkeit vorkömmt, ſo wird mit den Fingern nicht allemal abgewechſelt, wohl aber bey dergleichen geſchwinden Noten. Man gebraucht hierzu, nämlich bey geſchwinden Noten, nur zwey Finger auf einmal, in Liedern, wie wir theils ſchon geſehen haben und im fol- genden Capitel bey den Exempeln ſehen werden, wechſeln zuweilen wohl drey Finger, doch gemeiniglich auch nur zweye ab ; der kleine Fin- ger iſt hierzu der ungeſchickteſte, wird deswegen auch wenig oder wohl gar nicht dazu gebrauchet. Bey etwas langſamen mehr als einmal hinter einander vorkommenden einerley Tönen kann man dieſen beſon- dern Vortheil ſich zu nutze machen, daß man das letzte mal denjeni- gen Finger einſetzt, den die Folge haben muß. Dieſer Umſtand ereig- net ſich bey Liedern beſonders in der rechten, und bey andern Clavier- ſachen am meiſten in der linken Hand. Die Exempel des folgenden Capitels werden dieſes deutlich machen.

§. 8.

§. 8. Eine der nöthigſten Freyheiten in der Applicatur, iſt das Auslaſſen gewiſſer Finger, wegen der Folge. Da denn zuweilen Ein Finger, zuweilen zwey, ja wohl drey Finger ausgelaſſen werden müſſen, wie die Exempel im folgenden Capitel dieſes ebenfalls am deutlichſten zeigen werden.

§. 9. Das Ablöſen der Finger, da nämlich Ein Ton erſtlich mit einem Finger angeſchlagen wird, hernach aber wegen der Folge von einem andern Finger abgelöſet wird, ohne den Ton noch einmal hören zu laſſen, iſt auch erlaubt, und ſonderlich kann dieſes Ablöſen eines Fingers durch einen andern bey Liedern wegen ihrer langſamen Zeitmaße füglich angehen, ſowohl wenn es die Nothwendigkeit der Folge oder ein Triller erfodert, ſonderlich wenn einer nur den Triller mit dem zweyten und dritten Finger ſchlagen kann; doch muß man dieſe Freyheit nicht misbrauchen, oder ſich ſolcher zu oft bedienen, will man nicht ſeine Fingerſetzung ganz verderben und ſich untüchtig machen, andere Clavierſachen ſpielen zu lernen, als bey welchen man, wegen der geſchwinden Zeitmaße, dieſes Ablöſen der Finger wenig, und nicht ohne Noth gebrauchen darf. Wir werden im folgenden Capitel, auch einige Exempel vom Gebrauche dieſes Ablöſens finden.

§. 10. Zuweilen muß man auch bey gehenden Noten erlauben, mit einem Finger fort zugehen. Am öfterſten und leichteſten geſchieht dieſes im Baſſe, wenn man wegen der Folge, von einem halben Tone in die nächſte Taſte mit dem Finger herunter gleitet. Wir werden auch hiervon einige Exempel finden im folgenden Capitel.

§. 11. Ferner muß man ſich bey den Tonarten, mit keinen oder wenigen Verſetzungszeichen, (ſo werden die Creuze und Been genennet,) noch merken, daß bey gewiſſen Fällen, das Ueberſchlagen des dritten Fingers über den vierten, und des zweyten Fingers über den Daumen, beſſer und nützlicher iſt, um alles mögliche Abſetzen zu vermeiden, als der übrige Gebrauch des Ueberſchlagens und des Unterſetzens des Daumens, weil dieſer Daumen, bey vorkommenden halben Tönen, mehr Platz, folglich auch mehr Bequemlichkeit hat, unter die andern Finger durchzukriechen, als bey einer Folge von lauter unten liegenden Taſten, (das iſt, ſogenannten ganzen Tönen.)

§. 12. Man darf auch nicht denken, daß bey einem Satze, nicht mehr als Eine Fingerſetzung möglich und erlaubt ſey? Nein, die Sätze, welche keine halben Töne im Ambitu haben, können zuweilen wohl dreyerley, oder doch wenigstens wohl zweyerley gute Fingersetzungen haben; allein die Säße, welche in ihrem Umfange oder Ambitu, einen oder mehrere halbe Töne haben, erlauben oft nur Eine, selten zweyerley Fingersetzung. Dahero wird man im folgenden Capitel oft einerley Saß unter verschiedenen Nummern finden, welche mit einer kleinen Zahl angezeiget worden.

§. 13. Ein Anfänger aber bindet sich an der darüber geschriebenen Fingersetzung so lange, bis er sich erstlich einen Begriff von den Regeln der Fingersetzung eingepräget hat, und die Ursachen und Gründe einer jeden Fingersetzung, erst hat einsehen lernen; alsdenn wird er, wenn er eine andere Fingersetzung erwählet, den Grund derselben aus diesen gegebenen Regeln ziehen müssen, und folglich die Güte seiner erwählten Fingersetzung beweisen können und müssen.

C A P V T IV.
Exempel der Fingersetzung für die rechte Hand.

§. 1. Wir wollen diese Exempel der Fingersetzung aus meist bekannten Melodien, so wie sie im großen hallischen Gesangbuch stehen, nehmen, um einem Anfänger dadurch deutlich zu zeigen, wie es bey Spielung eines Liedes, ebenfalls viel auf eine gute Fingersetzung ankomme; folgendes erinnere zum voraus:

§. 2. Man findet über jedes Exempel im Anfange eine doppelte, eine große und kleine Zahl; die große zeiget die Nummer des Liedes im hallischen Gesangbuche, und die kleine den daraus genommenen Saß an.

§. 3. Der kleine Bogen, wodurch in jedem Exempel zwey Zahlen sind verbunden worden, zeiget an, daß eben allda das Untersetzen, Ueberschlagen, Auslassen u. s. w. geschehen sey.

§. 4. Diese Exempel zeigen also den Gebrauch des kleinen Fingers, des Daumens, des Ueberschlagens, Untersetzens, Ablösens, Abwechselns und Fortsetzens der Finger, in folgender Ordnung an:

N. 1. Giebt Exempel für den kleinen Finger.
N. 2. Vom Untersetzen des Daumen nach dem zweyten Finger.
N. 3. Vom Untersetzen des Daumen nach dem dritten Finger.
N. 4.

N. 4. Hat ein Exempel vom Unterſetzen des Daumen nach dem vierten Finger.

N. 5. Giebt verſchiedene Exempel vom Ueberſchlagen des zweyten Fingers über den Daumen.

N. 6. Zeiget das Ueberſchlagen des dritten Fingers über den Daumen, und

N. 7. Das Ueberſchlagen des vierten Fingers über den Daumen.

N. 8. Weiſet das Ueberſchlagen des dritten Fingers über den vierten.

N. 9. Zeiget das Ablöſen der Finger.

N. 10. Giebt verſchiedene Exempel vom Abwechſeln der Finger.

N. 11. Vom Auslaſſen Eines Fingers, und endlich

N. 12. Vom Auslaſſen zweyer Finger.

§. 5. Wer dieſe Exempel mit Bedacht ſpielet, und dabey nachdenket, warum in denſelben das Unterſetzen, Ueberſchlagen, u. ſ. w. gebrauchet worden, der wird in Spielung derſelben eine große Leichtigkeit merken, und die im dritten Capitel gegebenen Regeln von der Fingerſetzung dadurch deſto beſſer verſtehen; alſo, daß er dadurch im Stande ſeyn wird, ſich bey allen Liedern eine gute Fingerſetzung auszuſuchen.

§. 6. Nun folgen die Exempel ſelbſt:

N. 1. Gebrauch des kleinen Fingers.

N. 2. Untersetzen des Daumens nach dem zweyten Finger.

N. 3.

N. 3. Untersetzen des Daumens nach dem dritten Finger.

N. 4. Untersetzen des Daumens nach dem vierten Finger.

N. 5. Ueberschlagen des zweyten Fingers über den Daumen.

N. 6. Ueberschlagen des dritten Fingers über den Daumen.

1105.

1105. 8.

N. 7. Ueberſchlagen des vierten Fingers über den Daumen.

1131. 7. 118. 4.

752. 7.

956. 1.

N. 8. Ueberſchlagen des dritten über den vierten Finger.

1477; 5. 1730. 3.

1292. 8. 514. 1.

N. 9. Ablöſen der Finger.

1131. 4. 803. 2.

1105. 6.

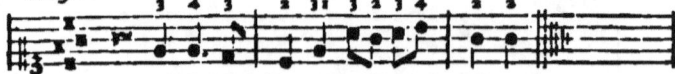

N. 10. Abwechselung der Finger.

1422. 4.   610. 1.

553. 4.   1254. 1.

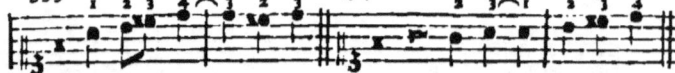

1225. 1.   1387. 3.

514. 3.   1131. 1.

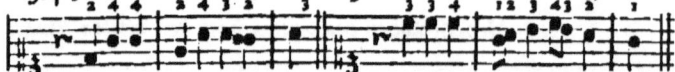

319. 2.   118. 2.

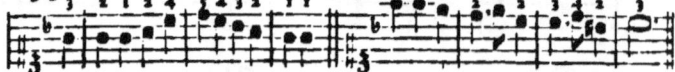

490. 2.   178. 1.

586. 1.   1105. 4.

N. 11.

N. 11. Auslassen Eines Fingers.

N. 12. Auslassen zweyer Finger.

§. 7. Ich hätte der Exempel vielmehr herſetzen können, aber es
deucht mir genug zu ſeyn, um darnach leicht andere Sätze beziffern zu
können. Ich recommendire einem Liebhaber, ſich das große Halliſche
Geſangbuch in groß Octav, als worinnen beyde Theile zuſammen gedruckt ſind, anzuſchaffen; ich verſichere ihn, daß er durch Spielung
der Lieder aus den fremden und unbekannten Tönen, als dergleichen es,
wie aus dem 13. Capitel §. 19. dieſes Abſchnitts zu erſehen, im bemeldeten Geſangbuche verſchiedene giebt, im Stande kommen wird, ſich andere leichte Oden, Arien und andere kleine Handſtücke ſelbſt informiren
zu können; ſonderlich wenn er ſich übet, die darinnen vorkommenden
Lieder, welche im Tripeltackte, nämlich in ¾ und ⅜ ſtehen, ſpielen zu
lernen, als welche ſchon einige Fertigkeit erfodern.

§. 8. Es iſt gewiß ſo leicht nicht, wie mancher wohl denken möchte, die Halliſchen Melodien mit Anmuth nach Noten ſpielen zu können;
es giebt gewiß ſchon ziemlich ſchwere Melodien darinnen, welche mancher Clavierſchüler, ob er ſich gleich ſchon eine ziemliche Zeit hat informiren laſſen, und verſchiedene Stücke aus dem Kopfe ſpielen kann,
ſchwerlich gut heraus bringen wird. Wer ferner auch ſehen will, wie
ſich die Melodie auf das Lied ſchicket, der nehme den erſten Vers eines
jeden Liedes vor ſich, (denn auf denſelben hat der Componiſt fürnehmlich
geſehen) und betrachte den Inhalt deſſelben, und ſpiele alsdenn die Melodie, ſo wird er ſchon daraus ſehen können, (wenn er anders eine Melodie zu beurtheilen weiß), daß geſchickte Muſickverſtändige einen Theil
ihrer Kunſt, nämlich die Worte durch eine artige Melodie zubeleben, haben ſehen laſſen.

§. 9. Wir eilen aber weiter, und wollen nun auch Exempel der
Fingerſetzung für die linke Hand geben. Es iſt die Fingerſetzung im
Baſſe, bey verſchiedenen, wo nicht bey den meiſten Liedern, ſchwerer,
als im Diſcante, und dieſes ſonderlich der vielen Sprünge wegen, die
darinnen vorkommen, anderer Urſachen zu geſchweigen. Es iſt alſo
nicht genug, wenn man die Melodie im Diſcante durch eine gute Fingerſetzung geſchickt hören laſſen kann, nein, der Baß oder die linke
Hand erfodert eben dieſelbe Accurateſſe; denn ein hübſcher Baß iſt die
Zierde der Melodie.

CAPVT

CAPVT V.

Exempel der Fingerſetzung für die linke Hand.

§. 1. Es ſind dieſes abermal Sätze aus erwähntem Halliſchen Ge
ſangbuche. Es gilt hierbey, was Cap. 4. §. 2. 3. 4. bey den Exempeln
der rechten Hand geſagt worden, deswegen ich mich hier darauf beziehe.
Man findet hier aber einige Nummern mehr, nämlich N. 13. vom Fort
ſetzen der Finger. N. 14. Vom Auslaſſen dreyer Finger, wie auch
N. 15. vom Ueberſchlagen des zweyten Fingers über den Daumen bey
Tertienſprüngen, wie auch vom Unterſetzen des Daumens nach dem
zweyten Finger bey Tertien, und endlich N. 16. etliche Exempel von
Spannungen.

§. 2. Nun folgen die Exempel ſelbſt:

N. 1. Gebrauch des kleinen Fingers.

N. 2.

N. 2. Untersetzen des Daumens nach dem zweyten Finger.

N. 3. Untersetzen des Daumens nach dem dritten Finger.

667.

667.5.　804.5.

N. 4. Untersetzen des Daumens nach dem vierten Finger.

97.7.

804.6.

N. 5. Ueberschlagen des zweyten Fingers über den Daumen.

56.1.　78.3.

264.2.

319.1.　319.3.

331.3.

U 3

355. 5.  355. 6.

433. 4.

506. 1. 541. 2.

490. 2. 491. 1.

491. 7.

555. 2. 607. 2.

607. 6. 728. 2.

1221. 2.

N. 6. Ueberschlagen des dritten Fingers über den Daumen.

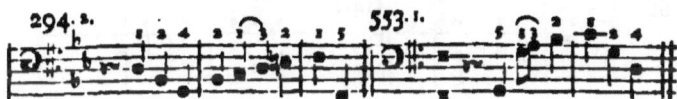

N. 7. Ueberschlagen des vierten Fingers über den Daumen.

N. 8. Ueberschlagen des dritten über den vierten Finger.

N. 9. Ablösen der Finger.

N. 10.

N. 10. Abwechselung der Finger.

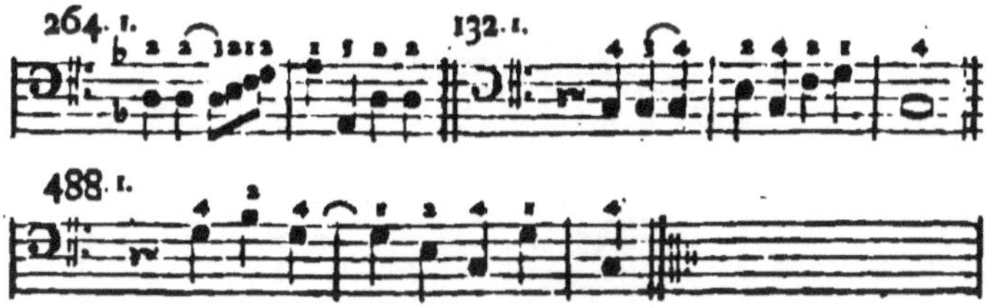

N. 11. Auslassen Eines Fingers.

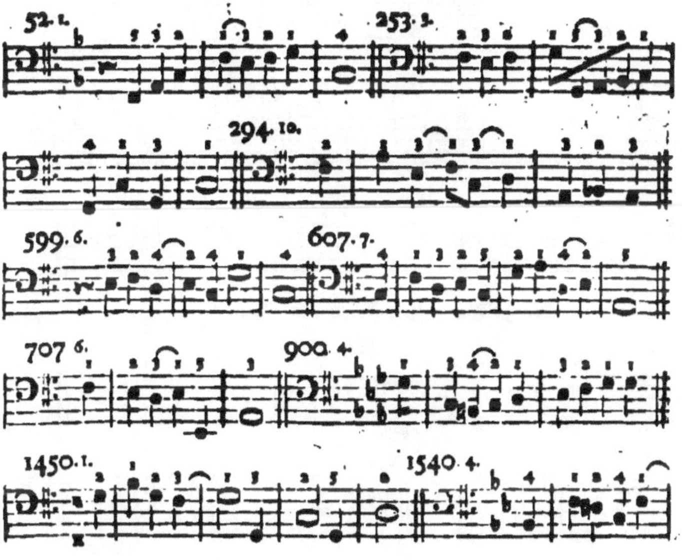

N. 12. Auslassen zweyer Finger.

N. 13. Vom Fortsetzen der Finger.

1082. 4.

1105. 2.

1254. 7.

N. 14. Vom Auslaſſen dreyer Finger.

613. 1.

N. 15. Vom Ueberſchlagen und Unterſetzen des zweyten Fingers über und unter den Daumen bey Tertien.

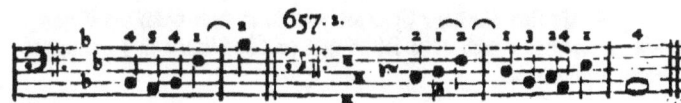

178. 1.   473. 1.

°555. 1.   °555. 4.

657. 2.

977. 1.

N. 16. Exempel von Spannungen.

555. 1.   1105. 4.

1221. 5.

1221. 9.

§. 3. Von N. 1. 2. und 5. habe die meiſten Exempel hergeſetzt, weil der kleine Finger und das Unterſetzen des Daumens nach dem zweyten Finger, und das Ueberſchlagen des zweyten Fingers über den Daumen im Baſſe ſehr gebräuchlich iſt.

§. 4. Weil ein Exempel mehr als Einmal allhier vorkommt, ſo kann man daraus ſehen, daß bey gewiſſen Sätzen, mehr als einerley Fingerſetzung angehen kann. Als da iſt das allererſte Exempel 52. 1. unter N. 1. vom Gebrauch des kleinen Fingers, finden wir auch N. 11. vom Auslaſſen Eines Fingers.

§. 5. Das erſte Exempel 56. 1. unter N. 5. vom Ueberſchlagen des zweyten Fingers über den Daumen, befindet ſich auch unter N. 7. vom Ueberſchlagen des vierten Fingers über den Daumen. Es iſt aber nach N. 5. bequemer zu ſpielen.

§. 6. Es ſind alle dieſe Exempel zwar aus dem halliſchen Geſangbuche genommen, doch habe ſolche aus gebräuchlichen und bekannten Liedern genommen.

§. 7.

§. 7. Zu diesen Exempeln füge man die Exempel, welche im ersten Abschnitte sind gegeben worden, und übe sich solche etwas geschwinde zu spielen, doch muß man die darüber geschriebene Fingersetzung nicht aus der Acht lassen. Hiermit wollen wir nun die Lehre von der Fingersetzung beschließen. Wer ein mehreres davon verlanget zu wissen, der schaffe sich des Herrn Bachs Versuch über die wahre Art das Clavier zu spielen, an, da er den besten und treulichsten Unterricht davon antreffen wird, sonderlich was die Fingersetzung schwerer Claviersachen betrifft, er wird alsdenn finden, wie ich ihm die Bachische Art der Fingersetzung deutlich gezeiget.

§. 8. Sonsten merke zum Beschluß noch an, daß man sich an einerley Art Fingersetzung halten und gewöhnen, und sich nicht irre machen lassen muß, wenn man etwa in gedruckten musicalischen Büchern eine Fingersetzung antrifft, die von dieser hie oder da abweichet; und wenn man sich nach seiner Selbstinformation eines andern Information bedienen wollte, so erwähle man, wo möglich einen solchen, der die Bachische Fingersetzung selbst gebrauchet, oder wenigstens versteht und inne hat.

§. 9. Nun will ich noch 6 Lieder hersetzen, und im Discant und Basse nur hier und da einen Finger darüber setzen. Ein Anfänger hat zugleich ein klein Choralbuch hieran, und findet alles bey einander.

CAPVT VI.
Sechs Chorale zur Uebung.

N. 1. Alle Menschen müssen sterben.

X 3

N. 2. Es iſt das Heil uns kommen her.

N. 3. Es ist gewißlich an der Zeit.

N.4.

N. 4. Jesu meine Freude.

N. 5. Jesus meine Zuversicht.

N. 6. Nun ruhen alle Wälder.

CAPVT VII.

Wie das große Hallische Gesangbuch als ein bequemes Choralbuch zu gebrauchen.

§. 1. Wir haben nun die Fingersetzung weitläuftig durchgehandelt, also daß ich glaube, man werde im Stande seyn, auch bey Hallischen fremden Melodien mit leichter Mühe die rechte Fingersetzung zu finden. Man übe nun auch die Exempel des ersten Abschnitts, und spiele sie als Sechzehntheile, das ist geschwind, damit die Fingersetzung der Hand eigen werde.

§. 2. Damit man sich nun bald gewöhnen möge, aus dem Hallischen Gesangbuch in groß Octav, die Lieder nach Noten zu spielen, einigen aber solche gedruckte Noten gegen die geschriebenen etwas beschwerlich zu spielen vorkommen wollen, wegen eines kleinen Unterschieds so will denselben Unterschied in diesem Capitel anzeigen.

§. 3. Die Noten sind viereckigt also ♩ ♩ und nicht rund wie die geschriebenen. Die Noten die über oder unter den fünf Linien stehen, haben oben einen kleinen Strich, der des Drucks wegen nicht hat davon bleiben können, hat aber nichts zu bedeuten; also ♯. Denn wenn der Strich eine kleine Linie vorstellen soll, so stehet er mitten durch die Note und das äußerste Ende des Notenkopfs berühret die oberste oder unterste Linie nicht; also ♯

§. 4. Die halben Tacte lassen, wie die Viertel, nur daß sie weiß sind, als ♯. Die Achtel werden nicht wie in den geschriebenen Noten zusammen gezogen, sondern stehen allein und haben einen kleinen Schwanz zur linken, also ♩ ♩, daher haben die Achtel auch den Namen von Einmal geschwänzte Noten; die Sechzehntheile haben einen doppelten Schwanz also ♩ ♩ und stehen auch immer einzeln und nie zusammen gezogen, daher heißen sie zweymal geschwänzte Noten. Dieses ist es, was einem der immer nach geschriebenen Noten gespielet hat, seltsam und fremde vorkömmt, wozu man sich aber leicht gewöhnen kann, denn die Noten sind accurat untergelegt, daß man also gut sehen kann, welche Noten zu einander gehören, und kann man nur nach der in unserm Unterricht im III. Abschnitt Cap. 6. §. 5. gegebenen Regel verfahren, welches eine große Erleichterung giebet. Man sehe das Lied im Hallischen

Gesang-

Geſangbuch N. 366. Mein Gott, du biſt ſehr ſchön ꝛc. welche Melodie voller Achtel und Sechzehntheile im Discant und Baß iſt.

§. 5. Die Verſetzungszeichen, nämlich die Creuze und Been haben nur eine kleine Aenderung, das Creuz alſo ⸢ und das ♭ hat, wenn es über der oberſten Linie ſtehet, als im Discant auf ≠ und im Baß auf ♮, oben noch zwey kleine Striche, die aber nichts anzeigen als ♮, man hat nur Achtung zu geben, welche Linie oder welches Spatium von dem runden Striche des Bees umgeben oder eingeſchloſſen worden.

§. 6. Weiter findet man die ⸢ ⸢ oder ♭ ♭ nur zu Anfang des Liedes, nicht aber wie bey geſchriebenen Noten zu Anfang jeder Zeile (davon ſiehe die vierte Seite des Vorberichts dieſes Halliſchen oder Freylinghauſiſchen Geſangbuchs) um ſo viel mehr nun, muß man ſich die vorgeſetzte ⸢ ⸢ oder ♭ ♭ imprimiren, weil ſie nur einmal angezeiget ſind.

§. 7. Sonſten ſtehen die Melodien alle im Discant⸗und Baßſchlüſſel durchs ganze Buch. Der Discantſchlüſſel iſt oft in Anſehung der unterſten Linie, die er einſchließen ſollte, undeutlich und zu tief geſetzet, genung es ſind lauter Discant⸗und Baßnoten.

§. 8. Die Viertelpauſe ſtehet auch anders aus, als man ſie ſchreibet, nämlich alſo ⸜ ⸝. Die Pauſe eines halben Tactes ſtehet auf der Linie alſo ⸗

§. 9. Das Ruhezeichen, welches das Ende eines Satzes anzeiget, findet man nur allein im Discant und nicht im Baß, wie in geſchriebenen Noten. Ja ſelbſt im Discant iſt es weggelaſſen, wenn am Ende des Satzes eine Viertel⸗oder halbe Tactpauſe vorkömmt, und die Stelle des Ruhezeichens vertritt.

§. 10. Das große Wiederholungszeichen iſt mit dem Schlußzeichen einerley; ſtehet nun dieſes Zeichen in der Mitte des Liedes, ſo iſt es das gewöhnliche Repetitionszeichen, ſtehet es aber am Ende, ſo zeiget es keine Wiederholung an. Das kleine Wiederholungszeichen, ſiehet ſo aus ? eben wie das Fragezeichen. Man findet es auch wohl zweymal nach einander alſo ? ? wie aus dem allerletzten Liede des Halliſchen Geſangbuchs zuerſehen. Da findet man das kleine Wiederholungszeichen ganz zu Anfang einmal, ? und am Ende des zweyten Satzes auch einmal, dieß zeiget an, daß die beyden erſten Sätze zu repetiren ſind. Zu Anfange des dritten Satzes ſtehen zwey ſolcher kleinen Zeichen nach einander ? ? und am Ende des vierten Satzes bey ≠ ſtehen dieſe kleine Wiederholungs⸗

zeichen abermal doppelt?? dieß zeiget an, wie der dritte und vierte Satz auch zweymal ſollen geſpielet werden.

§. 11. Wer den General nicht ſpielet, der kehret ſich an die Ziffern nicht, die er über den Baß ſiehet, denn dieſe ſind nur für die, die ein Lied mit Griffen (wie man ſagt) nach dem Generalbaß ſpielen.

§. 12. Man laſſe ſich alſo ſolche kleine Schwierigkeiten, die doch von keiner Erheblichkeit ſind, nicht abhalten, aus dem Halliſchen Geſangbuche zu ſpielen; wer ein wenig gewohnt iſt daraus zu ſpielen, der erlanget den Vortheil, daß er es als ein ziemlich vollſtändiges Choralbuch gebrauchen kann, denn es ſind an die 604 Melodien darinnen.

CAPVT VIII.
Vom Accorde überhaupt.

§. 1. Es klinget artig, wenn man bey Spielung eines Liedes allemal zu der letzten Note eines Satzes einen Accord machen kann, und weil ich willens war, einem Anfänger ſolchen in dieſem Unterrichte auch zu zeigen und zu lehren, ſo habe an verſchiedenen Stellen des IIten und IIIten Abſchnitts vorläufig etwas, was zu deſſen Erlernung gehöret, geſagt. Dahin zielet nun die Abzehlung der Grade im 17ten Cap. des zweyten Abſchnitts §. 3. und im dritten Abſchnitte die 21te Anmerkung des achten Cap. Wer alles vorhergehende mit Aufmerkſamkeit durchſtudieret hat, dem wird das folgende leicht zu begreifen ſeyn. Es wird nicht nöthig ſeyn, alle hieher gehörigen Stellen aus dieſem Unterrichte anzuführen, man ſehe indeſſen nach, was im zweyten Abſchnitte Cap. 17. in den Anmerkungen über N. 2. und 3. ſtehet, und im IIIten Abſchnitte Cap. 11. den 13ten §. da alle Tertien ſtehen.

§. 2. Daß Ein Ton von einem andern Tone kann begleitet werden, oder daß die Zuſammenanſchlagung zweyer unterſchiedener Töne eine liebliche Harmonie ausmachen, haben wir aus unſern Liedern ſchon ſehen können, da nämlich zu der Diſcantnote eine Baßnote die gut dazu klinget, oder die mit der Diſcantnote harmoniret, geſchlagen werden kann. Es ſind aber in der Muſic drey Töne, die alle drey lieblich klingen, oder harmoniren, wenn man ſie zuſammen zu der Baßnote anſchläget, und dieſe Zuſammenanſchlagung ſolcher drey Töne oder Claviere machet einen Accord als die vollkommenſte Harmonie aus. . . . . ..

§. 3.

§. 3. Wer alſo dieſe dreyſtimmige Harmonie zu ſeiner Baßnote machen will, der muß zu der ausgeſchriebenen Discantnote noch zwey Töne finden können, die mit einander wohl und lieblich klingen, oder ſich zuſammen vereinigen, und den Ohren angenehm zu hören ſind; und dieß iſt es, was ich einem Liebhaber einfältiglich und hinlänglich zeigen will.

§. 4. Dieſe drey Töne nun, welche einen Accord ausmachen, ſind nun die Fundamentnote (und zwar um Eine oder zwey Octaven erhöhet) die Tertie und die Quinte. Die Fundamentnote iſt die Baß- oder Grundnote, von welcher man die Tertie und Quinte abzehlet, oder die Fundamentnote iſt der Anfang, davon ich anfange zu zehlen und heißt 1. (oder 8 denn weil nur 7 Töne ſind, und bey der Zahl 8 die 7 Töne wieder aufs neue anfangen, nur um eine Octave höher, ſo iſt 1 und 8 in Anſehung der Benennung der Töne einerley, denn wenn groß C Eins auf unſerm Clavier iſt, ſo iſt ungeſtrichen c 8, eingeſtrichen c̄ 15, und zweygeſtrichen c̿ 22. Dieß würde nun eine große Weitläuftigkeit verurſachen, wenn man nicht den Ton, da die Zahl 8 aufgefallen, auch wieder mit 1, als den Anfang des Abzehlens der Töne, belegete. Dieß alles wird ſich hernach beſſer ſelbſt erklären, hat auch nicht viel auf ſich.) Der Ton nach der Fundamentnote wird ausgelaſſen, und der dritte (als welcher die Tertie iſt) behalten, die vierte wird wieder ausgelaſſen und der fünfte Ton (als welcher die Quinte iſt) behalten. Iſt nun c die Fundamentnote, ſo iſt e die Tertie (denn d die Secunde wird ausgelaſſen) und g die Quinte (denn f die Quarte iſt ausgelaſſen), nun ſchlage dieſe drey Töne zuſammen mit der rechten Hand an, nämlich c̄ mit dem Daumen, ē mit dem zweyten und ḡ mit dem vierten Finger; ſo höreſt du einen Accord, oder eine liebliche Zuſammenſtimmung dreyer Töne, wenn anders dein Clavier gut geſtimmet iſt. Nun kannſt du mit der linken Hand ungeſtrichen c zu dieſem Accorde anſchlagen, ſo haſt du einen Accord zu c.

§. 5. Wie du nun eben mit c gethan, ſo kannſt du mit d nun auch thun, nimm nämlich in der linken Hand ungeſtrichen d und in der rechten Hand mit dem Daumen eingeſtrichen d̄ (laß e aus) f̄ mit dem zweyten (laß g aus) und ā mit dem vierten Finger, ſo haſt du einen Accord zu d. Nimm weiter e im Baß und in der rechten Hand ſchlage ē ḡ h̄ zugleich dazu an, dieß iſt der Accord zu e, und ſo ſchlage zu f, f̄ ā c̄; zu g, ḡ h̄ d̄; zu a, ā c̄ ē, ſo haſt du lauter Accorde, zu h aber mußt du h̄ d̄ f̄ (nicht f) nehmen. In Noten ſehen die Accorde alſo aus,

D 3　　　　　zu

zu Erſparung des Raums will die Baßnote unter den Accord mit einem Buchſtaben benennen.

c   d   e   f   g   a   h.

§. 6. Es gehöret alſo zum Accorde die Octave, Tertie und Quinte, und wird nur erfodert, daß man zu der Baßnote die Octave, Tertie und Quinte zu finden wiſſe, und dieſes wollen wir noch etwas weitläuftiger abhandeln.

CAPVT IX.

Von der Octave und Tertie.

§. 1. Kein Intervallum iſt leichter zu finden und zu erlernen als die Octave, denn die Benennung iſt einerley mit der Baßnote. Z. E. Die Octave zu ungeſtrichen c iſt eingeſtrichen c̄, zu d iſt d̄ und ſo weiter; man hat alſo zu merken, daß die Octave einerley Namen oder Buchſtaben mit der Baßnote, dazu der Accord ſoll gemachet werden, behält, und daß zu ungeſtrichen c, nicht allein eingeſtrichen c̄ ſondern auch zweygeſtrichen c̿ als eine Octave angeſehen wird, und dieß gilt von allen 7 Tönen der beyden Baßoctaven.

§. 2. Bey der Tertie iſt ein wenig mehr zu behalten, wir können ſie in zweyerley Arten eintheilen, als 1) in natürliche, und 2) in zufällige. Natürliche Tertien ſind die, welche im III. Abſchn. Cap. 11. §. 13. ſtehen, ſolche natürliche Tertien haben mit keinem vorgeſchriebenen ♯, b oder ♮ etwas zu thun, man hat ſich ſolche zuerſt zu merken. Wer die Buchſtaben c d e f g a h nach ihrer Ordnung und Folge fertig weiß, der kann die Tertie zu ſeiner Baßnote bald finden, er darf nämlich nur einen Buchſtaben auslaſſen, als: Die Tertie zu c̄ iſt ē (da hat man nur d̄ weggelaſſen) zu d̄ iſt f̄ die Tertie zu ē iſt ḡ, zu f̄ iſt ā, zu ḡ iſt h̄, zu ā iſt c̿, zu h̄ iſt d̿. In Noten ſehen ſie ſo aus:

Natür

Natürliche Tertien.

NB. Wir haben geſagt, daß die natürlichen Tertien mit keinem vorgeſchriebenen ♯ oder ♭ etwas zu thun haben, dieß beziehet ſich aber nicht auf die im Syſtemate vorgezeichnete ♯♯ oder ♭een, ſondern auf ſolche, die ſich in der Vorzeichnung nicht befinden.

§. 3. Die zufällige Tertien werden durch Vorſetzung eines ♯, ♭ oder ♮ gemacht, nämlich wenn vor dem Ton, der die natürliche Tertie geweſen ein ♯, ♭ oder ♮ ſtehet; Z. E. die natürliche Tertie zu g iſt h, die zufällige Tertie zu g aber entſtehet, wenn vor h ein ♭ ſtehet, weiter die natürliche Tertie zu d iſt f, die zufällige Tertie zu d aber iſt, wenn vor f ein ♯ ſtehet, nämlich fis. Und ſo auch wenn das ♮ ein zu Anfang vorgezeichnetes ♯ oder ♭ aufhebet, als wenn in der Vorzeichnung vor f ein ♯ ſtehet, ſo iſt die natürliche Tertie zu d fis, und die zufällige Tertie zu d iſt alsdenn f (vor fis ein ♮). Weiter wenn in der Vorzeichnung vor h ein ♭ ſtehet, ſo iſt die natürliche Tertie zu g, ♭ und die zufällige Tertie zu g iſt alsdenn h (vor ♭ ein ♮). Hieraus iſt zu ſehen, daß ein jeder Ton eine doppelte Tertie hat, nämlich eine natürliche und eine zufällige. Wir wollen ſie in Noten vorſtellen.

Zufällige Tertien.

Dieß

Dieß ist die erste Art der Abtheilung der Tertien, nämlich in natürliche und zufällige Tertien.

§. 4. Nun haben wir noch eine Haupteintheilung der Tertien zu merken, nämlich in große und kleine Tertien. Die Tertia ist also entweder groß (und heißt alsdenn auf Latein Tertia major) oder klein (welche Tertia minor genannt wird). Die große Tertie ist um einen halben Ton größer als die kleine Tertie. Um dir nun den Unterschied der großen zwischen der kleinen Tertie deutlich vorzustellen, so merke, daß eine große Tertie aus zwey ganzen Tönen bestehet, z. E. von c zu d ist Ein ganzer Ton (weil der halbe Ton cis darzwischen lieget) von d zu e ist wieder ein ganzer Ton (weil der halbe Ton dis darzwischen lieget) aus solchen zwey ganzen Tönen bestehet nun eine Tertia major. Ist also die natürliche Tertie zu c-e eine große Tertie.

Du kannst auch die Tertie abzehlen, wenn du bey halben Tönen gehest, also daß du kein Clavier ausläßest; als von c zu cis ist 1, von cis zu d ist 2, von d zu dis ist 3 und von dis zu e ist 4. liegen also zwischen c und e als einer großen Tertie drey Claviere wenn du bey halben Tönen rechnest.

§. 5. Es hat also eine jede große Tertie drey Claviere zwischen sich liegen, da hingegen die kleine Tertie oder die Tertia minor nur zwey Claviere zwischen sich liegen hat, wäre also die kleine Tertie zu c dis (oder besser es, weil dis allhier nicht durch Vorsetzung eines x vor d, sondern wenn ein b vor e stehet, gemacht werden muß). Denn da liegt nur cis und d darzwischen. Bestehet also die kleine Tertie aus Einem ganzen und aus Einem großen halben Tone, was aber ein großer halber Ton und ein kleiner halber Ton ist, davon siehe das folgende zehnte Capitel §. 2.

§. 6. Die einfältigste Art also, eine große Tertie von einer kleinen zu unterscheiden, ist, wenn man merket, daß zwischen einer großen Tertie drey Claviere, zwischen einer kleinen Tertie aber nur zwey Claviere liegen. Hiernach untersuche man weiter die natürlichen Tertien, nämlich zu d e f g a h und sehe, ob sie groß oder klein sind, so wirst du sehen, daß nebst der natürlichen Tertie zu c auch die natürliche Tertie zu f und g eine große Tertie ist, und daß hingegen die natürliche Tertie zu d, e, a und h eine kleine Tertie ist.

§. 7.

§. 7. Diese natürliche Tertien hat man am ehesten und fertigsten zu lernen, so kann man die zufälligen gar leicht treffen. Wir haben also gesehen, daß die Tertia naturalis (so wird die natürliche Tertie genannt) zweyerley sey, nämlich major oder minor. Was nun die Tertia accidentalis (denn so wird die zufällige Tertie genannt) betrifft, so entstehet dieselbe, wenn eine natürlich kleine Tertie durch ein ♯ erhöhet wird, und wenn eine natürlich große Tertie durch ein b erniedriget wird. Denn ein jeder Ton von unsern sieben Tönen, die eine diatonische Octave ausmachen (diatonisch heißt man, wenn die Töne weder durch ♯ oder b sind versetzet worden) nämlich c d e f g a h muß eine doppelte Tertie haben, nämlich eine große und eine kleine. Wo nun die Tertie, wie zu c, f und g von Natur groß ist, so wird solche zufälliger Weise, das ist, durch Vorsetzung des Erniedrigungszeichen eines b, klein gemacht, daher heißt sie alsdenn die zufällige kleine Tertie (oder Tertia minor accidentalis). Wo aber die Tertie, wie zu d e a h von Natur klein ist, so wird sie zufälliger Weise, das ist, durch Vorsetzung eines Erhöhungszeichen des ♯ groß gemacht, und heißt alsdenn die zufällige große Tertie (oder Tertia major accidentalis).

§. 8. Die natürliche Tertie zu c war eine große Tertie, nämlich e, soll c nun eine kleine Tertie haben, so muß vor e ein b stehen, welches es (oder dis) heisset, ist also die Tertia minor zu c, es (oder dis). Die natürliche Tertie zu d war eine kleine Tertie, nämlich f, soll d nun eine große Tertie haben, so muß vor f ein ♯ stehen, ist also die Tertia major zu d, fis. Und so auch weiter mit den andern Tönen, als die natürliche Tertie zu e ist eine kleine Tertie, nämlich g, die große Tertie aber wird nun gemacht, wenn ich vor g ein ♯ setze; heißt also die Tertia major zu e, gis. Die natürlichen Tertien zu f und g sind große Tertien, nämlich f, a; g h; sie werden durch ein b vor a und h zu kleinen Tertien gemacht, da denn die Tertia minor zu f, as (oder gis) und zu g, b heißt. Zuletzt, die natürliche Tertie zu h ist d, welches eine kleine Tertie ist, die große Tertie zu h heißt folglich dis vor d ein ♯. Diß wären also alle Tertien, so wohl die großen als die kleinen Tertien unserer diatonischen Octave. (Also heißen, wie schon erwehnet, die so genannten ganzen Töne unsers Claviers c d e f g a h.)

§. 9. Nun wollen wir alle Tertien unserer diatonischen Octave auch in Noten vorstellen.

Alle große Tertien oder Tertiae majores so wohl naturales als accidentales.

Alle kleine Tertien oder Tertiae minores so wohl naturales als accidentales.

§. 10. Nun wollen wir auch die Tertien von den halben Tönen cis (des) dis (oder es) fis (oder ges) gis (oder as) b (oder ais) sehen; die sind wieder natürlich oder zufällig. Wir nehmen erst die natürlichen. Die natürliche Tertie zu cis, vor c ein ♯, ist e, dieß ist eine kleine Tertie (wird aber dieses cis durch ein b vor d gemacht, welches alsdenn besser des als cis genannt wird, so ist die natürliche Tertie zu des f, welches eine Tertia major ist). Die Tertie zu dis, vor d ein ♯, ist nicht f, sondern fis, denn dis und f wäre nicht einmal eine kleine Tertie, weil nach §. 5. die kleine Tertie zwey Claviere zwischen sich liegen hat, hier aber wäre nur das einzige Clavier e, denn zwischen dis und f liegt nur e, derwegen ist die Tertia minor zu dis, fis. (Entstehet aber dieses dis durch Vorsetzung eines b vor e, welches alsdenn besser es genannt wird, so heisset die natürliche Tertie zu es, g und ist eine Tertia major). Die natürliche Tertie zu fis ist a, und ist eine Tertia minor, (entstehet dieses fis aber durch Vorsetzung eines b vor g, so heißt man es ges, und dann ist die natürliche Tertie zu ges nicht h sondern b, und ist eine Tertia major, denn weil zwischen ges und h vier Claviere, nämlich g gis a b liegen und nach §. 5. eine Tertia major nur 3 Claviere zwischen sich lie-gen haben muß, so ist b und nicht h die eigentliche Tertia major zu ges). Die natürliche Tertie zu gis, vor g ein ♯, ist h, und ist eine Tertia minor (entstehet aber dieses gis durch Vorsetzung eines b vor a, da man es denn as nennet, so ist die natürliche Tertie zu as c, welche eine Tertia major ist). Die natürliche Tertie zu b, (vor h ein b) ist d, welches eine

eine Tertia major iſt. (Wenn aber vor *a* ein x ſtehet, welches auf dem Clavier auch *b* iſt, ob man es gleich beſſer *ais* nennet, ſo iſt die natürliche Tertie zu *ais* nicht *c* ſondern *cis*, weil zwiſchen *ais* und *c* nur Ein Clavier nämlich *h* liegt; deswegen hier gilt was bey der mangelhaften Tertie *dis* und *f* angemerket worden. (Nun wollen wir die natürlichen Tertien der halben Töne in Noten vorſtellen.

Alle natürliche Tertien der halben Töne.

§. 11. Die zufälligen Tertien zu *cis* (*des*) *dis* (*es*) *fis* (*ges*) *gis* (*as*) *ais* (*b*) ſind folgende : Weil die natürliche Tertie zu *cis* eine kleine Tertie iſt, ſo wird die große Tertie zu *cis* gemacht, wenn vor *e* ein x kömmt, welches denn *eis* heiſſet, auf unſerm Clavier aber iſt es *f*. (Zu *des* war die natürliche Tertie, *f* eine große Tertie, will man nun zu *des* eine kleine Tertie haben, ſo muß vor *f* ein *b* ſtehen, welches *e* iſt, aber doch beſſer *fes* genannt wird). Die natürliche Tertie zu *dis* war eine kleine Tertie, nämlich *dis fis*, wollte man nun zu *dis* eine große Tertie haben, ſo müßte man vor *fis* wieder ein x ſetzen (dieß x wodurch ein Semitonium wieder um einen halben Ton erhöhet wird, heißt ein doppel Creuz, und in dieſem Falle ſchreibt man entweder ein einfaches Creuz als x oder man macht vor *f* zwey gewöhnliche Creuze nach einander als x x, ein ſolches doppel Creuz erhöhet die Note um einen ganzen Ton) welches *g* wird, aber um der Deutlichkeit willen *fisfis* oder doppel *fis* genannt wird, wäre alſo die Tertia major zu *dis* doppel *fis*, welches *g* iſt. Dieſe Tertia major wird ſelten gefunden. (Die natürliche Tertie zu *es* war *g* eine große Tertie, ſetze vor *g* ein *b*, welches *ges* wird, ſo haſt du die kleine Tertie zu *es*, nämlich *ges*). Die zufällige Tertie zu *fis* iſt *ais* vor *a* ein x und iſt die Tertia major zu *fis* (zu *ges* war die natürliche Tertie *b* eine große Tertie, wollen wir nun eine kleine Tertie zu *ges* haben, ſo müſſen wir *b* noch einmal um einen halben Ton erniedrigen (dieß *b* wodurch ein Semitonium wieder um einen halben Ton erniedriget wird, heißt ein doppel *b*, und wird alsdenn das *b* entweder zweymal geſetzt als b b, oder man mache das *b* etwas gröſſer als ſonſten

als

als b. Dann bekommen wir a. Diese Tertie ist fast gar nicht gebräuchlich) die zufällige Tertie zu *gis* ist *his* vor *h* ein ✕ (ist das *c* auf
unserm Clavier) und ist eine große Tertie (*as*, dessen zufällige Tertie ist
eine Tertia minor man macht nämlich vor *c* ein b, welches *ces* heißt
(ist eigentlich *h* auf unserm Clavier) und ist eine Tertia minor. Die
zufällige Tertie von *ais*, vor *a* ein ✕, ist doppel *cis*, und ist eine Tertia
major, hier kömmt wieder das doppel Creuz vor, wie bey der zufälligen Tertie von *dis* davon nachzusehen. (Die zufällige Tertie von *b*, vor
h ein b, wird gemacht, wenn ich vor *d* ein b setze, wird alsdenn *des*
und ist also die Tertia minor zu *b des*).

§. 12. Nun wollen wir alle zufällige Tertien der halben Töne, sowohl die kleine als große in Noten vorstellen.

Alle zufällige Tertien der halben Töne.

Unter allen diesen Tertien kömmt die Tertia major zu *cis* und *fis*
fast nur allein bey Liedern vor. Es ist dieses Capitel von den Tertien
etwas weitläuftig gerathen, es kann aber einem Liebhaber, der auch gerne
andere musikalische Bücher will verstehen lernen, oder der Lust zum Generalbaß hat, eine feine Einleitung zu allen musicalischen Intervallen geben; Einem Anfänger aber zu gefallen will allhier bloß aussuchen diejenigen Tertien die ihm zu wissen nöthig sind, ohne sich zu verwirren mit zufälligen Tertien, die bey Liedern wenig oder wohl gar nicht vorkommen.

Alle gebräuchliche Tertien.

CAPVT

CAPVT X.

Von der Quinte.

§. 1. Was eine Quinte sey, wird aus den vorigen schon bekannt seyn, nämlich der fünfte Ton, von dem Clavier das so heisset als die Baßnote. Wir haben bey der Tertie eine große und kleine Tertie gesehen, nun könnten wir hier auch einer großen und kleinen (oder so genannten falschen Quinte) erwehnen, weil wir aber bey einem Accord es bloß mit Einer Quinta, nämlich der vollkommenen Quinta (welche Quinta perfecta heisset) zu thun haben, so wollen wir uns allhier nur bloß mit derselben bekannt machen, und zwar erstlich handeln von den Quinten der so genannten ganzen Töne oder der diatonischen Octave c d e f g a h, und dann von den Quinten der so genannten halben Töne.

§. 2. Ueberhaupt bestehet eine jede vollkommene Quinte aus drey ganzen Tönen und aus Einem großen halben Tone. Auf diese Art werden alle Intervalla in musicalischen Büchern beschrieben; was nun ein ganzer Ton sey, ist schon bekannt, wenn nämlich ein halber Ton oder Ein Clavier noch darzwischen lieget. Was aber ein großer und ein kleiner halber Ton sey, das wollen wir hier kürzlich anzeigen.

§. 3. Auf dem Clavier merket man dem Unterscheid eines großen und eines kleinen halben Tones nicht, aber bey Schreibung der Noten muß dieser Unterscheid beobachtet werden; Wer nun die doppelte Benennung der halben Töne, davon schon im I. Abschn. Cap. 11. und im II. Abschn. Cap. 12. deutlich gehandelt worden, sich wohl gemerket hat, dem kann man den Unterscheid dieser beyden halben Töne am leichtesten begreiflich machen. Z. E. Auf unserm Clavier ist c und cis nur einen halben Ton von einander, und kann dieß cis von c ein großer oder ein kleiner halber Ton seyn, nachdem nämlich die Bezeichnung dieses halben Tones cis im Schreiben entweder durch ein x oder b geschehen. Denn unser Semitonium cis (eben wie alle andere Semitonia des Claviers) wird in Noten vorgestellt entweder durch Vorsetzung eines x vor c, oder durch Vorsetzung eines b vor d, und nach dieser unterschiedenen Bezeichnung wird der halbe Ton unterschieden benennet; denn stehet vor c ein x so heißt dieser halbe Ton cis, und ist alsdenn ein kleiner halber Ton; stehet aber vor d ein b, so ist es zwar auf unserm Clavier einerley Clavis, es heisset aber alsdenn nicht cis sondern des, und ist alsdenn gegen c zu rechnen ein großer halber Ton: Hieraus siehet man, daß bey einem großen

Z 3

halben

halben Tone die Note um einen Grad weiter gehet, bey einem kleinen
halben Ton aber auf derſelben Stelle ſtehen bleibet. Es ſollte nun frey⸗
lich der große halbe Ton auch etwas höher klingen als der kleine halbe
Ton, denn *cis*, vor *c* ein *x*, ſollte ein wenig niedriger klingen als *cis*, vor
d ein *b*, welches *des* heiſſet, denn ſo wäre der Unterſcheid auch dem Ge⸗
hör offenbar, allein alsdenn müßten wir bey unſerm Clavier *cis*, ehe man
zu *d* käme, noch ein kleines apartes Clavier haben, welches *des* hieße
und ein wenig höher als *cis* wäre; allein ob man nun gleich wohl lieſet,
daß man dergleichen Claviere wohl je gemacht, darauf dieſe Subſemi⸗
tonia (wie man ſie nannte) zu finden geweſen; ſo haben dergleichen Cla⸗
viere doch gar noch nicht Mode werden wollen, wegen der großen Schwie⸗
rigkeit, die ſich ſo wohl in Stimmung als in Beſpielung eines ſolchen
Claviers dabey hervor gethan. Die Violin und noch andere Inſtru⸗
mente können und müſſen den Unterſcheid eines großen und eines kleinen
halben Tones hören laſſen. Iſt alſo der große halbe Ton zu *c des*, und
der kleine halbe Ton zu *c* iſt *cis*. Der große halbe Ton zu *d* iſt *es* und
der kleine iſt *dis x*. *e* und *f*, wie auch *h* und *c* iſt ein großer halber
Ton, der ſelbſt in der diatoniſchen Octave ſich findet. So viel von dem
großen und kleinen halben Ton.

§. 4. Die Quinte zu *c* heißt *g*. Nun wollen wir ſehen, ob der
Zwiſchenraum (oder Intervallum) von *c* zu *g* denn drey ganze Töne
und einen großen halben Ton in ſich faſſet: *c* und *d* iſt der erſte ganze
Ton, *d* und *e* iſt der zweyte ganze Ton, *e* und *f* iſt der Eine große halbe
Ton, und endlich *f* und *g* iſt der dritte ganze Ton: Dieſes *g* iſt nun die
Quinte zu *c*, und beſtehet, wie wir eben geſehen, aus drey ganzen und aus
Einem großen halben Ton; auf dieſe Weiſe kann man zu allen Tönen die
Quinte abzehlen. Da denn zu merken, daß der große halbe Ton nicht
immer der dritte iſt, ſondern bey *d* der zweyte, bey *e* der erſte, bey *f* der
vierte, bey *g* wieder der dritte, bey *a* der zweyte und bey *h* der erſte iſt.
Z.E. Die Quinte zu *d* iſt *a*, *d* und *e* iſt der erſte ganze Ton, *e* und *f* iſt
der Eine große halbe Ton, *f* und *g* iſt der zweyte ganze Ton und endlich *g*
und *a* iſt der dritte ganze Ton; deswegen iſt *a* eine Quinte zu *d*.

§. 5. Ich will alle Quinten zu unſerer diatoniſchen Octave herſetzen,
nämlich die Quinte zu *c* iſt *g*, zu *g* iſt *d*, zu *d* iſt *a*, zu *a* iſt *e*, zu *e* iſt *h*.
zu *f* iſt *c*, zu *h* iſt *fis*. Man hat vor allen die Quinte von *h* wohl zu
merken, weil dazu nicht *f* ſondern *fis* die Quinte iſt. Aus der §. 4. ge⸗
zeigten Abzehlung der Quinten wird ſich dieſes zeigen, nämlich *h* und *c* iſt
der

der Eine große halbe Ton, c und d ist der erste ganze Ton, d und e ist
der zweyte ganze Ton, e und f ist nach §. 3. nur ein großer halber Ton,
weil wir nun schon gleich im Anfange den Einen halben Ton gehabt haben, und uns noch ein ganzer Ton fehlet, so muß f durch ein x um einen
halben Ton erhöhet werden, und ist alsdenn fis, ist also e und fis der
dritte ganze Ton, der zur Quinte zu h noch erfodert wurde. Folglich
ist die Quinte zu h, fis und nicht f.

§. 6. Weiß ein Anfänger oben stehende 7 Quinten perfect, so kann
er die übrigen zu den halben Tönen leicht errathen, denn weiß er, daß die
Quinte zu c g ist, so kann er auch bald wissen, wie die Quinte zu cis heiß-
sen muß, denn weil sein Grundton, darzu er die Quinte haben will,
durch ein x erhöhet worden, so erhöhe er seine Quinte zu c, nämlich g
auch durch ein x um einen halben Ton, ist folglich die Quinte zu cis gis.
Und eben so mache ers, wenn ein Grundton durch ein b erniedriget worden,
so erniedrige er seine Quinte auch durch ein b um einen halben Ton, als:
Die Quinte zu e h, stehet nun vor e ein b und wird dadurch es (d. i. dis)
so setze er vor h auch ein b, ist alsdenn die Quinte zu es b, und so weiter
die Quinte zu fis ist cis, zu gis ist dis (zu as ist es) zu b ist f.

§. 7. Alle Quinten kann man auch im Cirkel vorstellen, wie aus beyste-
henden Quintencirkel, wie er genannt wird, zu ersehen:

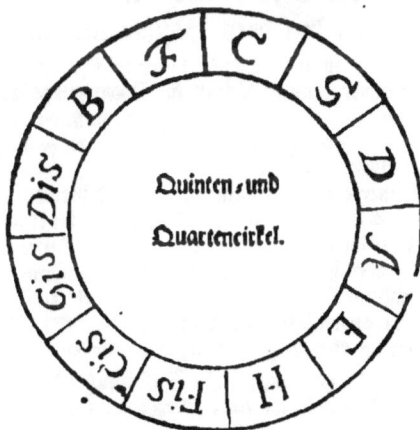

Quinten-und
Quartencirkel.

Aus diesem Cirkel ist zu ersehen, daß man bey *H* mit der Quinte das erste Semitonium *Fis* erreichet, und daß man bey *B* die halben Töne wieder verläßt, denn die Quinte zu *B* ist *F*.

Gebrauchet man diesen Cirkel rücklings so ist es ein Quartencirkel, denn die Quarte zu *C* ist *F*, zu *F* ist *B* rc.

§. 8. Nun wollen wir alle Quinten auch in Noten vorstellen.

§. 9. Es ist unter allen Intervallen die Quinte am nöthigsten und folglich auch am fertigsten zu lernen, ja dem Gedächtniß so einzuprägen, daß man des Abzehlens und Ausrechnens oder Nachdenkens darzu gar nicht mehr bedarf.

§. 10. Kann einer nun die Tertie, Quinte und Octave eines Baßtones, so ist er auch im Stande einen Accord dazu zu machen, denn diese drey Intervalla oder Ziffern machen einen Accord aus, wenn er solche zusammen anschläget und hören lässet.

CAPUT XI.
Von den drey Hauptaccorden.

§. 1. Wir haben im 8 ten Capitel dieses Abschnitts §. 5. die Accorde von den 7 so genannten ganzen Tönen in Noten ausgesetzet; wann nun einer zwischen oben stehenden Quinten Cap. 10. §. 8. die natürliche Tertie dazu setzet als: zwischen *c g* das *e*, und so weiter rc. so hat er alle Accorde mit den natürlichen Tertien.

§. 2. Nun merke man, daß ein jeder Accord dreymal kann verändert werden, nämlich also, man kann 1) die Octave oben im kleinen Finger nehmen, alsdenn liegt die Quinte in der Mitte und die Tertie unten. 2) Kann man die Quinte oben im kleinen Finger nehmen, alsdenn liegt die Tertie in der Mitte und die Octave unten (dieser Hauptaccord befindet sich in denen allhier §. 1. angeführten und gezeigten Accorden) oder 3) kann man die Tertie oben im kleinen Finger nehmen, alsdenn liegt die Octave in der Mitte und die Quinte unten. In Zahlen siehet dieses also aus $\frac{8}{5}\frac{5}{3}\frac{3}{8}$. Diese dreyfache Abwechselung eines Accordes wird genannt: Die drey Hauptaccorde.

§. 3.

§. 3. Was man nun bey Liedern vor einen Accord von diesen dreyen nehmen soll, das zeiget die Discantnote an; denn diese Discantnote ist im Schlusse eines Satzes, (oder so oft über der Baßnote keine Ziffer stehet, es wäre denn ein ♯, b, ♮, 3. oder ⁵ ⁶ ♮ ♯, als welche Zahlen alle einen Accord anzeigen,) entweder die Octave, oder Quinte, oder die Tertie zu der Baßnote, die darunter stehet, und diese Discantnote muß immer der höchste Ton meines Accordes seyn, gemeiniglich nimmt man die Discantnote mit dem kleinen Finger, zuweilen mit dem vierten Finger.

§. 4. Weil ich nun im Discant allezeit zu meiner Baßnote, dazu der Accord soll gemacht werden, einen Ton ausgeschrieben finde, so habe ich nur 2 Töne nöthig, dazu zu finden, um einen dreystimmigen Accord zu meiner Baßnote schlagen zu können. Gemeiniglich sind die Schlußnoten eines Satzes im Discant und Baß einerley, nämlich, wenn die letzte Note eines Satzes im Baß g ist, so stehet im Discant auch g u f. w. alsdenn habe ich die Octave im kleinen Finger, und suche die Quinte und Tertie dazu; weiß ich nun wie die Quinte und Tertie zu g heißen, so kann ich bald fertig werden, sonsten muß ich erst abzählen. Wer so gut rücklings als vorwärts zählen kann, der zählet von g als die Octave rücklings zur Quinte, nämlich f ist 7, e ist 6 und d ist die verlangte Quinte, c ist 4. und h ist die verlangte Tertie zu g. Diese 3 Tone g
schlägt er nun zusammen an, so wie sie hier unter einander gedruckt sind, und zwar g mit dem fünften, d mit dem dritten, und h mit dem zweyten Finger, und schlägt den Baß dazu, so hat er den verlangten Accord gemacht, welcher den Schluß eines Satzes anzeiget.

§. 5. Stehet hingegen zu deiner Baßnote g, im Discant ḡ, so wirst du bald sehen, daß diß eine Tertie zu g ist, deswegen hast du die Octave und Quinte nur noch dazu zu suchen. Die Octave heißt, wie deine Baßnote, nämlich ḡ, und die Quinte, welche allhier unten lieget, heißet d: ist also der Accord zu g allhier, wenn die Tertie oben lieget,
g. Nimm h mit dem fünften, g mit dem vierten und d mit dem zweyten Finger; oder nimm h mit dem vierten, g mit dem zweyten Finger, und d mit dem Daumen, denn beyde Application oder Fingersetzung ist gut; du kannst auch h mit dem fünften, g mit dem dritten Finger, und d mit dem Daumen nehmen.

Wiedeb. Clav. Spiel.　　　　　Aa　　　　　§. 6.

§. 6. Stehet weiter zu deiner Baßnote *g*, im Diſcant 𝄞, ſo ſieheſt du wohl, daß diß 𝄞 die Quinte zu *g* iſt, deswegen ſuche die Tertie und Octave dazu, welches ein kleiner leichter Accord iſt, nämlich 𝄞. Nimm 𝄞 mit dem fünften, 𝄞 mit dem vierten Finger, und 𝄞 mit dem zweyten Finger ; oder nimm 𝄞 mit dem fünften, 𝄞 mit dem dritten Finger, und 𝄞 mit dem Daumen. Nun ſchlage ſolchen Accord zu deiner Baßnote an.

§. 7. Nun wollen wir die drey Hauptabwechſelungen eines Accordes in Noten vorſtellen, welche ein Anfänger fleißig üben muß, wir wollen die drey Hauptaccorde zu einem jeden Tone herſetzen, und zu Erſparung des Raums, die zu dem Accorde gehörige Baßnote durch einen Buchſtaben anzeigen. Weiter habe dieſe Abwechſelung eines Accordes nicht herſetzen wollen, als die 5 Diſcantlinien faſſen können, es kann einer die übrigen Accorde, wenn ſie mit ihren Tönen die ungeſtrichene Octave erreichen, leicht nach den ausgeſetzten nachmachen, als zum Exempel, wenn im Diſcant eingeſtrichen 𝄞 zu ungeſtrichen *c* im Baſſe ſtehet, ſo fällt *g* und *e* in die ungeſtrichene Octave, und hat man nur zu ſehen, wie der Accord heißet, wenn im Diſcant zweygeſtrichen 𝄞 zu ungeſtrichen *c* im Baß ſtehet, da denn die Töne alle um eine Octave tiefer ſtehen. Dieß iſt leicht zu faſſen, und beſparet uns noch den Raum.

Hauptaccorde mit natürlichen Tertien.

c c c   *d d d*   *e e e*   *f f f*

g g g   *a a a*   *h h h*

Haupt

Hauptaccorde mit zufälligen großen Tertien.

d d d d d   e e e e e   a a a a a

h h h h h h

Hauptaccorde mit zufälligen kleinen Tertien.

c c c c c   f f f f f   g g g g g

Hauptaccorde zu den Semitonien.

cis cis cis   cis cis   es es es   fis fis fis   fis fis

gis gis gis   gis gis   as as as   b b b b

Bey der Uebung dieser Accorde sehe man immer zu, ob und wo die Tertie, Quinte und Octave in diesem oder jenem Accorde zu finden ist, wie auch, ob die kleine oder große Tertie darinnen vorhanden ist.

Die Hauptaccorde mit den natürlichen Tertien, hat man sich am ersten bekannt zu machen, hernach die mit den zufälligen Tertien. Die Hauptaccorde zu den Semitonien kommen so häufig nicht vor, außer bey halbkischen Melodien.

§. 8. Du mußt bey Schlagung des Accords wohl Achtung geben, was zu Anfange des Liedes vor ## oder bb stehen, denn wenn in einem Liede im Anfange vor h ein b stehet, so mußt du im Accorde zu g, nicht die natürliche Tertie h, sondern die durch Vorzeichnung eines b auf h natürlich gemachte Tertie b nehmen, muß also der Accord nicht seyn $\frac{5}{3}$ sondern $\frac{5}{3}$. So oft also ein Ton in der Vorzeichnung des Liedes ein · # oder b hat, und dein Accord erfodert einen solchen Ton, so mußt du solches # oder b eben sowohl im Accorde gelten lassen, als sonsten, wenn du einfach spielest. Wenn ein halber Ton im Accorde vorkommt, so wird die Fingersetzung dadurch zuweilen ein wenig geändert, vornehmlich wenn der halbe Ton oben liegt, und die Tertie deines Accordes ist, als wenn im Discant ⊏ zur Baßnote g stünde, so wäre der Griff also g' hier nimm b mit dem vierten, g mit dem zweyten Finger, und d mit dem Daumen. Eben so mache den Accord zu d d und zu e g^{is}. Liegt aber der halbe Ton in der Mitte als im Accorde zu b, wenn die Tertie d oben liegt, als b' so nimm d mit dem fünften, b mit dem dritten Finger, und f mit dem Daumen. Ist aber der halbe Ton unten als zu h h' so nimm d mit dem fünften, h mit dem vierten, und fis mit dem zweyten Finger.

§. 9. Weiter hast du hier auch zu sehen, ob über deiner Baßnote ein #, b, oder ♮ stehet, denn diese Zeichen geben dir zu erkennen, was du vor eine Tertie in deinem Accorde nehmen sollst. Das # bedeutet eine Tertia maior accidentalis, und das b eine Tertia minor accidentalis, machet also das # und b aus einer natürlichen eine zufällige Tertie; das ♮ aber verwandelt eine zufällige Tertie wieder in eine natürliche. Ein # über der Baßnote, zeiget also eine Tertia maior

an,

an, und ein b eine Tertia minor: das ♮ hingegen zeiget beydes eine
große und kleine Tertie an, denn hebt das ♮ ein ♯ auf, so zeiget es eine
Tertia minor an, hebet es aber ein b auf, so zeiget es eine Tertia
maior an. Ueberhaupt merke von diesem ♯, b und ♮ über einer Baßnote dieses: stehet ein ♯ über deiner Baßnote, so mache vor deine natürliche Tertie ein ♯; stehet ein b über deiner Baßnote, so mache vor deine
natürliche Tertie ein b; stehet aber ein ♮, so laß das etwa vorgezeichnete b oder ♯ bey deiner Tertie fahren, und nimm die natürliche Tertie
deiner diatonischen Octave; als: im Baße stehet die Note d, und im
Discant stehet ā, ist also dein Accord zu d f⁺ stehet nun aber über
der Baßnote d ein ♯, so mußt du in deinem Accorde nicht die natürliche Tertie f nehmen, sondern ein ♯ vor f setzen, und in deinem Accorde
fis nehmen, also f♯. Item. Stünde im Baße G und der Discant
hätte auch g, so hieße dein Accord ᵍ₃, wenn nun aber über der Baßnote G ein b stünde, so müßtest du vor der natürlichen Tertie deines
Accordes, nämlich vor h, ein b setzen, wäre also dein Accord ᵍ₃.
Weiter: Stünde im Baß c, und in der Vorzeichnung stünde vor e
ein b, die Discantnote wäre ē, so müßte dein Accord, weil sich zu Anfange des Liedes, vor e ein b befindet, ⁿ₄ heißen, wenn nun aber
über c im Baße ein ♮ stünde, so würde dadurch das b, so vorne im
Systemate auf e stehet, vor dieses mal aufgehoben, und dein Accord
hieße alsdenn ᶜ₄.

§. 10. Nun denke weitläuftig genug vom Accorde gehandelt zu
haben, deswegen will im folgenden Capitel einige Lieder hersetzen, da
man mit lauter Accorden spielen kann, zur Uebung einen Accord machen zu lernen.

CAPVT

CAPVT XII.

Chorale, da nicht allein die letzte Note eines Satzes, sondern alle Sätze mit lauter reinen Accorden können
gespielet werden, mit Anmerkungen.

N. 1. Herr Christ der einge Gottes Sohn.

N. 2.

N. 2. Meine Seele, wilt du ruhn.

N. 3.

N. 3. O Jesu, du, mein Bräutigam. Oder: Herr Jesu Christ wahr't Mensch und Gott.

N. 4. Ich ruf zu dir, Herr Jesu Christ.

N. 5. Werde munter mein Gemüthe.

N. 6. Was mein Gott will, gescheh' allzeit.

Anmerkungen über die vorhergehenden ſechs Lieder.

§. 1. Ob gleich dieſe ſechs Lieder zur Uebung eines Accordes ſind hergeſetzet worden, ſo darf man doch nicht denken, daß ſie auch nicht einfach, ſo wie ſie hier in Noten ſtehen, können geſpielet werden; denn es können alle Geſänge auf dieſe doppelte Art geſpielet werden, entweder einfach ohne Griffe, oder mit Griffen nach dem Generalbaß. Das erſtere ohne Griffe gehet immer an, allein wenn ein Lied mit Griffen ſoll geſpielet werden, ſo findet man über den Baßnoten Ziffern oder Zahlen; denn ob man gleich bey dieſen ſechs Liedern keine Ziffern oder Zeichen, (außer daß zuweilen ein ✕ über der Baßnote iſt,) ſiehet, ſo iſt zu wiſſen, daß man den Baß dieſer ſechs Lieder mit Fleiß ſo eingerichtet, daß alles mit Accorden oder reinen Griffen kann geſpielet werden, dergleichen Bäſſe man ſonſt bey Liedern nicht findet, denn wenn ein Baß auch noch ſo wenig Zahlen über ſich hat, ſo findet man doch wenigſtens die Zahl 6 über einigen Noten, wenn aber ein reiner Accord ſoll gemacht werden, ſo findet man keine Zahl oder Ziffer über der Baßnote. Wenn alſo ein Lied einen bezifferten Baß hat, ſo werden alle Noten, welche

keine

keine Ziffer über sich haben, in der rechten Hand mit einem reinen Accord abgefertiget. Soll aber der Accord eine andere als natürliche Tertie haben, so wird solche Tertie durch ein x, b oder ♮ angedeutet, wie aus dem vorhergehenden Capitel §. 9. zu ersehen.

§. 2. Im vorigen Capitel §. 3. ist auch schon gezeiget, wie man die Discantnote immer in der obersten Stimme, oder im kleinen Finger haben muß, und daß man denjenigen Hauptaccord nimmt, den die Discantnote anzeiget, welches alles aus Cap. 11. schon bekannt ist. Hier merke nur noch an, wie bey Achteln in Discant gemeiniglich das letzte Achtel mit dem kleinen Finger ohne Griff allein angeschlagen wird, und wird solche Note deswegen eine durchgehende Note genennet; es ist solche Note auch keine Note, die wesentlich zu der Melodie gehöret, sondern nur als eine Manier anzusehen die die Melodie fließend und an einander hängend machet; es ist diese durchgehende Note aber nur gebräuchlich bey Gängen, welche in die Tertie steigen oder fallen, und dieses sowohl im Baß als Discant. Diese durchgehende Note findet sich bey N. 1. im Discant häufig, als gleich im ersten Tacte beym zweyten Griffe zu g stehen im Discant zwey Achtel $\bar{i}$ $\bar{a}$, da ist $\bar{a}$ die durchgehende Note und führet nur zu h hin, deswegen wird $\bar{a}$ ohne Griff gemacht, es können aber die vorigen beyden Töne zu $\bar{i}$, nämlich $\bar{a}$ und h liegen bleiben, bis der zweyte Hauptaccord bey h zu g eintritt. Im vierten Satze kömmt diese durchgehende Note zweymal vor, als da stehen zu Anfange des Satzes vier Achtel, nämlich $\bar{i}$ $\bar{i}$ $\bar{i}$ $\bar{i}$ g. Hier wird $\bar{a}$ und $\bar{i}$ als eine durchgehende Note angesehen, und wird der Griff bey $\bar{i}$ und $\bar{i}$ gemacht, es bleiben aber die beyden gehabten Töne des Accords liegen und die oberste verändert sich nur, wie zu ersehen aus dem unten stehenden Exempel N. 1. 2. da diese beyden Sätze in Noten aufgedruckt stehen, denn da müssen die beyden untersten Noten des Accords als Viertel liegen bleiben, bis das zweyte Achtel, die durchgehende Note sich hat hören lassen. Eben diese durchgehende Note findet sich bey N. 2. 4. und 6. auch im Baß, wovon denn zu merken, daß solche alleine ohne Griff gemacht wird. Man deutet eine solche durchgehende Note auch durch einen Bogen an, wie aus unsern Liedern auch erhellet. Dieß ist leicht zu begreifen, und aus den beygefügten Exempeln N. 3 und 4. zu ersehen.

Exempel

Exempel von durchgehenden Noten.

N. 1.   N. 2.

N. 3.

N. 4.

Hieraus iſt zu erſehen, wie die durchgehende Note immer allein nach-
gehet ohne den Griff zu erneuern, ſondern man hat die unterſten beyden
Noten eines Accordes nur liegen zu laſſen, eben wie eine durchgehende
Baßnote als bey N. 3. 4. allein gehet und der Griff im Diſcant nur
liegen bleibet.

§. 3. Wenn ein x, b oder ♮ über einer Note ſtehet, und ſolche Note
zwey oder dreymal nach einander, ohne Zwiſchenkunft einer andern Note
geſchrieben ſtehet, ſo hat man eben nicht nöthig dieß x, b oder ♮ über
dieſe zwey oder drey Noten immer wieder zu ſetzen, ſondern man macht
einen kleinen Strich (–) dieß zeigt an, daß das x, b oder ♮ über der
folgenden Note noch gelten ſoll. Bey dem Liede N. 1. habe im erſten
Satze

Satze über *H* das # zweymal geschrieben, statt des letzten Creuzes aber hätte ich nur bloß einen Strich (-) setzen können, so wie solches bey N. 2. im
sechsten und achten Tacte im Baß bey *d D* geschehen. Hieraus ersiehet man
was der Strich (-) im Choralbaß über einer Baßnote gilt.

§. 4. Ich finde nicht nöthig, ein ganzes Lied mit vollen Griffen aus-
zusetzen, dieß kann einer leicht selber thun, wenn er dabey die im eilften Capitel §. 7. in Noten ausgesetzten Accorde zu Hülfe nimmt; es
ist aber am besten, daß einer die Tertie, Quinte und Octave eines jeden Tones sein auswendig lernet, als welches nur ein wenig Fleiß und
Uebung erfodert.

§. 5. Wer diese 6 Lieder mit Accorden spielen kann, der wird bey
allen andern Liedern am Schlusse eines jeden Satzes gar leicht einen Accord machen können. Welche Accorde aber in diesen Liedern nicht vorkommen, die findet er doch Cap. 11. §. 7. zur Nachricht.

C A P V T XIII.

Von den Tonarten oder Modis musicis, oder wie man wissen könne, aus welchem Tone ein Lied gesetzt.

§. 1. Es ist ein bekanntes Sprichwort: in fine videtur cujus
Toni, d. i. am Ende siehet man aus welchem Tone das Lied ist. Dieß
Sprichwort ist aus der Musik entlehnet, denn wer wissen will, aus welchem Tone sein Lied oder Stück gehet, der sehe die letzte Baßnote an,
heißt diese *g*, so sagt man, das Lied sey aus dem *g*, heißt sie *d*, so ist
das Lied aus dem *d*. Man siehet hier also mehr auf die Baßnote als
auf die Discantnote, denn obgleich die Discantnote am Ende gemeiniglich eben so ist und heisset, wie die Baßnote, so ist sie doch nicht allezeit
mit der Baßnote einerley; daher man den Ton eines Liedes am sicher-
sten nach der letzten Baßnote benennet.

§. 2. Arien und Stücke die am Ende das Wort Da Capo (d. i.
von Anfange) haben, haben ihre Endnote gemeiniglich in der Mitte des
Stücks, und hat diese Note alsdenn einen Bogen über sich, und dieß
ist denn der Ton daraus das Stück ist.

§. 3. Aus welchem Ton ein Lied gehe, ist also leicht aus der Baßnote zu ersehen; weil nun aber die letzte Baßnote allezeit einen reinen Accord über sich hat, und der Accord wegen der Tertie, die mit zu einem

Accorde

Accorde gehöret, zweyerley ist, nämlich ein Accord mit der Tertia major und ein Accord mit der Tertia minor; so wird durch das Wörtlein *dur* und *moll* angezeiget, welche Tertie sich im Accorde befindet, deswegen bey Benennung der letzten Baßnote eines von diesen beyden Wörtern *dur* oder *moll*. noch muß gesetzet werden; denn wenn die letzte Baßnote g heisset, so ist zwar das Lied aus dem g, allein nun muß ich auch noch wissen, ob es aus g *dur* oder g *moll* sey.

§. 4. Dieses ist nun auch sehr leicht zu erlernen, man untersuche nur, ob im Accorde zu der letzten Baßnote die Tertie groß (major) oder klein (minor) ist, so wie solches Cap. 9. §. 4. 5. 6. gelehrt worden, ist die Tertie groß, so setzet man das Wörtlein *dur* zur Benennung der letzten Baßnote, ist die Tertie aber klein, so bedienet man sich des Wortes *moll*.

§. 5. Man hat Lehrmeister, (sonderlich auf dem Lande) welche ihren Scholaren beybringen und sagen, daß wenn im Anfange des Liedes oder im Systemate ♯ ♯ vor einem Liede stünden; so wäre es *dur*, stünden aber b b davor, so wäre es *moll*, allein dieß trifft mit nichten ein; denn es kann wohl vor h ein b stehen und das Stück ist doch, wenn nämlich die letzte Baßnote f ist, aus f *dur*. Item es kann vor f ein ♯ im Systemate stehen, und das Lied ist doch, wenn nämlich die letzte Baßnote e ist, e *moll*; An der Tertie ist also die Tonart am besten zu erkennen.

§. 6. Will man nun wissen, aus welchem Ton oder aus welcher Tonart (oder aus welchem Modo) ein Lied ist; so schlage man die letzte Baßnote an, man nehme mit der linken Hand die natürliche Tertie dazu, darnach sehe man, ob diese natürliche Tertie auch etwa zu Anfange des Liedes durch ein ♯ ist erhöhet oder durch ein b erniedriget worden, ist solches nun nicht geschehen, so behält man die natürliche Tertie und untersuchet nach Cap. 9. §. 4. 5. 6. ob es eine große oder kleine natürliche Tertie ist; ist sie groß, so ist das Lied aus einem *dur* Ton, ist sie klein, so ist es ein *moll* Ton. Ist aber die natürliche Tertie durch ein ♯ erhöhet, so ist es eine Tertia major, ist sie aber durch ein b erniedriget, so ist es eine Tertia minor, und darnach geschiehet nun, wie schon erwehnet, die Benennung von *dur* oder *moll*.

§. 7. Man hat auch zu sehen, ob die letzte Baßnote selbst auch etwa durch ein ♯ oder b in ein Semitonium verwandelt worden, als da hat

die

die letzte Baßnote *H* im Liede; Seelen Bräutigam rc. (siehe III. Abschn. Cap. 8. N. 5.) ein b vorne im Systemate, ist also das Lied nicht aus dem *h* sondern aus dem *B dur*.

§. 8. Wir wollen nun besehen, aus welchen Tönen unsere hier eingeschalteten Lieder sind. Die Mel. Wer nur den lieben Gott läßt walten, ist unser erstes Lied im zweyten Abschnitte. Die letzte Baßnote heißt *A*, deswegen ist dieß Lied aus dem *A*. Nun mache mit der linken Hand die natürliche Tertie zu *A*, welche *c* ist, siehe zu, ob im Anfange des Liedes auch vor *c* ein x stehet, weil nun dieses nicht zu finden, so ist die die natürlich Tertie ½ gelassen, derowegen siehe ob *c* eine große oder kleine Tertie zu *A* ist; es ist eine kleine Tertie, denn es liegen nur zwey Claviere, nämlich *B* und *H* zwischen *A* und *c*, deswegen mußt du das Wörtlein *moll* zu *a* setzen, ist also das Lied, Wer nur den lieben Gott läßt walten rc. aus dem *a moll*. Aus *a moll* sind auch: Es kostet viel ein Christ zu seyn rc. und Was mein Gott will, das g'scheh allzeit. Hat also ein Lied oder Stück wenn es aus *a moll* ist, weder x oder b in der Vorzeichnung. Weiter haben wir im dritten Abschnitte N. 6. das Lied: Jehova ist mein Licht und Gnaden-Sonne. Die letzte Baßnote heißt *c*. Die natürliche Tertie ist *a*, es hat in der Vorzeichnung weder x oder b, deswegen behält der Accord die natürliche Tertie, welches eine Tertia major ist, weil zwischen *c* und *e* drey Claviere, nämlich *cis*, *d*, *dis*, liegen; daher ist das Lied aus *c dur*, eben aus diesem *c dur* ist auch das Lied: Jesus meine Zuversicht rc. und: Meine Seele willt du ruhn rc. haben also die beyden Tonarten *a moll* und *c dur* weder x noch b.

§. 9. Nun wollen wir sehen, aus welchem Ton ein Lied ist, wenn es vor *f* ein x vor sich hat. Wir haben im II ten Abschn. Cap. 17. N. 2. das Lied: Nun danket alle Gott. Die letzte Baßnote heißt *g*, ist also das Lied aus dem *g*. Nun mache mit der linken Hand die natürliche Tertie, diese ist zu *G*, *H*, siehe zu ob vor *H* auch im Systemate ein b stehet? Nein. Deswegen bleibt die natürliche Tertie im Accord. Nun visitire die Tertie, ob sie groß oder klein ist; zwischen *G* und *H* liegen drey Claviere *Gis*, *A*, *B*, deswegen ist *H* zu *G* die große Tertie oder Tertia major, darum ist dieß Lied aus *g dur*. Aus eben diesem *g dur* sind auch folgende Lieder: Freu dich sehr, o meine Seele rc. Nun freut euch, lieben Christen g'mein rc. Lobe den Herrn, den mächtigen König rc. Alle Menschen müssen sterben rc. Es ist gewißlich an der

der Zeit ꝛc. Nun ruhen alle Wälder ꝛc. Herr Chriſt der einge Gottes
Sohn ꝛc. O Jeſu du mein Bräutigam ꝛc. und Werde munter mein
Gemüthe ꝛc. Alle dieſe Lieder ſind aus *g dur*, und haben im Anfange
des Liedes vor *f* ein ♯ ſtehen. Endigte ſich der Baß in *e* und es ſtünde
vor *f* ein ♯, ſo wäre dieß Lied aus dem *e moll*, davon wir kein Exempel in unſerm Buche haben, ich werde aber hernach aus dem Halliſchen Geſangbuche etliche aus *e moll* anführen. *g dur* und *e moll* haben alſo Ein ♯, nämlich vor *f*.

§. 10. Man findet auch viele Lieder, die in der Vorzeichnung Ein b, nämlich vor *h* haben, als da iſt im III. Abſchn. Cap. 8. das Lied: Lobt Gott
ihr Chriſten allzugleich ꝛc. Wir wollen ſehen, aus welchem Tone dieß
Lied iſt. Die letzte Baßnote heißt *f*, deswegen iſt es aus dem *f*. Die
Tertie nun muß uns lehren, ob es *f dur* oder *f moll* iſt. Man nehme
deswegen *F* mit der linken Hand, mache die natürliche Tertie *a* dazu,
dieß iſt nun eine große Tertie weil *Fis*, *G*, *Gis* darzwiſchen liegen,
nun ſiehe zu, ob dieſe natürliche große Tertie auch etwa im Anfange
des Liedes durch ein b iſt erniedriget worden. Nein, denn das b ſteht
nicht auf *a*, ſondern auf *H*. Deswegen bleibt die natürliche große
Tertie zu *F*, nämlich *A* im Accorde zu *F*, und folglich iſt dieß Lied aus
dem *f dur*. Aus dieſem *f dur* iſt auch das Lied: Eins iſt Noth! Ach
Herr dieß Eine ꝛc. und Allein Gott in der Höh ſey Ehr. Wenn nun
aber ein Lied Ein b nämlich vor *h* hat, und die letzte Baßnote heißt *d*,
ſo iſt ſolches Lied aus *d moll*, als da ſind die beyden Lieder in unſerm
Buche: Jeſu, meine Freude ꝛc. und Ich ruf zu dir, Herr Jeſu Chriſt.
Und dieſes darum, weil ſie in *d* ausgehen, und die natürliche kleine Tertie
f beybehalten, als welches durch kein ♯ erhöhet worden: *f dur* und *d moll*
haben alſo abermal einerley Vorzeichnung, nämlich vor *h* Ein b.

§. 11. Nun hat man auch viele Lieder, da in der Vorzeichnung zwey
♯ ♯ ſtehen, wir haben deren drey eingerücket, im II. Abſchn. Cap. 17.
N. 6. Wie ſchön leuchtet der Morgenſtern, im III. Abſchn. Cap. 11.
N. 4. O! Urſprung des Lebens ꝛc. und im IV. Abſchn. Cap. 6. N. 2.
Es iſt das Heil uns kommen her ꝛc. Dieſe drey Lieder ſind aus *d dur*,
weil ſie ſich in *D* im Baſſe endigen und in der Vorzeichnung vor *f* (als
die natürliche kleine Tertie zu *D*) ein ♯ haben, als wodurch *d* am fis
eine Tertia major bekömmt. Wären aber zwey Creuze, nämlich vor
f und *c*, und die letzte Baßnote hieſſe *H*, ſo wäre das Lied aus *H moll*,
weil die natürliche kleine Tertie *d* zu *H* im Accord gelaſſen worden. Der-

gleichen Lieder aus *H moll* findet man im Hallischen Gesangbuche, haben also *d dur* und *h moll* einerley Vorzeichnung, nämlich vor *f* und *c* ein ♯, ist *fis* und *cis*.

§. 12. Wir haben in unserm Buche auch zwey Lieder, die zwey Been in der Vorzeichnung haben, nämlich vor *h* ein b, und vor *e* ein b, im III. Abschn. Cap. 8. N. 5. steht das Lied: Seelen Bräutigam ꝛc. (davon der 7te §. dieses Capitels nachzusehen) dieß endiget sich mit *B*, ist also aus dem *B*. Bey Untersuchung der Tertie wird man finden, daß die natürliche Tertie *d* eine große Tertie ist, und in der Vorzeichnung durch kein b erniedriget worden, ist deswegen dieß Lied aus *B dur*. Wann aber die letzte Baßnote, bey der Vorzeichnung der zwey Been, nämlich vor *h* und *e* ein *g* ist, so ist das Lied aus *G moll*, so wie denn deswegen das Lied: Es glänzet der Christen inwendiges Leben ꝛc. im III. Abschn. Cap. 11. N. 5. aus *g moll* ist, weil die natürliche große Tertie zu *g*, nämlich *h*, durch ein b zu einer kleinen Tertie ist gemacht worden. *B dur* und *G moll* hat also zwey Been.

§. 13. Ein Lied, nämlich das im III. Abschn. Cap. 8. N. 4. O wie selig sind die Seelen ꝛc. hat drey Creuze, nämlich vor *f*, *c* und *g* ein ♯ darinnen ist also *fis*, *cis*, *gis*, es endiget sich dieß Lied in *A*. Die natürliche kleine Tertie *c* ist durch ein ♯ erhöhet und zu *Cis*, als einer großen Tertie, zu *A* gemacht worden, ist also dieß Lied aus *a dur*; Im Hallischen Gesangbuche findet man verschiedene liebliche Melodien *ex a dur*. Wäre allhier die letzte Note im Baß Fis, so wäre es *fis moll*. Dieser Modus ist aber bey Liedern nicht üblich, im Hallischen Gesangbuche findet man auch kein Lied aus *Fis moll*, *a dur* und *Fis moll* haben also drey Creuze, nämlich vor *f*, *c* und *g*, oder hat *fis*, *cis*, *gis*.

§. 14. Im Hallischen Gesangbuche sind auch Melodien, die in der Vorzeichnung drey Been haben, nämlich vor *h*, *e* und *a*. Wenn alsdenn das Lied sich in *c* endiget, so ist die natürliche große Tertie *e* durch ein b erniedriget worden, und ist deswegen aus *c moll*. Ist aber die letzte Note *e*, so wisse daß dieß *e* durch das b selbst zum halben Tone gemacht und *dis* (oder *es*) geworden, deswegen ist ein solch Lied mit drey Been und daß im Baß zuletzt *dis* (oder *es*) hat, aus *dis dur*, weil die große Tertie *g* zu *dis* ist gelassen worden. *C moll* und *dis dur* haben also gleiche viel b b in der Vorzeichnung, nämlich drey, wie wir jetzt gesehen.

§. 15.

§. 15. Ja die Zahl der Creuze vermehret ſich noch mehr, denn man hat im Halliſchen Geſangbuche vier Lieder, welche vier Creuze in der Vorzeichnung haben, nämlich vor *f*, *c*, *g*, *d* oder *fis*, *cis*, *gis*, *dis*, in Liedern iſt die letzte Note alsdenn immer *e*, und iſt ein ſolch Lied aus *e dur*, weil im Accorde die Tertia major *gis* ſeyn muß, wenn aber bey dieſen vier Creuzen die letzte Note *cis* wäre (dieß iſt aber in Choralbüchern nicht zu ſuchen) ſo wäre das Stück aus dem *cis moll*, denn *e dur* und *cis moll* haben einerley Creuze.

§. 16. Zwey Lieder ſind im Halliſchen Geſangbuche, welche in der Vorzeichnung vier Been haben, nämlich vor *h*, *e*, *a* und *d*. Da denn die letzte Baßnote *F* iſt, alsdenn iſt das Lied wegen der kleinen Tertie zu *f*, nämlich *as*, *f moll*. Iſt aber *as* die letzte Note (welches man bey Liedern abermal nicht findet) ſo iſt das Stück aus *as dur*, denn *F moll* und *as dur* haben vier Been.

§. 17. Weiter vermehren ſich weder die x x oder b b ſelbſt im Halliſchen Geſangbuche nicht. Weil wir aber in der Muſik 24 Tonarten überall haben, und uns die 6 letztern nur noch fehlen, ſo wollen wir ſolche auch kürzlich berühren. Wenn 5 Creuze vorgezeichnet ſtehen, nämlich vor *f c g d a* und die letzte Baßnote *h* iſt, ſo iſt das Stück aus *H dur*, weil die Tertia major *dis* im Accorde iſt, heißt die letzte Note aber alsdenn *Gis*, ſo iſt es *gis moll*, denn *h dur* und *gis moll* haben einerley Vorzeichnung, nämlich 5 Creuze. Sind aber 5 Been, nämlich vor *h e a d g* ein b, ſo iſt es *b moll* (wenn die letzte Baßnote *B* iſt) oder *Des dur*, wenn die letzte Baßnote *Des* iſt, (*Des* und *Cis* iſt einerley, *des* aber heißt das Semitonium *Cis*, wenn es herkömmt durch Vorzeichnung eines b vor *d*, *Cis* aber, wenn es durch Vorzeichnung eines x vor *c* entſtehet, und *cis dur* hat ſieben Creuze, nämlich vor alle ſieben Töne, deswegen bedienet man ſich lieber der Vorzeichnung von fünf b b bey *des dur*.)

§. 18. *Fis dur* und *Dis moll* hat 6 Creuze, nämlich vor *f c g d a e*. (Dieß ſind ganz fremde Töne) *Es moll* und *Ges dur* haben 6 Been, nämlich vor *h e a d g c*. Dieß wären nun alle 24 muſikaliſche Tonarten. Um einem den Unterſchied dieſer Tonarten nach ihrer Bezeichnung noch deutlicher zu machen, ſo wollen wir ſelbige hier in Noten vorſtellen.

Cc 2

1) C dur

1) C dur. 2) a moll.   3) G dur. 4) E moll.   5) F dur. 6) D moll.

7) D dur. 8) H moll.   9) B dur. 10) G moll.   11) A dur. 12) Fis moll.

13) Es dur. 14) C moll. 15) E dur. 16) Cis moll. 17) As dur. 18) F moll.

19) H dur. 20) Gis moll. 21) Des dur. 22) B moll. 23) Fis dur. 24) Dis moll.

Dieß sind alle 24 Tonarten, es ist aber zu merken, daß bey Liedern manchmal die Vorzeichnung sich so nicht befindet, wie sie billig seyn sollte, denn *d moll* findet man oft ohne b vor *h*, welches doch seyn sollte, *g moll* oft nur mit Einem b, da doch zwey darinnen seyn sollten, vorgezeichnet, und mehr dergleichen; allein die Tertie hat doch immer seine richtige Vorzeichnung, woraus der Ton zu beurtheilen, ob er *moll* oder *dur* ist.

§. 19. Ich will hier einige Nummern von Liedern aus dem Hallischen Gesangbuche (ich verstehe hierdurch nicht das Hallische Gesangbuch in so fern es in zwey Theile oder Bänden ist, sondern die Edition in groß Octav, da die beyden Theile in Eins verfasset sind) hersetzen, und anzeigen aus welchem Tone die Lieder sind: Aus *C dur* findet man im Hallischen Gesangbuche 52 Lieder, als N. 34. 41. 48. 65. 70. 91. 117. 132. 242. 268. 280. 288. 306. 350. 360. 364. 380. 403. 523. 599. 721. und mehrere.

Aus *A moll* sind 60 Lieder, als N. 13. 16. 30. 82. 97. 120. 121. 135. 190. 192. 209. 259. 315. 361. 379. 397. 456. 458. 466. 468. und mehrere.

Aus *G dur* sind 80 Lieder, als N. 9. 12. 27. 46. 58. 60. 69. 92. 136. 151. 195. 257. 263. 304. 328. 331. 334. 336. 339. 347. 375. 378. 399. und mehrere.

Aus

Aus *E moll* ſind 36 Lieder, als N. 4. 54. 125. 320. 391. 438. 465. 470. 481. 573. 587. 633. 670. 691. 741. 762. 764. 816. 827. 860. 869. und mehrere.

Aus *F dur* ſind 76 Lieder, als N. 5. 6. 8. 45. 52. 56. 57. 66. 67. 68. 77. 78. 87. 89. 90. 108. 109. 118. 200. 206. 213. 232. 243. 246. 260. und mehrere.

Aus *D moll* ſind 64 Lieder, als N. 101. 129. 214. 244. 245. 263. 264. 294. 309. 319. 329. 332. 383. 406. 413. 432. 444. 548. 586. 630. und mehrere.

Aus *D. dur* ſind 26 Lieder, als N. 3. 17. 32. 43. 63. 94. 105. 128. 202. 355. 365. 449. 657. 820. 870. 924. 1124. 1140. 1162. 1164. 1218. 1228. 1229. 1265. 1435. 1482.

Aus *H moll* ſind dieſe 14 Lieder, als N. 183. 415. 452. 460. 634. 645. 816. (die zweyte Mel.) 821. 1018. (die erſte Mel.) 1067. 1128. (die erſte) 1365. 1400 1426.

Aus *B dur* ſind 34 Lieder, als N. 1. 134. 146. 276. 374. 435. 442. 544. 555. 714. 736. 807. 913. 921. 950. 1013. 1035. 1059. 1102. 1135. und mehrere.

Aus *G moll* ſind 66 Lieder, als N. 28. 74. 95. 162. 185. 189. 238. 248. 276. 316. 410. 430. 451. 473. 485. 490. 521. 535. 538. 564. und mehrere.

Aus *A dur* ſind dieſe 13 Lieder, als N. 269. 445. 581. 688. 823. 842. 1086. 1091. 1105. 1110. 1342. 1428. 1474.

Aus *Fis moll* iſt kein Lied im Halliſchen Geſangbuche.

Aus *Es* (oder *Dis*) *dur* ſind 16 Lieder, als N. 115. 450. 562. 572. 737. 770. 884. 1038. 1106. 1132. 1257. 1382. 1392. 1414. 1422. (die erſte Mel.) 1483. (die zweyte Mel.)

Aus *C moll* ſind 26 Lieder, als N. 174. 186. 370. 408. 475. 740. 757. 812. 818. 851. 881. 900. 917. 924. (die erſte Mel.) 953. 956. 1000. 1040. und mehrere.

Aus *E dur* ſind folgende 4 Lieder, als N. 124. 137. 798. 1085.

Aus *Cis moll* ſind keine Melodien im Halliſchen Geſangbuche.

Aus *As dur* findet man auch kein Lied darinnen.

Aus *F moll* ſind dieſe beyden Lieder N. 1255. und 1498.

Aus *H dur, Gis moll, Des dur, B moll, Fis dur* und *Dis moll* werden nicht leicht Melodien gefunden werden; im Halliſchen Geſangbuche ſind wenigſtens keine Lieder aus dieſen fremden Tönen vorhanden.

§. 20. Man ſiehet hieraus, daß *C dur, A moll, G dur, E moll, F dur, D moll, G dur, E moll, D dur, H moll, G moll, C moll* und *B dur* nebſt *A dur* die gebräuchlichſten Tonarten bey Liedern ſind. Wer nun Luſt hat, die Tonart eines Liedes kennen zu lernen, der wird hieraus die beſte Anweiſung finden.

Cc 3   §. 21.

§. 21. Gemeiniglich hat ein Lied zu Anfange und am Ende einerley
Accord, oder es fängt in dem Tone an, darinnen es ſich auch endiget,
ich meyne die erſte und letzte Note eines Liedes im Baſſe, nicht aber im
Discant. Ob nun gleich die alten Melodien hiervon zuweilen abweichen
wollen, ſo findet man doch auch im Halliſchen Geſangbuche Melodien,
die in einem andern Tone anfangen als ſie ſchlieſſen, ja es fällt zuweilen
ſchwer, die eigentliche Tonart alsdenn zu beſtimmen, ſolcher Lieder giebt
es doch unter den 602 befindlichen Melodien nur 13. nämlich, N. 39.
fängt f dur an und endiget ſich in g dur, es iſt dieß Lied ein altes Lied
und auch eine alte Melodie: Dankſagen wir alle ꝛc. Ohne Zweifel iſt
die Melodie, oder vielmehr die Tonart verdorben, dergleichen verdorbene
Tonart man den Modus corruptus nennet. Meiner Meynung nach
iſt die Melodie aus c dur oder g dur geweſen. Kurz, von ſolchen Melodien ſagt man zwey Tonarten, als es fängt in f dur an und endigt ſich
in g dur. N. 176. fängt g dur an und ſchließt das Amen in a moll, das
Lied iſt als aus g dur anzuſehen. N. 240. fäng in d moll an und ſchließt
in der Quinte zu a, nämlich e mit der Tertia major, d moll iſt der
eigentliche Ton des Liedes. N. 330. iſt g dur, hat aber in der Vorzeichnung vor f kein x, eben wie N. 488. und 529. Das Lied N. 1288. hat
auch eine ſonderbare Tonart, im Anfange ſcheinet es aus g dur zu ſeyn,
und ſchließt in d moll. Die erſte Mel. bey N. 1380. fängt g moll an und
ſchließt in B dur. N. 1397. fängt in a moll an und ſchließt in d moll.
N. 1455. fängt in g dur an und ſchließt in e moll. N. 1535. fängt in c dur
an und ſchließt in g dur. N. 1544. fängt in c dur an und endigt ſich in
a moll. N. 1557. fängt in g dur an, und endigt ſich in der Quinte zu a,
nämlich e mit der Tertia major. Dieß ſind die fremden Tonarten, ſo
viel man ihrer im Halliſchen Geſangbuche findet.

§. 22. Man hat auch Lieder, die ſchlieſſen in der Quinte ihres Tones, das iſt, Lieder aus a moll ſchlieſſen in e (als der Quinte zu a) mit
der Tertia major. Im Halliſchen Geſangbuche ſiehe N. 100. 1399.
1550. Lieder aus g moll ſchlieſſen in der Quinte d mit der Tertia major,
ſiehe N. 178. 1372. 1540. das Lied: Ach Gott vom Himmel ſieh darein,
welches im II. Abſchn. Cap. 17. ſtehet, iſt aus g moll, fängt aber in der
Quinte zu g, nämlich d mit der Tertia major an und endigt ſich auch
in der Quinte. So ſind auch folgende Lieder im Halliſchen Geſangbuche aus a moll ob ſie gleich in der Quinte zu a nämlich e anfangen und
endigen, als N. 177. 363. 491. 601. 610. (die zweyte Mel.) 613. und 1190.

Einige

Einige Lieder sind aus *d moll* und schließen in der Quinte *a*. Dahin gehöret die Melodie: Durch Adams Fall ist ganz verderbt, im III. Abschn. Cap. 8. N. 1. und im Hallischen Gesangbuche N. 38. 514. 578. N. 29. im Hallischen Gesangbuche ist aus *e moll* und schließt in der Quinte zu *e*, nämlich *h* mit der Tertia major. Von solchen Liedern spricht man, sie sind aus *a moll*, *g moll*, *d moll* ꝛc. und schliessen in der Quinte.

§. 23. Wenig Lieder behalten ihre Tonart durch alle Sätze, sondern sie weichen in andere Tonarten nach den Regeln aus, daher denn die fremden ♯♯ oder b b mitten im Liede kommen. Davon hier aber nicht zu handeln.

C A P V T XIV,

Kurze Anweisung ein Lied mit dem Generalbaß zu spielen, vermittelst einer Tabelle.

§. 1. Zum Beschluß dieses kleinen einfältig und deutlich abgefaßten Werks, will denenjenigen, welche gerne ein Lied mit dem Generalbaß wollen spielen lernen, zu gefallen etwas weniges auch noch davon melden.

§. 2. Vom Accord haben wir schon weitläuftig genung gehandelt, und gesehen, daß die Tertie, Quinte und Octave einer Baßnote dazu gehören. Diese drey Intervalla, welche einen so wohl klingenden Griff ausmachen, heissen auch mit Einem Worte Consonantien, zu welcher Classe auch noch die Serte gehöret, die Secunde, Quarte, Septime und None heissen Dissonantien.

§. 3. Wann, wie schon anderswo erwehnet, zu der Baßnote ein reiner Accord soll gemacht werden, so stehet entweder gar keine Ziffer darüber, oder es stehet ein ♯, b, ♮ oder auch wohl eine 3. oder 8. oder ♯ darüber, soll aber eine Serte, Secunde, Septime oder None dazu gemacht werden, so muß solche Ziffer über der Baßnote gezeichnet stehen. Die Ziffern also, die man bey Liedern über den Baßnoten findet, lehren, wie die Töne des Griffs in der rechten Hand sollen eingerichtet werden.

§. 4. Wie nun bey einem reinen Accorde die rechte Hand immer drey Töne hat, so hat bey den Ziffern der Serte, Septime, Quarte und None die rechte Hand auch gemeiniglich drey Töne. Stehet also eine 6. 2. 4. 7. oder 9 über einer Baßnote, so muß man nicht allein wissen, wie die über der Baßnote stehende Ziffer in der rechten Hand zu nehmen, sondern auch welche beyde Töne dazu müssen genommen werden.

§. 5.

§. 5. Vornehmlich aber kömmt es hierbey nur darauf an, daß man die Quinte und Tertie zu einem jeden Tone fertig inne habe und auswendig wiſſe, als welches ſchon beym Accorde höchſt nöthig war; denn weiß ich die Quinte zu einem Tone, ſo läßt ſich die 6 zu einem Tone auch gar leichte finden, denn dieſe iſt nur einen Ton höher. Es kömmt der Sextengriff bey Liedern am meiſten vor, iſt auch gar leicht zu machen, ich nehme nämlich nur ſtatt der Quinte, die ich zu einem Accorde nöthig hatte, die Sexte: Die Tertie und Octave aber bleibet dazu auch, gehöret alſo zu einem Sextengriff die Sexte, Tertie und Octave, wie wollen die kleine Veränderung eines Accordes, wann ſtatt deſſelben die Sexte ſoll genommen werden, in Noten vorſtellen, ſo wie ich nun einen reinen Accord dreymal verwechſeln kann, wie im eilften Capitel dieſes IV. Abſchnitts weitläuftig iſt gezeiget worden, ſo kann der Sextengriff auch dreymal verändert werden, 1) da die Sexte oben lieget, 2) da die Sexte in der Mitten, und 3) da ſie unten lieget, wie aus den folgenden Noten erhellet.

Accord.

Accord.　　Sertengriff.　　Accord.　　Sertengriff.

Accord.　　Sertengriff.

Hieraus iſt zu erſehen der Unterſchied eines Sertengriffs ſtatt eines Accordes, es iſt weiter kein Unterſchied darinnen, als daß ſtatt der Quinte die Serte genommen wird, als zu c iſt die Quinte g, im Sertengriff wird ſtatt g die Serte a genommen. Die Quinte zu d iſt a, ſtatt a nimm h, ſo haſt du den Sertengriff zu d, und ſo beſiehe und merke den Unterſchied eines Accordes und Sertengriffes bey allen oben-ſtehenden ſieben Tönen.

Gleichwie in dieſen Accorden nun lauter natürliche Tertien ſind, ſo ſind auch lauter natürliche Serten darinnen, ſoll eine zufällig große Serte gemacht werden, ſo ſtehet ein Strich durch die Serte, alſo ð. Dieſes bedeutet, daß die natürliche Serte durch ein × ſoll erhöhet werden, als wenn in unſern Exempeln die Serte, welche im ſechſten Tacte über e ſtehet, einen Strich durch die 6 hätte, alſo ð, ſo müßte man ſtatt c immer cis ſpielen, item wenn über a eine ſolche ð ſtünde, ſo müßte man ſtatt f fis, und wenn über h dieſe ð ſtünde, ſo müßte man ſtatt g gis nehmen. Man findet auch wohl ein b durch 6 alſo ðb, alsdenn ſoll ich die zufällige Sexta minor nehmen, als wenn hier im vierten Tacte über d eine ſolche ðb ſtünde, ſo müßte ich vor der natürlichen

6 h ein b ſetzen, und alsdenn ſtatt h immer b uehmen. So lange nun kein Strich oder kein b durch die Ziffer 6 gezogen, ſo nehme immer die natürliche Sexte.

§. 6. Zuweilen ſtehet auch noch eine 4 unter der 6 alſo ⁶₄, da iſt der dritte Ton des Griffes dann die Octave, oder zu ⁶₄ gehöret die 8, ja es ſtehet auch wohl eine 5 darunter alſo ⁶₅, dazu nehme ich die Tertie. Wo ich nun die Ziffern nicht auswendig weis, ſo muß ich nachrechnen. Uebung bringet Kunſt.

§. 7. Stehet eine 7 über der Baßnote, ſo iſt die alsdenn ſtatt der Octave eines Accordes zu nehmen, die Tertie und Quinte bleibt, dieſe Ziffer kommt lange ſo oft nicht vor als die 6. Zu der 7 wenn ein b dadurch ſtehet alſo ♭7 gehöret ebenfalls die 3 und 5, ſtehet aber ein Strich durch die 7, alſo ⁷, ſo gehöret die Quarte und Secunde dazu. Man wird dieſes aus dem folgenden Verzeichniſſe aller Ziffern beſſer erſehen.

§. 8. Wenn eine 4 über der Note ſtehet, ſo gehöret die Quinte und Octave dazu, und hat man alsdenn ſtatt der Tertie eines reinen Accordes die Quarte genommen, man wird auch gemeiniglich hinter der 4 eine 3 finden, entweder ein ×, ♭ oder eine 3, wodurch denn ein reiner Accord bezeichnet wird. Die Diſſonantien ſind nichts anders als Abweichungen von den Conſonantien, daher aus einer jeden Diſſonanz auch wieder eine Conſonanz werden muß, als aus der 7 muß eine 8 oder 6 werden im folgenden Griff und aus der 4 eine 3, aus der Note eine 8.

§. 9. Merke, daß die Ziffer, welche über den Baß über einander ſtehen, zugleich angeſchlagen werden, als ⁶₄, ⁶₅, ⁶₃, ⁷₃, und alle die alſo ſtehen; wo aber die Ziffern nach einander ſtehen, ſo werden die Ziffern auch nacheinander gemacht, als: 65, 76, 43, 98, und mehr dergleichen.

§. 10. Ich bin nicht willens weitläuftig allhier vom Generalbaſſe zu handeln, ſondern will einem Lehrbegierigen nur etwas zum Nachſinnen herſetzen, das Buch würde wieder meinen Zweck zu groß dadurch werden; ſollte meine Arbeit Liebhaber finden, und von einigen Nutzen ſeyn, ſo möchte vielleicht ein zweyter Theil folgen, darinnen denn alles weitläuftiger und deutlicher ſollte abgehandelt werden. So will ich denn alle Ziffern zu allen Tönen in Noten herſetzen, ſowohl die natürlichen als die zufälligen.

C

C

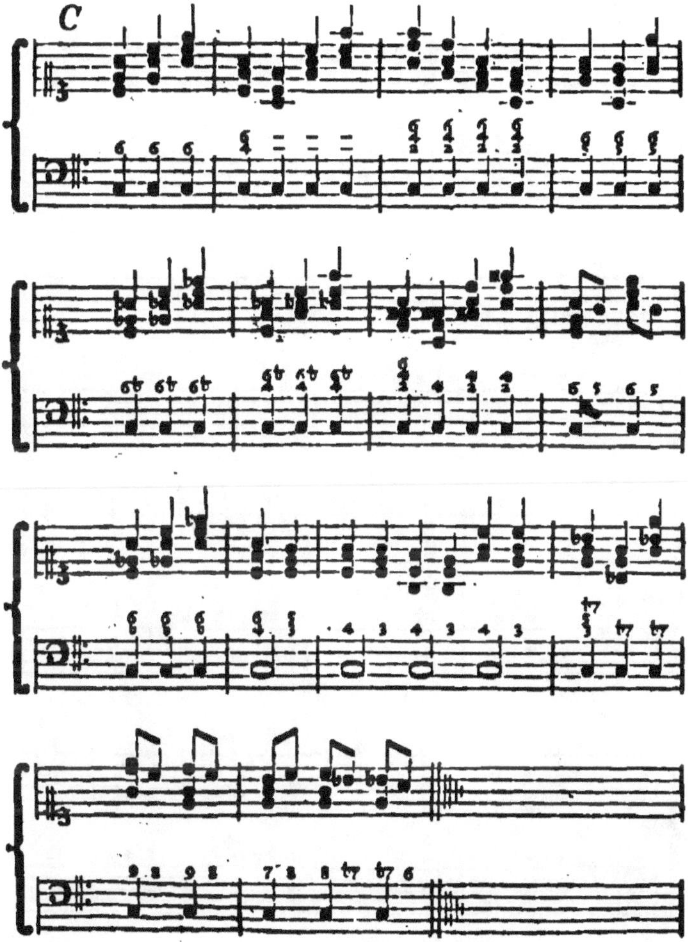

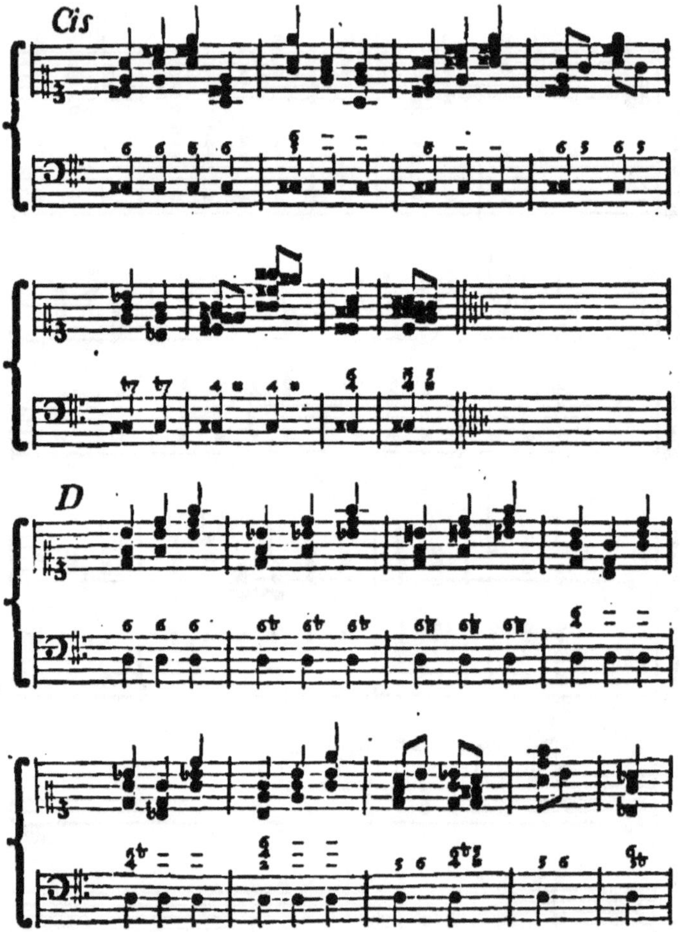
Cis
D

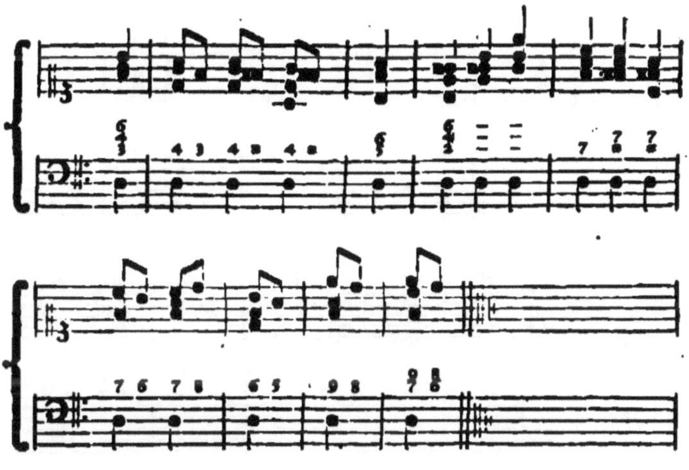
Dis
Es

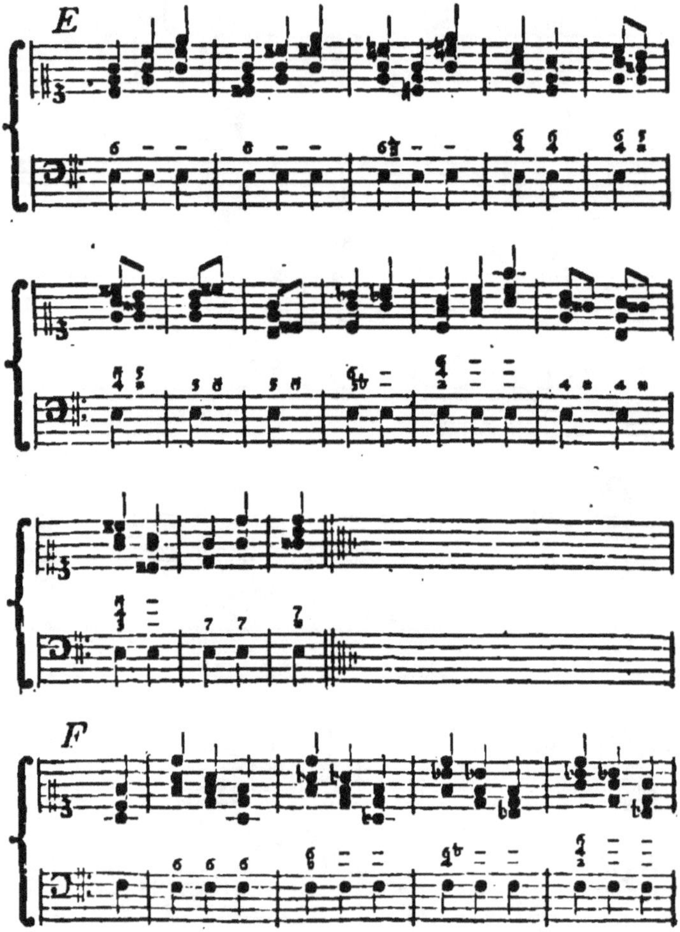
E
F

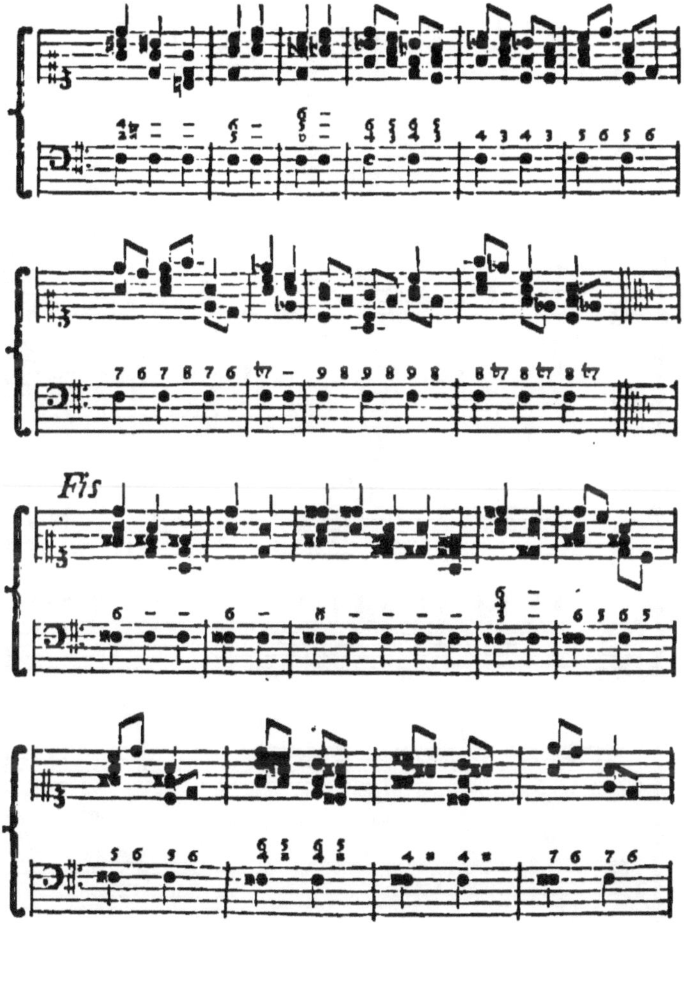
Fis

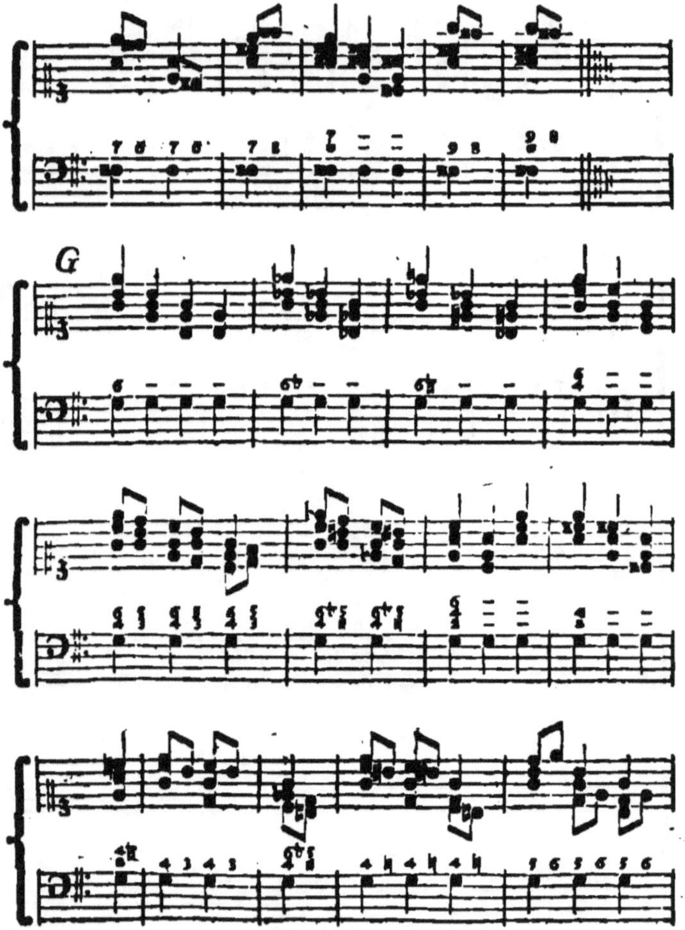
G

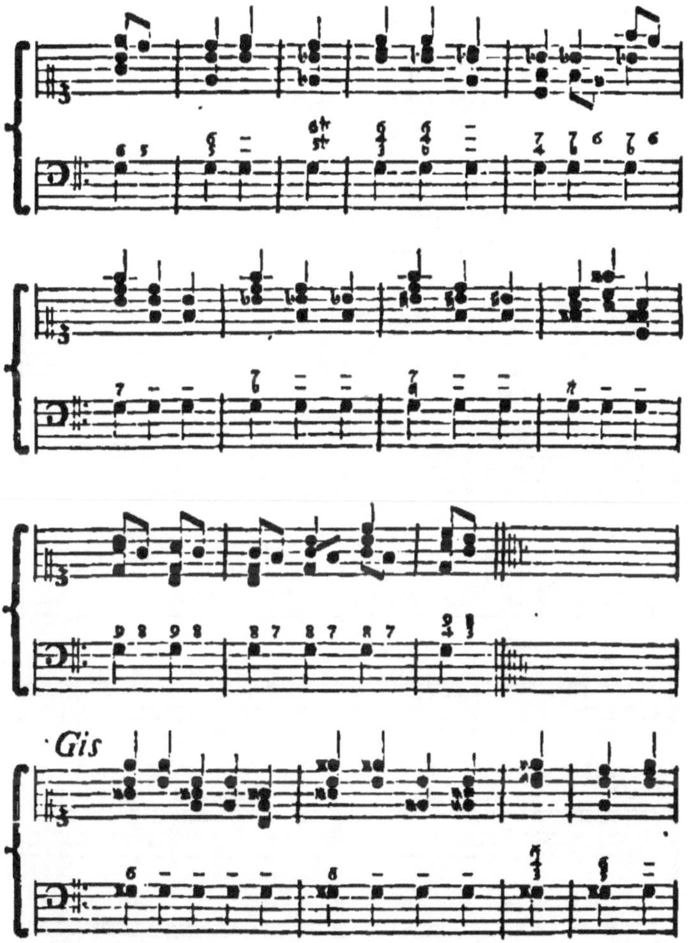
Gis

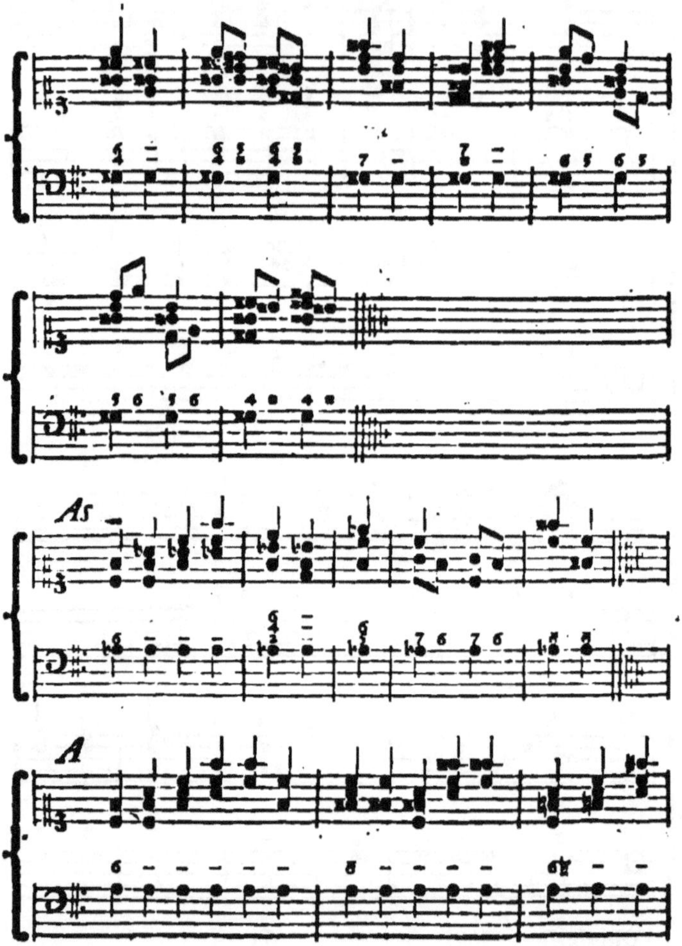
As
A

Ais

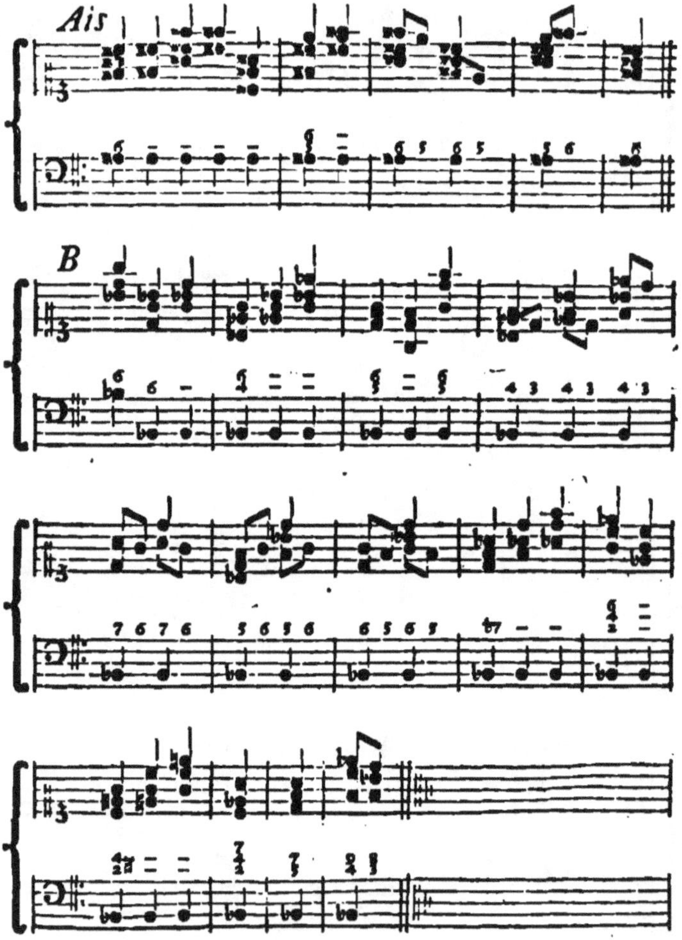
Ais
B

His

§. 11. Dieß wären alle Ziffern, welche man bey den Liedern über den Baß im halliſchen Geſangbuche findet, und woraus ſich einer helfen kann, ſo lange er die Ziffern oder Intervallen zu allen Tönen noch nicht auswendig finden kann, denn es hat nicht die Meynung, daß einer an einem ſolchem Verzeichniſſe ſich immer halten ſollte, ach nein; ſondern dieſes muß nur im Anfange dienen, biß man nach und nach die gebräuchlichſten Intervallen in einem Augenblicke finden kann, die gebräuchlichſten Intervallen aber ſind, die 6, $\frac{4}{3}$, $\frac{6}{5}$, 43, 7, $\frac{7}{3}$, $\frac{6}{4}$, die andern kommen bey weiten ſo häufig nicht vor.

§. 12. Man findet allhier über der Baßnote zuweilen kleine Striche - - - dieſes zeiget an, daß dieſelbe Ziffer auch über der folgenden Note gelten ſoll, ſtehen 2 oder 3 Striche über einander, als = -, ſo zeiget dieſes an, daß die 2 oder 3 vorhergegangenen Ziffern auch über der Note gelten ſollen, darüber ſolche Striche ſtehen; dieſes findet man auch im halliſchen Geſangbuche.

§. 13. Was im 5. §. dieſes Capitels von der dreymaligen Verwechſelung eines Sextenaccords, oder vielmehr eines Griffes mit der 6. iſt geſaget worden, das gilt auch von den andern Ziffern, ich habe dieſe Verwechſelung in dem vorherſtehen Verzeichniſſe faſt durchgehends ausgeſchrieben, ſollte es aber hie oder da ſich nicht alſo befinden, ſo wird einer dergleichen Verwechſelung ſchon aus dem im Verzeichniſſe ſtehenden Griff machen können.

§. 14. Im 4. §. dieſes Capitels ſtehet, daß die rechte Hand bey den Ziffern 6, 7, 4 u. ſ. w. gemeiniglich drey Töne habe, dieſes hat nun auch ſeine Richtigkeit, doch mit dieſer Ausnahme, daß man bey der 6 und 7 oft

oft nur bloß die Tertie nehmen darf, und die rechte Hand alsdenn nur 2 Töne hat, man müßte denn in dieſem Falle, die 6 oder 3 verdoppeln, welches ſchön und gut iſt, allein damit halte ich mich hier nicht auf. Daß man nun bey der 6 und 7 oftmals die Octave auslaſſen muß, geſchieht nach der Hauptregel des Generalbaſſes, die alſo lautet: „Es müſſen niemals zwey Stimmen mit einander in Octaven oder Quinten fortgehen.„ Das heißt ſo viel, iſt die Octave (als welche wie bekannt auch zur Serte gehöret,) einmal im vorhergehenden Griff in der unterſten oder mittelſten Stimme geweſen, ſo darf ſie im zweyten Griffe nicht wieder in der unterſten oder mittelſten Stimme genommen werden, ſondern muß gar ausgelaſſen werden; und eben dieſes gilt auch von der Quinte. Der erſte Fehler von zwey nacheinander fortgehenden Octaven, kann in Liedern gar oft gemacht werden, allein der zweyte mit zwey nacheinander fortgehenden Quinten kann nur allein und zwar auch ſelten bey der 7. begangen werden. Um nun dieſe Fehler von 2 Octaven zu vermeiden, ſo muß die Octave bey der 6 und 7 oft ausbleiben. Davon wollen wir Exempel geben:

7)

Im ersten, dritten, sechsten, achten und eilften Exempel, finden sich die Octaven in der untersten Stimme, und im zweyten, vierten, fünften, siebenden, neunten und zehnten Exempel, finden sich die Octaven in der mittelsten Stimme, im eilften und zwölften Exempel, liegen zwey Quinten in der mittelsten Stimme, daher alle diese Exempel so müssen gespielet werden, wie gleich dabey stehet in jedem Exempel. Ueberhaupt merke hiervon, wenn zwey, drey oder mehrere Noten eine 6 über sich haben, und die Noten gradatim steigen oder fallen, so wird die

die Detave bey der 6 nicht genommen. Die gegebenen zwölf Exempel, können dir zum Muſter dienen, wie die Folge der Noten beſchaffen iſt, wenn man die Octave weglaſſen muß. Iſt aber der motus contrarius da, das iſt, gehen die Hände gegen einander oder von einander, oder gehet der Baß herauf wenn der Diſcant herunter gehet, & vice verſa, das iſt, gehet der Baß herunter wenn der Diſcant herauf gehet, ſo kannſt du bey der 6 die Octave allezeit mitnehmen. Motus rectus iſt, wenn die beyden Hände in gleicher Bewegung, entweder mit einander herauf oder herunter gehen; alsdenn ſey vorſichtig und mache keine Octaven; dieſes iſt ein vitium, welches Kunſterfahrne verſtehen und erkennen können, der Bauer, und einer der keine Muſic verſtehet, weiß und höret nichts davon.

§. 15. Du findeſt, ſonderlich im halliſchen Geſangbuche, auch oft, daß über einem Punct im Baſſe eine Ziffer ſtehet: vom Puncte hinter einer Note, ſiehe im dritten Abſchnitte Cap. 9. §. 4. und Cap. 11. §. 10. Stehet alſo über einem Punct eine Ziffer, ſo hat dieſe Ziffer die vorige Baßnote zum Grunde, als da ſteht im halliſchen Geſangbuche N. 77. O große Gnad und Liebe u. ſ. w. im zehnten Tacte a, darüber ſtehet eine 6, darnach ſteht ein Punct nach a, und über das Punct ſtehet 5♭, hier mußt du die 5♭ zu a haben, und iſt das Punct eben ſo viel, als wenn a noch einmal durch ein Achtel wäre ausgedrucket, und durch einen Bogen zuſammen gebunden wäre, wie ſolches im eilften Capitel §. 10. vom Puncte im Diſcant iſt gezeiget worden.

§. 16. Willſt du ein Lied aus dem halliſchen Geſangbuche mit dem Generalbaſſe ſpielen, ſo merke, daß in den gedruckten Ziffern, wenn ſie durch ein ✕, b, oder ♮ zu zufälligen Intervallen werden, einiger Unterſchied von den geſchriebenen iſt: alſo die Sexta major wird geſchrieben, wenn durch die 6 ein Strich ſtehet, alſo, 6, (ſiehe den fünften §. dieſes Capitels), in den gedruckten Noten findet man nun durch die 6 auch einen zarten Strich, bey andern Ziffern aber ſtehet ſtatt des Striches ein ✕ dahinter, als 5✕ u. ſ. w. Das b findet man, eben wie das ♮, nicht durch die Ziffer gezogen, ſondern gleich dahinter, als 6b 5♮ 5♮ 5b u. ſ. w. ſo viel mag zu einem kleinen Unterrichte dienen, ein Lied mit dem Generalbaß zu ſpielen.

Beſchluß.

Hiermit ſchließe meinen Unterricht; wer Luſt und Fleiß bey Durchleſung deſſelben gebraucht, und von Capitel zu Capitel alles mit Aufmerkſamkeit geleſen, und die Exempel fein geübt hat, und meinem Rath in allem treulich gefolget, dem wird es nicht fehlen können, eine Geſchicklichkeit, alle Lieder ſpielen zu können, daraus erlanget zu haben. Keiner aber denke, daß alles ſo leicht ausſtudiret als geleſen iſt; Zeit, Fleiß und Gedult bringet allein, auch bey dem beſten Unterrichte, Kunſt und Geſchicklichkeit.

Es iſt das Büchlein mir unter dem Schreiben wider Vermuthen faſt zu groß geworden, und es würde noch viel größer geworden ſeyn, ſonderlich das letzte Capitel, wenn ich nicht mit Fleiß manches hätte auslaſſen wollen, welches alles aber man in andern muſikaliſchen Büchern weitläuftig und gründlich finden wird. Es kann alſo dieſes Buch eine deutliche Einleitung in andere muſicaliſche Bücher ſeyn.

Sollte dieſe meine einfältige Lehrart Liebhaber finden, ſo möchte vielleicht ein zweyter Theil auf eben die Art einen Unterricht zum Generalbaß geben; darinnen denn derſelbe auf das deutlichſte ſollte gelehret werden, alſo, daß ein jeder, der nur geſunden Verſtand hätte, es faſſen und begreifen könnte. Und hiermit empfehle mich der Gewogenheit des Leſers, und wünſche, daß auch dieſe geringe Arbeit zur Ehre Gottes und zum Nutzen meines Nächſten gereichen möge.

E N D E.

Inhalt.

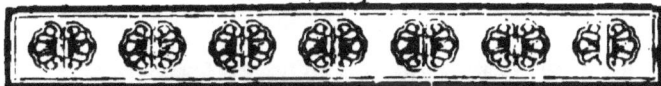

Inhalt.

Erster Abschnitt.
Von Erkenntniß der Claviere.

Cap.

Inhalt.

Zweyter Abschnitt.

Von den Noten.

Cap.

Inhalt.

Dritter Abschnitt.

Von der Mensur oder Zeitmaaße der Noten.

Ff 3

Cap.

Inhalt.

Vierter Abschnitt.

Von der Fingersetzung und vom Accorde.

Cap.

Register.

Register
der Lieder, die in diesem Buche stehen.

15. Jesu

Register.

Verbesserungen

zu Wiedeburgs sich selbst informirenden Clavierspieler.

Pag.

3. §. 4. lin. 1. durchstreich das letzte Wort: in.

4. §. 2. lin. 7. statt: der der 7te, lies: der der 8te.

5. §. 4. lin. 3. seiner 3 Finger, lies: seiner 5 Finger.

13. §. 8. lin. 4. Cap. 13. lies: Cap. 14.

17. §. 8. lin. 7. hier müssen die Commata also stehen: c, des d, es e, f, ges g, as a, b h.

21. §. 5. lin. 2. schlage, lies: so schlage.

23. §. 10. lin. 3. (den kleinen Finger) lies: (dem kleinen Finger)

24. §. 15. im Exempel. Die muß der kleine Strich unter dem 17ten Buchstaben fis stehen, nicht aber unter dem 14ten Buchstaben fis.

34. §. 2. lin. 1. ie leichter die, lies: ie leichter einem die.

38. §. 4. lin. 1. daß eingestrichne, lies: daß das eingestrichne.

41. §. 3. lin. 1. H E f h. Hier muß das letzte h auch einen Strich haben, als H E f h.

54. §. 1. lin. 8. Spatium, lies: Semitonium.

ibid. §. 2. lin. 4. Gleich im Anfange; durchstreiche das Wörtlein: gleich.

55. §. 3. lin. 25. vorgezeichnet hat, durchstreiche: vorgezeichnet.

58. §. 3. lin. 4. wie solche Beziehung, lies: wie denn solche Beziehung.

Pag.

64. 8) lin. 3. oft solches. lies: solches oft.

67. lin. 25. hat. lies: habe.

75. lin. 6. Ambitus, lies: Ambitum.

108. lin. 22. in den heyden, lies: bey den beyden.

109. Im Choral lin. 4. die 8te Note f muß statt der 9 eine 4 über sich haben.

136. lin. 1. 2. geschehen, lies: ausgelassen.

146. lin. 5. 6. streich aus: welche mit einer kleinen Zahl angezeiget worden.

148. lin. 5. statt 1300. 2. lies: 1300. 1.

150. lin. 1. Tact 2. über die 4 Achtel muß statt 1224, 1234 stehen.

151. lin. 7. statt 1730. 3. lies: 730. 3.

152. lin. 7. statt 319. 2. lies: 319. 3.

153. lin. 10. statt 1105. lies: 1105. 6.

159. lin. 5. statt 294. 2. lies: 294. 3.

ibid. lin. 10. Tact 2. statt 4 2 lies: 4 3.

163. lin. 5. statt 613. 1. lies: 694. 6.

166. lin. 1. über der 4ten Note g stehet 5, muß aber 1 seyn.

167. lin. 2. über der 4ten Note c stehet 2, muß aber 1 seyn.

170. §. 4. lin. 4. die Achtel müssen so stehen, als: ♫; und die Sechszehntheile also: ♬. wie man sie denn also gestaltet auch im Hallischen Gesangbuche abgedruckt findet.

Gg

Pag.
180. §. 12. lin. 4. bey den zufälligen Tertien der halben Thöne, stehet bey der 9ten Tertie vor a und c ein doppel Creutz, vor a aber muß nur ein gewöhnlich Creutz, nemlich also # stehen.
ibid. Unter den gebräuchlichen Tertien ist die eilfte Tertie $^{ais}_{f}$ wegzustreichen.
185. §. 4. lin. 12. diese drey Thone g; dis beygesetzte g streiche aus.
191. lin. 4. Tact 3. über groß D muß ein solcher Strich (–) stehen, wie auch ebendaselbst lin. 6. Tact 2. über groß D eben ein solcher Strich (–).
193. lin. 2. muß über A ein # stehen.
194. lin. 2. Tact 2. muß über c ein # stehen.
198. §. 4. lin. 5. lernet. lies: lerne.
204. lin. 4. Tact 2. muß unter Des dur der Accord, der unter B moll stehet, gesetzet werden; und unter B moll, was unter Des dur stehet.

Pag.
205. lin. 5. statt 263. lies 253.
ibid. lin. 13. statt 146. lies 147.
ibid. lin. 16. durchstreiche 276.
213. lin. 3. muß unter der letzten Note d noch h (als die 5te zu d) stehen.
214. lin. 3. Tact 3. müssen h cis, nicht aber g cis, Achtel seyn.
215. lin. 1. Tact 6. müssen in den beyden letzten Noten nicht a d, sondern c d, Achtel seyn.
216. lin. 5. Tact 1. die beyden letzten Noten müssen nicht $^{f}_{d}$ sondern $^{d}_{h}$ seyn.
220. lin. 1. im letzten Griff muß das fis ein doppel Creutz haben, als x oder also x.
Solte sich sonst noch etwa ein geringer Druckfehler finden, etwa ein n statt eines m, oder daß ein Distinctions-Zeichen ausgelassen, das wird der Leser gütigst entschuldigen und corrigiren.

www.ingramcontent.com/pod-product-compliance
Lightning Source LLC
Chambersburg PA
CBHW020854270326
41928CB00006B/702